OSEZ FAIRE CONFIANCE À VOTRE INTUITION

Le jour où j'ai décidé de m'écouter

LILIE DELAHAIE

OSEZ FAIRE CONFIANCE À VOTRE INTUITION

Le jour où j'ai décidé de m'écouter

Michel LAFON POCHE

118, avenue Achille-Peretti – CS 70024
92521 Neuilly-sur-Seine Cedex
www.michel-lafon.com

Je dédie ce livre à ma mère et à notre Gaëtan,
à ma petite sœur, mon frère
et tous ceux qui me sont chers.

À vous tous, dont j'ai eu l'honneur
d'éclairer le pas,
le plaisir d'éclaircir le ciel...
À tous ceux qui sont un phare
pour les autres...
À vous qui avez écouté votre petite
voix intérieure avec bonheur...
Ce livre est pour vous.
De tout mon cœur.

Je crois qu'il y a un pouvoir
au plus profond de chacun de nous…
Plus vous vous connecterez
à ce pouvoir et plus vous serez libre
dans tous les domaines de votre vie.

Louise L. Hay

Le mental intuitif est un don sacré
et le mental rationnel est un serviteur fidèle.
Nous avons créé une société qui honore
le serviteur et a oublié le don.

Albert Einstein

– 1 –

JE SUIS MALADE, JE LE SAIS, JE LE SENS

« Mademoiselle, vous avez une tumeur au cerveau de vingt-deux millimètres. Une tumeur atypique de stade 2. Elle est placée sur une zone compliquée. C'est très grave. » Le jour où le médecin m'a annoncé cette terrible nouvelle, j'avais 25 ans. Il était froid, autoritaire et ne m'a pas ménagée. Je me souviens qu'il avait un accent méditerranéen, des cheveux gris et une moustache. Il aurait pu trouver une manière moins violente de dire les choses. Manifester un peu d'empathie, faire preuve de psychologie humaine. Mais, au moins, les choses étaient claires.

Cela faisait un an et demi que j'étais persuadée d'être atteinte d'une maladie grave à la tête. Dès les premiers vertiges, j'en avais eu la certitude. Je n'avais pas vraiment d'autres symptômes qui pouvaient orienter les médecins dans cette direction, mais je sentais qu'il se passait quelque chose dans mon cerveau. Une voix intérieure m'en donnait la conviction. Cela peut faire sourire, mais il faut dire que, depuis l'enfance, je suis dotée de ce que j'appelle un don (je ne l'ai pas toujours appelé ainsi, d'ailleurs je ne l'ai pas toujours appelé). Une sorte d'intuition dont j'ai mis longtemps à comprendre l'origine. Je suis capable de percer à jour mon entourage, de prédire ses réactions et d'anticiper de nombreux événements. Rien d'exceptionnel ou paranormal pour moi, je le vois plutôt comme l'expression d'une extrême sensibilité que j'ai appris à écouter. Cette ultrasensibilité me permet d'investir les inconscients, y compris le mien, et d'y déceler des émotions et des informations que la raison d'ordinaire ignore.

Je me battais contre les médecins qui me prenaient pour une hypocondriaque. Et pour cause, depuis des mois que je les consultais, ils ne trouvaient jamais rien. C'est vrai, j'étais maigre, trop maigre, 49 kilos seulement pour 1,70 m. Ma maigreur a toujours inquiété les médecins. Mais j'avais beau leur dire que cette sensation n'avait rien à voir avec l'anorexie, pour eux c'était facile de faire l'amalgame. L'anorexie est un trouble psychique qui se traduit par une restriction alimentaire volontaire. Elle s'accompagne souvent d'anxiété et de dépression. Elle peut provoquer des vertiges. Son traitement relève des services de psychiatrie ou de psychothérapie. Mon trouble alimentaire n'a jamais été suffisamment grave pour que j'en arrive là. Ma maigreur n'avait d'ailleurs pas l'air d'inquiéter outre mesure les neurologues… Beaucoup de leurs patients souffraient de cancers ou d'accidents vasculaires cérébraux. On peut comprendre qu'ils ne m'aient pas franchement prise au sérieux… et qu'ils aient considéré ma crainte comme l'expression d'un besoin d'attention.

Au début, je n'ai consulté que de temps en temps. J'étais mal mais comme ils me disaient que tout allait bien, j'ai attendu que ça passe. Tous les examens étaient normaux : fibroscopie, échographie, prises de sang, ponction lombaire. Selon les médecins, j'étais simplement sujette à des crises d'angoisse. Je repartais rassurée. Et je reprenais ma vie auprès de mon compagnon Alex à Juan-les-Pins, mes études de psychologie et les petits jobs pour subvenir à nos besoins. En fait, je pense que la maladie était en train d'incuber. Ce n'est qu'au bout de six mois que j'ai passé la vitesse supérieure et commencé à consulter régulièrement des spécialistes, d'abord dans les services d'urgence des hôpitaux puis dans le privé, grâce au bouche à oreille. Parce que je n'en pouvais plus. Je rêvais que j'étais malade, qu'on m'injectait quelque chose dans le corps qui remontait jusqu'à la tête. Ce cauchemar me hantait, il revenait plusieurs fois par semaine, ces images m'obsédaient la journée. Elles faisaient pousser dans mon ventre une boule d'angoisse impossible à chasser, qui rendait ma vie insupportable tant elle me vidait de mon énergie. Un autre rêve m'affectait particulièrement : on m'annonçait que j'avais une maladie grave et qu'on devait me faire des injections dans la tête. Des injections de quoi, je ne sais pas, toujours est-il que le lendemain matin je me réveillais paniquée, en nage, le souffle court. Il m'arrivait aussi de rêver que j'avais un gros bouton sur le sommet du crâne. Comme une mini-tumeur. Une horrible excroissance dure au toucher, qui poussait au milieu des cheveux. J'étais certaine que c'était un message. Et je savais que j'allais finir par en déchiffrer le sens.

J'aurais pu, me direz-vous, aller voir un psy et faire un travail avec lui pour décrypter le sens de mes rêves. Peut-être cela aurait-il semblé plus logique que d'aller consulter des neurologues. Mais une voix intérieure me murmurait que mon mal n'était pas imaginaire mais basé sur des signes cliniques, même si personne ne les voyait. Cette voix en moi était si sûre et forte que je ne pouvais faire autrement que de la suivre. Je suis donc allée dans tous les hôpitaux de la région, à Antibes, Marseille, Cannes, Grasse et Monaco, persuadée que dans l'un d'eux on allait finir par me diagnostiquer un anévrisme ou une maladie s'en rapprochant. J'allais aux urgences dès que je me sentais malade. Et je n'en ressortais pas tant qu'on ne m'avait pas fait d'examens. Les IRM n'ont rien révélé. J'en conserve un souvenir épouvantable car je suis claustrophobe et je ne supportais pas d'être enfermée dans cette sorte de boîte qui émettait des sons inquiétants dans mes oreilles et mon cerveau. J'ai détesté aussi qu'on m'injecte des produits de contraste, de l'iode, qui améliore la qualité de lecture de l'examen mais qui est si chaud quand il passe dans les veines. Mais je n'en ai rien laissé paraître… Après tout, c'est quand même moi qui demandais l'examen ! Au bout de six mois, j'ai fait un scanner. Mais les images n'ont rien révélé. Et pourtant, les médecins m'ont toujours écoutée et prise au sérieux : attentifs et patients, ils passaient du temps à m'écouter et à me rassurer. Jamais ils ne m'ont dit que j'avais besoin d'aller voir un psy. Jamais ils ne m'ont proposé de prendre des antidépresseurs ou des médicaments pour traiter l'anxiété.

Les cauchemars ont continué. Aux vertiges se sont ajoutées des infections urinaires à répétition, dont on ne trouvait pas l'origine et que les antibiotiques n'arrivaient pas à enrayer. Un soir d'automne, alors que la nuit venait de tomber, Alex a dû appeler les pompiers chez moi, à Juan-les-Pins. Je vomissais sans raison, intensément, sans pouvoir m'arrêter. Aux urgences, l'histoire s'est terminée comme d'habitude : tout allait bien, j'étais seulement hypocondriaque. On me conseillait souvent de faire des cures de magnésium. Et on me disait de ne pas m'inquiéter car j'étais jeune. On me disait aussi d'oublier mes peurs et mes soucis et de profiter de la vie. J'essayais de les écouter. J'oubliais tout, la journée je tentais de vivre comme une jeune femme de mon âge… Mais mes peurs revenaient sans cesse dans mes rêves.

Lorsque j'ai ressenti des fièvres intenses et que j'ai commencé à perdre des cheveux, j'ai redit aux médecins que quelque chose n'allait vraiment pas dans mon cerveau. Je ressentais aussi des sortes de décharges électriques dans la tête. Depuis les premiers symptômes j'ai toujours eu une peur panique de faire une rupture d'anévrisme. Mais cette fois j'avais l'impression qu'un corps étranger s'était installé dans mon cerveau et qu'il s'y développait. Je le sentais, je le savais là, cet autre, cet alien qui prenait toute la place dans mes rêves, qui m'affaiblissait, qui grignotait ma tête de l'intérieur.

Je ne supportais plus le bras de fer avec les médecins qui refusaient d'entendre ce que je leur disais. J'étais très affectée par cette tension permanente, ce décalage entre ma certitude d'être malade et les diagnostics rassurants des spécialistes. Je m'affaiblissais semaine après semaine. À cette époque, une personne, une seule, m'a crue et a pris ma maladie au sérieux : Alexandre, mon compagnon.

Alors, le jour où le verdict est tombé après un dernier scanner, j'ai presque été soulagée. J'aurais dû m'écrouler, fondre en larmes, perdre pied. Mais je suis restée calme, concentrée, stoïque. Je ne me suis pas effondrée, je n'ai pas pleuré. Car enfin on mettait un mot sur mes cauchemars, mes douleurs, mes intuitions, mes certitudes. J'avais toujours su de quoi je souffrais, je n'étais donc ni folle ni hypocondriaque. Heureusement, le méningiome parasagittal de grade 2 n'est pas une tumeur maligne, cancéreuse. Mais il n'est pas non plus bénin, car ses cellules sont anormales. Cette tumeur se différencie du gliome, plus courant, issu du tissu nerveux. La perte de poids et la chute des cheveux font justement partie des symptômes de cette maladie. L'imagerie n'avait pas pu la détecter avant, mais elle logeait bien dans mon cerveau depuis un an et demi : mon intuition ne m'avait pas trahie. D'après les spécialistes, la tumeur pouvait arrêter de croître comme se développer très vite. Mais comme elle était placée contre une veine, derrière le grand sinus, on ne pouvait pas l'opérer. On m'a donc dirigée vers la radiothérapie. Même si la tumeur n'était pas cancéreuse, il fallait la réduire, la tuer, s'en débarrasser.

Sinon, en grossissant, elle aurait pu comprimer les éléments de voisinage – tissu cérébral, nerfs ou artères – et provoquer une cécité, une ischémie ou autres réjouissances de ce type qui pouvaient mettre ma vie en danger. Comment expliquer qu'aucun médecin, et Dieu sait si j'en ai consulté entre Cannes, Nice, Antibes et Marseille, n'ait jamais vu la tumeur ? Comment expliquer qu'une maladie si grave ait pu échapper si longtemps à tous les spécialistes, qu'aucun d'entre eux n'ait jamais pu poser un tel diagnostic ? Comment expliquer qu'une tumeur ait pu se rendre invisible aux machines médicales si sophistiquées qu'elles détectent normalement la moindre anomalie et même davantage ? Aussi incroyable que cela paraisse, cela peut s'expliquer. Visiblement, la tumeur sommeillait en moi depuis longtemps. Elle avait brusquement évolué et suffisamment grossi pour être visible. Il arrive parfois que l'on ne détecte pas du premier coup une tumeur, qu'elle soit ou non cancéreuse, lorsqu'elle est à son stade initial. L'oncologue auquel j'ai été adressée par la suite m'a expliqué que les méningiomes se développent lentement sur les méninges et que le mien devait pousser depuis un moment. Cela explique mes cauchemars de seringues dans la tête…

Le traitement de radiothérapie devait durer six semaines. Il me donnait des nausées terribles. J'en sortais déprimée et affaiblie. Mon état physique et psychologique se dégradait un peu plus à chaque séance. L'équipe était formidable, attentionnée, mais je supportais mal l'ambiance de l'hôpital. Je n'avais pas envie que l'on me considère comme une malade.

Je suis bien consciente aujourd'hui de ce paradoxe : lorsque les médecins refusaient de me croire malade, je voulais à tout prix leur prouver que je l'étais, et quand enfin ils m'ont crue et qu'ils ont découvert la nature du mal qui me rongeait, j'ai voulu absolument leur montrer que je ne l'étais pas ! Je voulais reprendre vite ma vie d'avant, les balades sur la plage, les soirées avec mon amoureux, les études qui me passionnaient tant. Maintenant qu'un nom avait été mis sur le sentiment prémonitoire qui m'oppressait depuis de si longs mois, mon inconscient courait déjà à toute vitesse vers la guérison. Peut-être, me suis-je dit par la suite, avais-je perdu confiance en la médecine conventionnelle, qui avait fait si peu de cas de mes intuitions et avait mis si longtemps à établir un diagnostic. J'étais guidée par mon instinct qui rejetait le traitement pour l'instant. Toujours est-il que j'étais restée discrète sur ce qui m'arrivait : dans mon entourage, très peu de gens savaient Je n'avais pas envie de m'étendre sur le sujet. J'avais caché à ma mère et à mes amis le caractère inopérable de la tumeur. Je n'avertissais personne quand je me rendais à mes séances de radiothérapie. Je pensais qu'en continuant à vivre comme si de rien n'était, qu'en faisant abstraction de la maladie, je guérirais plus vite et plus sûrement. À l'inverse, j'étais persuadée qu'elle s'incrusterait si on me considérait comme une personne malade. Alex m'a accompagnée à tous les rendez-vous. C'est lui qui tenait ma mère informée des résultats des examens. Avec elle, il se voulait toujours rassurant. Il dédramatisait. Je me souviens très bien du moment où nous sommes rentrés à la maison après avoir appris la nouvelle. Alex tournait en rond dans l'appartement. Je faisais comme si je ne le voyais pas. Il avait peur, et moi aussi. Cela se lisait sur son visage. Il s'est levé au milieu de la nuit et est allé dans le salon pour pleurer. Je l'ai entendu et j'ai pleuré aussi. Le lendemain il a appelé sa famille pour la mettre au courant. Mais il n'a pas prévenu ma mère. C'est moi qui l'ai fait. Elle a hurlé : « Qu'est-ce que tu as, ma Lilie ? » Mais je me souviens aussi de la force de son regard, dans les minutes qui ont suivi, quand elle m'a dit : « Ça va aller. » J'ai été très soutenue par ce petit comité : Alex, ma mère et mon beau-père. Mes amis n'ont appris que j'étais malade que le jour où j'ai perdu mes cheveux. Jusque-là j'avais réussi à donner le change. Mais il arriva un moment où je ne pouvais plus cacher ma maladie. Ils ont été surpris et choqués.

C'est à ce moment-là de ma vie que j'ai commencé à développer une force incroyable. Un puissant instinct de survie a surgi en moi. Rien ne pouvait l'arrêter. J'avais l'impression que l'énergie qui m'enveloppait aurait pu me soulever de terre ou me faire voler. C'est cet instinct qui m'a sauvée. Il m'a conduite tout au long du chemin de ma guérison. Comme si je savais exactement ce que je devais faire pour m'en sortir. Je marchais sur un fil. Il ne fallait pas que je tombe. L'instinct a dirigé mes pas le long de ce fil. Comme il l'aurait fait pour un funambule, il a guidé mes pieds en les faisant glisser doucement l'un après l'autre. Lorsque c'est votre survie qui est en jeu, votre instinct se décuple. Le suivre m'a permis de rester debout.

Au bout de trois séances, j'ai décidé d'abandonner le protocole de radiothérapie, qui devait normalement durer six semaines. Je sais combien cet acte peut paraître stupide et dangereux, et je ne conseillerais à personne de faire la même chose. D'ailleurs, quand ma mère l'a su, elle a pleuré, elle a eu peur pour moi, elle n'a pas compris ma décision. Comment pourrait-on l'en blâmer ? Mais je l'assumais, je savais au plus profond de moi que c'était la bonne décision. J'ignore pourquoi, mais j'étais certaine que tout irait bien si je m'écoutais.

Pour la rassurer, sur ses conseils insistants, je suis allée voir Daniel, son magnétiseur, sur les hauteurs de Cannes. À reculons. Ma mère a toujours été adepte des médecines non conventionnelles, mêmes celles, comme le magnétisme, qui ne sont pas reconnues par l'Académie de médecine. Elle consultait Daniel depuis quatre ans. Ce n'était pas mon cas : j'étais très réticente vis-à-vis de ce type de praticiens et, généralement, je faisais tout pour les éviter. J'ai toujours eu peur des sectes, des manipulateurs, des charlatans. J'étais consciente de posséder depuis toujours un don d'intuition, un don devenu si fort qu'il a orienté et dirigé ma vie. Mais ceux qui comme moi étaient dotés d'une prédisposition particulière, d'une capacité mystérieuse qui échappait à la raison, me faisaient peur. J'étais mal à l'aise en leur présence. J'ai toujours été méfiante, mais était-ce parce qu'ils me ressemblaient ? Parce que je n'assumais pas encore ma différence ?

Je n'aimais pas l'idée que ma mère consulte Daniel. Elle a commencé à en prendre l'habitude à l'époque où elle s'est séparée du père de ma sœur, quand celle-ci avait 2 ans. Elle traversait une période dépressive. Mais chaque fois qu'elle revenait d'un rendez-vous avec Daniel, j'étais bien obligée de reconnaître qu'elle retrouvait sa joie de vivre et n'avait plus ce poids sur le cœur qui lui rendait la vie si difficile. Après chaque rendez-vous, elle irradiait de bonnes ondes. Elle retrouvait le sourire. Elle a aussi consulté Daniel pour des maux de ventre. Elle avait un ventre très rond. Ma mère avait perdu un enfant lorsqu'il était encore nourrisson. Elle ne s'en était jamais vraiment remise. Le magnétiseur disait qu'elle avait gardé dans son ventre ce bébé mort quelque temps après la naissance. Certaines femmes font des grossesses nerveuses, d'autres des dénis de grossesse. Ces phénomènes psychiques sont très courants. La conviction d'être enceinte quand on ne l'est pas ou celle de ne pas l'être lorsqu'on l'est est provoquée par un désir impérieux ou au contraire une peur viscérale d'avoir un enfant. La perte préalable d'un bébé peut aussi être à l'origine de ce type de trouble. Le fait de revenir à un état qui lui faisait symboliquement revivre la période de gestation de son bébé permettait sans doute à ma mère d'effacer sa mort, qu'elle ne pouvait pas, qu'elle ne pourrait jamais accepter. Le magnétiseur parvint à lui faire comprendre qu'il fallait accepter de laisser partir cet enfant. Enfin. Il a posé ses mains pleines d'énergie sur le ventre de ma mère. Longtemps. Elle s'est sentie tellement mieux après. C'est fou le bien que ça lui a fait. Alors quand ma mère a appris que j'étais malade, elle a insisté pour que j'y aille et j'ai vaincu mes réticences.

Il faisait froid mais beau, un soleil lumineux baignait le village de La Roquette-sur-Siagne. La villa du magnétiseur m'a fait l'impression d'un havre de paix. Je m'attendais à être reçue par un type mystique et ésotérique, mais je me suis retrouvée dans un cabinet médical classique, avec une salle d'attente, des murs blancs et des magazines posés sur la table. Le magnétiseur ressemblait à un médecin, pas à un gourou. Il était même distant, presque froid. Comme le médecin qui m'avait annoncé que j'avais une tumeur au cerveau. Il m'a trouvée très menue et pâle. Et pour cause ! J'avais effectivement une tumeur au cerveau et je sortais de radiothérapie. Mais il faut dire que tout le monde me trouvait fébrile depuis un an. Je me suis allongée et il a positionné ses mains sur mon corps. L'imposition des mains est censée, en restaurant l'harmonie et l'équilibre de l'énergie vitale qui est en nous, soulager les douleurs ou même parfois guérir. Moi je n'y croyais pas trop mais je me disais que je n'avais rien à perdre. Si cette séance n'améliorait pas mon état, elle n'aggraverait pas ma maladie non plus. Je ne risquais donc pas grand-chose. À la fin de la séance, qui avait environ duré quarante minutes, Daniel m'a annoncé que j'étais guérie, qu'il avait fait disparaître la tumeur. Il était calme et sûr de lui, il me souriait. Il s'est assis à son bureau, a approché son pendule de moi et il a dit d'un ton très professionnel : « C'est bon, tu as plein d'énergie, retourne voir ton médecin dans quelques jours, tu n'auras plus rien. » Puis il a ajouté en souriant : « Tu as bien fait de venir me voir aussi tôt. Quelques semaines de plus et je n'aurais rien pu faire. » Évidemment, j'ai eu du mal à le croire. J'ai même été un peu agacée par son assurance. Je ne pensais pas une seconde que cet homme ait pu résorber ma tumeur en quelques gestes de la main ! Pourquoi et comment aurait-il réussi en une heure là où les médecins, les vrais, les spécialistes, ceux qui savent et possèdent des diplômes, évitaient au contraire de se prononcer sur mon rétablissement ? J'étais allée le consulter comme on joue au Loto, en se disant : « Et si jamais ? » Et voilà qu'il prétendait avoir fait disparaître ma tumeur d'un coup de baguette magique. Comme un sorcier ou un magicien pourraient le faire dans des contes pour enfants. Je reconnais que je me sentais bien, très bien même. Mais à peine rentrée chez moi, j'avais presque chassé de mon esprit la promesse du magnétiseur. La preuve : j'ai mis plus de trois semaines avant de refaire un IRM. Il fallait du temps pour obtenir un rendez-vous et j'étais tellement bien que je n'ai pas essayé d'en avoir un d'urgence. Aussi incroyable que cela puisse paraître, les deux examens ont confirmé ses dires : la tumeur avait bien disparu. Elle s'était volatilisée. Le neurologue qui me suivait depuis le début est resté sceptique. Il avait du mal à trouver l'explication. Il n'a pas aimé le fait que j'aille voir un magnétiseur et que j'arrête le protocole de radiothérapie. Je peux le comprendre. Certes, la tumeur était atypique : elle pouvait évoluer très vite, mais en théorie elle ne pouvait pas disparaître. Il n'avait pas d'explication solide mais il a reconnu que parfois, rarement, ce genre de miracle arrive : une tumeur peut disparaître avec quelques séances seulement de radiothérapie. J'avais eu la chance que ça tombe sur moi.

Que s'est-il passé ? Le magnétiseur a-t-il fait disparaître la tumeur ? Les trois séances de radiothérapie ont-elles suffi à la tuer, comme le suggérait le neurologue ? Est-elle partie toute seule, puisque les médecins disaient qu'elle était atypique ? S'est-elle rétractée ou résorbée ? Ou est-ce ma volonté qui l'a vaincue ? Aujourd'hui encore, je l'ignore. Jamais en tout cas je ne prétendrai que le magnétisme a été plus efficace que la radiothérapie. Le plus important, c'est que j'ai guéri. Chacun de nous trouve le chemin de la guérison qui lui convient. Le mien a emprunté à plusieurs disciplines. Et il est personnel. Mais je ne le conseillerais à personne d'autre, car j'étais guidée par mon instinct.

J'ai arrêté tous les traitements d'un coup, contre l'avis des médecins, persuadée que la maladie avait été vaincue définitivement, éradiquée à jamais, et que ma volonté et mon mental suffiraient pour empêcher que la tumeur ne revienne. Là encore, ce n'est pas un conseil à suivre que je donnerais à tout le monde. C'était un trajet individuel, qui peut paraître stupide ou irrationnel, mais c'était tout simplement le mien. Et si je n'avais pas eu la certitude d'être guérie après avoir consulté Daniel, j'aurais bien entendu repris les séances de radiothérapie.

Je tiens à rassurer les personnes hypocondriaques. Si je me suis autant écoutée – et j'ai eu raison de le faire –, c'est parce que toute ma vie, j'ai eu des prémonitions qui se sont vérifiées. Ce n'est pas parce que demain vous rêvez que vous êtes malade, ou en avez peur, que vous l'êtes. Il faut bien se connaître. De mon côté, j'avais l'habitude de faire des rêves consécutifs sur un même sujet, qui me laissaient très perturbée au réveil. Mais je savais qu'il s'agissait d'un message. Il ne faut pas confondre angoisse et intuition profonde. J'avais l'habitude de distinguer mes intuitions et mes émotions : les projections viennent de nos peurs, désirs, angoisses ; les intuitions viennent de nulle part. On sait mais on ne sait pas l'expliquer.

Mais ce dont je suis sûre, c'est que le mental a un rôle déterminant dans l'accompagnement de la maladie et la voie de la guérison. Si vous avez peur d'être malade, vous allez le devenir à force de vous angoisser sur le sujet. J'ai eu la chance d'avoir Alex à mon côté pour m'aider à ne pas somatiser, communiquer beaucoup, faire des exercices de sophrologie et surtout utiliser des techniques de respiration pour relâcher les tensions du corps et visualiser un bien-être. Et cela m'a beaucoup soulagée.

Une fois que j'ai su pour ma maladie, j'ai placé un petit douanier dans mon esprit pour filtrer les pensées et n'y laisser que celles qui me feraient avancer. Le cerveau est une usine pharmaceutique. Il peut tout fabriquer. Une étude scientifique sur le placebo a permis de comprendre comment : au lieu d'injecter des médicaments, on injecte des mots, qui peuvent changer notre cerveau et notre système nerveux. Pour moi, il ne fait aucun doute que cette technique, qui était à ce moment-là mon instinct de survie, a contribué à ma guérison. Mais lorsque nous combattons une maladie

– une infection, une tumeur ou autre chose –, cela n'est malheureusement pas suffisant : il faut aussi se tourner vers la médecine. Là, vous doublez vos chances.

Mon corps a conservé les séquelles de la maladie pendant un an. Conséquence de la radiothérapie, j'ai perdu tous mes cheveux en trois mois. Ils avaient déjà commencé à tomber quand la tumeur était apparue. Mais j'arrivais facilement à le dissimuler. Mais cette fois, tous mes cheveux sont tombés. J'avais des courbatures, des vertiges et des nausées, j'étais pâle et faible, j'avais une sensation d'état grippal en permanence. Je ressentais des sortes de décharges dans la tête. Bref, mon corps se croyait toujours malade. Comme s'il était en retard sur la maladie, comme s'il ne l'avait ressentie qu'au moment où on l'avait nommée et soignée… Il arrive que la douleur survienne ou que les symptômes d'une maladie ne s'expriment qu'à partir du moment où l'on a pris conscience qu'on est malade. C'est pareil quand on se coupe et que la douleur ne se manifeste que lorsqu'on voit le sang couler… Tout le monde en a un jour ou l'autre fait l'expérience. Mais la tumeur n'est jamais revenue. Pendant cinq ans, j'ai fait des examens de contrôle. Puis on m'a dit que ce n'était plus la peine car il n'y avait plus de risque de récidive.

C'est avec la tumeur, son histoire et son destin, que j'ai compris que ce que j'appelais « mon don d'intuition » était en fait un sixième sens. C'est aussi à ce moment-là que j'ai acquis la certitude que nous en étions tous dotés. Vous, moi, tout un chacun. Je ne suis ni une magicienne, ni une extraterrestre. Je suis comme tout le monde, la *girl next door*, une fille comme les autres. Je suis une jeune femme moderne, ordinaire, qui aime faire du sport, regarder les séries télé, écouter de la musique et danser. Je suis comme vous, ni plus ni moins douée, ni plus ni moins extraordinaire. La seule différence, c'est que je m'écoute, que je travaille ma sensibilité. Alors que la pensée analytique procède par étapes, accumulant les arguments pour construire un raisonnement, l'intuition, elle, surgit brusquement, provoquant une grande certitude. Elle apporte des informations complémentaires qui sont inaccessibles à nos cinq sens. Nous avons tous expérimenté, dans notre vie, des moments où des problèmes qui paraissaient insolubles l'instant d'avant se résolvent tout à coup comme par enchantement. Nous avons tous eu à un moment de notre vie des « révélations », un « flair » particulier en face d'une situation ou d'une personne. L'intuition est une capacité universelle et chacun d'entre nous peut la développer à l'aide de méthodes spécifiques. C'est le résultat d'un mécanisme inconscient qui, pourvu qu'on l'écoute, aide à prendre des décisions. La plupart des gens ignorent ou méprisent leur instinct, ils l'étouffent et le refoulent au lieu de l'entendre et de le suivre, comme on le fait avec un ami ou un allié. C'est pourtant ce qu'il faut apprendre à faire.

Aujourd'hui j'en ai la certitude : la tumeur s'était nichée dans ma tête à force de somatisation. Une petite enfance marquée par la mort de mon frère, qui m'a fragilisée, torturée et rendue extrêmement – trop – sensible. Une enfance et une adolescence dominées par le secret que j'ai dû imposer sur mes intuitions, dont je ne comprenais pas le sens à l'époque. Toute ma jeunesse fut refoulée, cachée, retenue. Mes prémonitions ont été emprisonnées dans mon cerveau, avec interdiction d'en sortir. La tumeur, j'en suis sûre, a poussé sur ce terreau. Elle aurait aussi pu se manifester dans le ventre ou au cœur, pour protester contre l'angoisse qui m'étreignait constamment.

Depuis la maladie, j'ai pris conscience que mon sixième sens était une chance immense, un avantage dans la vie. Depuis que j'ai vaincu ma tumeur, je n'ai plus à me cacher, à dissimuler mes visions, à subir les événements, à me soumettre. Enfin, j'ai décidé de m'écouter, de m'assumer, de me faire confiance. D'être moi-même. J'ai aussi compris que mon sixième sens était un pouvoir. Pas seulement sur moi mais également sur la vie et sur les autres. Alors j'ai pris la décision de le mettre au service des gens. La maladie puis la guérison ont décuplé mon amour de la vie. Elles ont nourri mon empathie et mon désir d'aider les autres. Depuis ma guérison, j'ai l'impression que je suis faite pour ça. J'aime les accompagner, les guider à un moment clef de leur vie, et les aider à maîtriser leur intelligence intuitive, le sixième sens qu'ils ont tous, caché en eux. Ce sixième sens, il faut à tout prix le cerner, le comprendre, le développer, parce que c'est une des recettes pour être libre dans tous les domaines de la vie. Une clef de bonheur à portée de tous.

– 2 –

Un si lourd secret

Pendant si longtemps, j'ai dû vivre avec ce secret caché au fond de moi. Il m'avait empêchée de grandir comme les autres enfants, d'être insouciante, d'être moi-même. C'est ma mère qui a compris la première, en percevant que j'étais différente des autres, quand j'avais 8 ou 9 ans. J'étais une enfant hypersensible. Je captais les émotions de mes proches. Comme une éponge. Comme un aimant. J'observais les gens qui m'entouraient, je faisais toujours attention à eux, m'intéressant à ce qui leur arrivait. Et je finissais par absorber leurs sentiments, leurs pensées. Quand on allait à la plage avec les amis de ma mère, je parvenais toujours à deviner qui était heureux ou amoureux, ou au contraire qui était réellement triste, déçu ou déprimé derrière les sourires de façade. Comme si je les sentais. J'absorbais les douleurs de mes amis jusqu'au point d'avoir mal comme eux. Par exemple, j'avais un très proche ami, Éric, migraineux. Sa vie était loin d'être facile. Nous étions en sixième. Eh bien, dès qu'il avait mal à la tête, mon cerveau réagissait, il émettait des sortes de picotements. Alors je lui disais : « Là, tu as mal, non ? » Et en effet, il était en pleine crise. Je me souviens aussi d'une fille au collège qui avait très mal au dos. Les jours où j'étais sensible à sa douleur, elle se transférait sur moi et j'avais moi aussi mal au dos. Aujourd'hui, j'ai appris à dominer mon mental pour faire en sorte de ne pas avoir mal au dos ou à la tête quand un client souffre en face de moi. Mais petite et même adolescente, je ne savais pas comment gérer cette réceptivité aux maux des autres. Souvent, je ressentais des douleurs sans cause médicale.

J'avais aussi régulièrement des prémonitions. Je savais qui serait au bout du fil avant même de décrocher le téléphone quand la sonnerie retentissait. Je sentais quand les parents de mes amis étaient malades ou maltraitants, mais je percevais aussi les bonnes nouvelles, les réussites aux examens, les promotions professionnelles. Je me souviens que mon amie Branda est venue chez moi un samedi. Il pleuvait très fort et nous dansions toutes les deux dans ma chambre en écoutant des tubes à la mode. Parfois, la foudre ou le claquement de l'orage nous faisaient sursauter. Mais nous nous sentions en sécurité dans ma chambre, juste toutes les deux, à nous raconter nos histoires de filles. J'ai pris les mains de Branda comme on prend les mains de ses copines à cet âge-là, et d'un seul coup ont surgi des images de disputes avec ses parents. Des images violentes, dérangeantes, qui m'ont effrayée et dont je lui ai fait part. Alors elle s'est mise à pleurer et elle s'est confiée à moi : sa mère était une femme méchante, qui la maltraitait. Elle avait peur de rentrer chez elle. Elle aurait voulu fuir le plus loin possible de ce foyer dans lequel elle se sentait malheureuse et en danger. Les choses avaient l'air tellement sérieuses que j'ai mis ma mère dans la confidence. Nous avons prétexté la violence des orages pour la garder chez nous la nuit. Quelque temps plus tard, Branda et sa sœur ont été placées dans une famille d'accueil… L'autorité parentale a été retirée à ses parents maltraitants.

Autre exemple : j'ai un jour rêvé qu'un petit garçon, Fabrice, était enlevé et assassiné par un homme. J'avais 7 ou 8 ans et nous devions être en décembre ou en janvier car je me souviens du sapin de Noël. Je revois encore les images furtives de ce rêve en noir et blanc. L'homme était de petite taille, il avait une barbe poivre et sel. L'enfant avait une coupe au bol, c'était la mode à l'époque. La scène avait lieu dans une maison blanche entourée de montagnes et de forêts. L'homme avait emmené le petit Fabrice dans une cave ou une petite pièce blanche. Il le caressait partout, c'était abominable. Le matin, au réveil, j'étais épuisée et perturbée. Comme si au lieu de dormir j'avais vécu une expérience épouvantable. J'ai dit à ma mère que j'avais peur pour le petit garçon de mon rêve, qui allait être tué. Je lui posais plein de questions : « Pourquoi le monsieur est-il méchant ? Pourquoi Fabrice va-t-il mourir ? Pourquoi le monsieur lui fait-il des choses dégoûtantes ? » Je suppliais ma mère d'appeler la police pour qu'on le retrouve. Elle a pensé que j'avais vu un film qui n'était pas pour les enfants, car tous les dimanches et les mardis soir nous avions le droit de regarder la télé… Et puis la journée a repris son cours.

Le soir, mes parents buvaient l'apéritif avec des amis en regardant les informations. Soudain, ma mère s'est figée. Le présentateur racontait qu'un petit Fabrice avait été tué à coups de couteau par son ravisseur qui l'avait enlevé quelques heures plus tôt. Le meurtre avait eu lieu dans une maison blanche, dans un village de montagne entouré de forêts… Le petit garçon avait été victime d'abus sexuels. Exactement comme dans mon rêve. Je voyais bien que ma mère était dans tous ses états. Elle ne cessait de dire, affolée et émue à la fois : « Lilie l'avait rêvé, Lilie l'avait rêvé ! » Elle a même téléphoné à ses amies pour leur raconter cette incroyable prémonition. Moi, je ne comprenais pas bien ce qu'il se passait. Mais j'étais inquiète et effrayée. Désormais, même pendant la journée, les images du petit Fabrice torturé et sauvagement assassiné me hantaient. Mon père et les amis de mes parents n'ont pas fait grand cas de ma prémonition. Ils n'y ont vu qu'une coïncidence, troublante certes, mais finalement assez banale. Qui n'a pas été au moins une fois dans sa vie bouleversé après qu'un sentiment prémonitoire s'est réalisé ? Ma mère en revanche était beaucoup plus perplexe. C'est à ce moment précis qu'elle a su que j'avais un don. C'est cet événement qui l'a convaincue. Pour elle, il ne s'agissait pas d'une vulgaire histoire de coïncidence. Les choses se répétaient trop souvent pour qu'elles puissent relever du hasard. Elle a pris peur. Quelques jours après l'histoire du petit Fabrice, elle m'a demandé de ne plus raconter mes rêves aux autres, de toujours lui en parler à elle d'abord. J'ai été très marquée par cet épisode. Le cauchemar m'a longtemps poursuivie : la nuit, dans mes rêves, je vivais et revivais en direct tout ce qu'avait vécu le petit garçon. Comme si j'étais à sa place et que c'était à moi qu'on faisait subir ce qu'il avait subi. J'en garde un souvenir horrible. Aujourd'hui encore, lorsque je me rappelle cet épisode traumatisant de mon enfance, pour écrire ce livre par exemple, un trouble et une angoisse m'envahissent et mettent plusieurs jours à disparaître.

Et il y a eu cette fois, j'avais environ 7 ans, lorsque ma mère est venue me chercher à l'école je lui ai annoncé, inquiète, que la maison brûlait. Nous sommes rentrées à toute vitesse en voiture et, en effet, le cagibi était en feu. Je crois qu'il y avait eu un court-circuit dans notre vieille machine à laver. Quelques années plus tard, j'ai pressenti qu'une amie de ma mère, Sophie, était menacée par son compagnon et qu'elle courait un grand danger. Je dormais mal et au bout de plusieurs nuits perturbées j'ai fini par demander à ma mère d'appeler sa copine. Sophie avait été agressée, frappée par son ami !

Il est difficile de vivre avec des prémonitions de ce type quand on est une enfant. J'étais trop jeune pour comprendre ce qui m'arrivait, incapable de l'analyser. Je ne savais ni comment ni pourquoi je ressentais les émotions des autres comme si c'étaient les miennes. J'étais incapable de reproduire les raisonnements qui auraient dû mener à mes conclusions, que ce soit à l'école ou à la maison. Incapable d'expliquer comment et pourquoi je savais les choses sans avoir cherché à les savoir. J'étais déstabilisée par le trouble que je provoquais chez mes proches. Certains se demandaient si je n'avais pas un pouvoir magique. En ma présence, ils étaient mal à l'aise. Je crois que je leur faisais peur. Je me souviens encore de leurs regards parfois étonnés, parfois effrayés ou alors remplis de reproche et d'incompréhension. Certains me traitaient de menteuse. Comme je n'étais qu'une enfant, j'avais parfois l'impression qu'ils me considéraient comme une sorcière. On a d'abord pensé que je débordais d'imagination puis ma mère a pensé que j'avais un don. Je le pensais aussi, sans forcément comprendre ce que cela impliquait. Je ne me disais pas « tu as un pouvoir » mais plutôt que j'étais plus lucide que mes camarades, avec un sens aigu pour ressentir et percevoir les choses. Je me rappelle ainsi que, lorsque je jouais avec mes poupées Barbie, j'imaginais qu'elles avaient le pouvoir de lire dans les pensées. Je crois que je cernais immédiatement les gens, que je les sentais naturellement, que je pouvais entrer dans leur cerveau, me connecter à leur inconscient. Mon institutrice de CE1, Viviane, avec laquelle je suis restée en contact, considérait que j'avais une intelligence émotionnelle hors du commun. Elle était impressionnée par la manière dont je m'imprégnais de l'environnement extérieur. Par exemple, je savais que l'une des surveillantes de l'école avait de graves problèmes de couple. Personne n'était au courant mais je le savais avec certitude. Viviane ne comprenait pas comment. Elle me pressait de questions. « Mais comment tu sais ça, toi ? » me demandait-elle. L'air étonnée, parfois fière, je voyais dans ses yeux que j'avais compris des choses d'adultes. Que j'étais en avance… Ma capacité à comprendre les plus âgés a toujours surpris, et surprend toujours ! Avec le recul, je me dis que l'institutrice a fait preuve d'intelligence et de psychologie. Une autre qu'elle m'aurait sans doute sommée d'avouer que je mentais ou que j'espionnais. Elle m'aurait peut-être marginalisée dans la classe, traitée comme une fille un peu bizarre dont il ne faut pas s'approcher. Ou, plus probablement, elle m'aurait demandé de me taire et de ne plus jamais parler des autres en public. Je me serais alors enfermée en moi-même, exclue du groupe.

Je me souviens d'une autre histoire, celle de Cécile, une élève très prétentieuse, qui mentait beaucoup en classe. J'avais 9 ans, j'étais exaspérée par ses affabulations et ses boniments que mon hypersensibilité déjouait immédiatement. Alors un jour, je n'ai pas pu me contrôler et j'ai révélé à tout le monde la teneur de tous ses mensonges. Je savais que ce n'était pas très sympa de ma part. Mais ce n'était pas de la délation. Je ne pouvais tout simplement plus supporter que cette fille trompe la classe et l'institutrice en permanence. Je ne pouvais plus être la seule à le savoir. Il fallait que les autres sachent, que je me débarrasse de ce secret. Après avoir vérifié mes dires, Viviane s'est une nouvelle fois demandé comment j'avais deviné les mensonges et les dissimulations de Cécile. Ma sensibilité à fleur de peau m'y rendait sans doute plus réceptive. L'institutrice me trouvait très éveillée. Très lucide. À l'école, je comprenais les choses sur-le-champ. Je devinais aussi les bonnes et les mauvaises notes de mes camarades. Pour moi, c'était comme un jeu. Bien sûr, c'est assez facile dans une classe, lorsqu'on connaît les élèves, d'anticiper le résultat des contrôles. Mais là c'était autre chose. Je pouvais deviner qu'un mauvais élève avait eu une bonne note, ou que le premier de la classe était arrivé dernier. Évidemment, je ne peux exclure que mon inconscient ait intégré les conversations que les élèves ont tous dans la cour après les contrôles, jusqu'à savoir qui a réussi et qui a raté. Mais c'était comme si j'arrivais à traduire leur perception de la réussite ou de l'échec. Et toujours de manière extrêmement précise.

La plupart du temps, je ne prêtais guère attention à mes prémonitions. Mais je me suis mise, peu à peu, à manifester beaucoup d'empathie envers les autres. Ayant la capacité de me mettre à leur place, j'avais aussi celle de les aider. Ma mère m'a raconté que, petite, j'étais prévenante envers tous ceux que je croisais : les SDF dans la rue, les gens en perdition, les caissières au supermarché. Je distribuais une pièce, je disais bonjour, je leur souriais, je leur parlais sans raison particulière. Ou plutôt si : parce que je les ressentais, que leur histoire, leurs peurs et leurs émotions entraient en moi instantanément. J'avais l'impression d'être proche d'eux et de les connaître. J'étais aussi devenue une sorte de médiatrice dans mon entourage. Comme j'accédais plus facilement aux pensées secrètes des uns et des autres, à leurs motivations, à leurs ressentis, je défendais mes amis quand ils étaient victimes d'une injustice, ou au contraire je faisais la morale et me mettais dans la peau d'une redresseuse de torts.

Je ne suis pas certaine d'avoir été si différente des autres. C'est simplement que j'avais hérité, en raison d'une enfance un peu difficile, d'une sensibilité extrême qui me permettait d'être davantage réceptive que les autres aux émotions, aux malheurs et aux bonheurs. Comme si j'avais perdu, ou jamais acquis, cette cellule protectrice qui entoure la sensibilité, surtout chez les jeunes enfants, et qui permet de résister aux aléas de la vie, aux coups durs, aux mauvaises nouvelles. On me disait pensive, souvent rêveuse et très perspicace. J'étais un peu dans mon monde, débordée par les émotions qu'engendraient mes intuitions. J'étais plus mature que les enfants de mon âge, j'appréciais davantage la compagnie des jeunes adultes. Mais j'avais aussi plein d'amis de mon âge, en tout cas jusqu'en sixième. J'étais très sociable. Et j'étais aussi très joueuse. Je jouais tout le temps. J'étais solaire. Je n'avais pas l'impression d'être mal dans ma peau. À part ces intuitions, j'étais une gamine normale. Je n'avais aucun recul pour comprendre ce qui m'arrivait. Je ne cultivais pas ma différence. On me trouvait juste trop secrète, trop silencieuse. Je ne parlais jamais de moi. J'écoutais. Je ressentais. Mais je ne me sentais pas si différente…

Il arrivait que mes intuitions me mettent en danger. Un jour, j'avais 8 ans, j'étais en CE2 et j'étais partie en classe de neige. Je me sentais mal, chaque jour de plus en plus mal. Je ressentais à distance les disputes de mes parents. Je faisais des cauchemars, j'avais envie d'être avec eux. Depuis deux jours, on m'avait envoyée à l'infirmerie. Toute la classe était partie en excursion sauf moi. Et un autre enfant, Olivier, qui devait avoir la grippe. Je lui ai proposé de fuguer avec moi. Il a dit oui. L'établissement était presque vide, il était facile d'échapper à la surveillance de l'infirmière. J'ai enfilé un pantalon, un pull bleu et une veste rose. Mais, au moment de partir, Olivier a changé d'avis. Il a eu peur. Je me suis donc enfuie seule dans la neige. Je n'avais qu'une seule idée en tête, retrouver mes parents. Je sentais qu'ils étaient en train de se disputer et j'étais sûre que ma présence les calmerait. J'ai suivi la route sans vraiment savoir où j'allais. Je crois que je marchais d'un pas mal assuré. On m'a retrouvée transie au bout de deux ou trois heures. Je pense qu'on a dû me disputer, je n'en ai plus le souvenir. Mes parents sont venus me voir le week-end mais ils n'ont pas voulu que je rentre avec eux. Je me souviens que cela m'a rendue très triste. Je me suis sentie seule, abandonnée. J'avais l'impression que, s'ils m'avaient laissée rentrer avec eux à la maison, j'aurais pu les aider à se réconcilier, j'aurais pu éviter qu'ils se disputent encore.

– 3 –

Maman, ma protection

Après cette expérience, ma mère est devenue inquiète. Elle ne comprenait pas vraiment l'origine de mes intuitions. Elle pensait que j'étais médium. Elle avait peur pour moi. Elle craignait que mes prémonitions ne me poussent à commettre des folies plus graves que s'enfuir de l'école en plein hiver. Elle craignait aussi la réaction des autres, elle ne voulait pas qu'on me rejette, qu'on ait peur de moi, qu'on me considère comme une enfant trop à part pour pouvoir être intégrée et vivre une vie de jeune de son âge. Parce qu'elle voulait me protéger, elle m'a demandé de ne plus dire ce que je ressentais vis-à-vis des autres. Alors, je n'ai plus jamais parlé de moi et de mes intuitions. Je me suis cachée derrière un mur de silence qui allait devenir chaque année plus solide, au point que rien ni personne ne pourrait l'ébranler. Même avec ma meilleure amie, celle avec qui j'ai fait les quatre cents coups, je gardais tout pour moi. Je lui racontais bien sûr ma vie quotidienne, je lui parlais de mes petits copains, mais je taisais mes ressentis. Je n'y arrivais pas. J'étais comme bâillonnée. J'étais très pipelette, sauf à mon propos. Je suis devenue muette, j'ai enfoui sous terre et dans mon inconscient tout ce qui me concernait. Hormis avec ma mère, avec qui j'avais une relation très forte. À elle, à elle seule, je confiais mes ressentis. Car si elle m'avait demandé de me taire à l'école et chez mes amies, à la maison elle me faisait au contraire beaucoup parler. Chaque soir, en rentrant de l'école, je vidais mon sac, j'extériorisais tout. J'étalais devant elle mes prémonitions, j'exprimais mes émotions, je me déchargeais du poids terrible que représentait le silence qu'elle m'imposait pendant la journée. C'étaient pour moi des moments libérateurs. Chaque matin, je lui racontais mes rêves dans le détail. Je lui confiais les flashs que je ressentais, je lui faisais part des angoisses qui accompagnaient certaines intuitions. Elle partageait ce secret avec moi. Elle le vivait avec moi. Elle était devenue, en plus de ma mère, ma confidente, mon amie, ma psy, ma protectrice, mon rempart. La seule personne qui brisait ma solitude. Ces longues conversations quotidiennes avec ma mère ont été très constructives. Elles ont forgé entre nous une relation d'une force incroyable.

En dehors de la maison, les intuitions, c'était mon secret. Un secret lourd à porter pour une enfant. Si lourd que mon corps s'est mis à réagir. À l'âge de 10 ans, j'ai eu des aphtes dans la bouche, dans la gorge, sur la langue. Ils étaient gros, nombreux, douloureux. Ils rendaient l'alimentation difficile et ralentissaient la déglutition. C'était comme un mal intérieur que personne ne voyait, d'aucune gravité mais qui me faisait souffrir. Aucun traitement médical académique n'arrivait à les faire partir. Rien n'y faisait, je souffrais le martyre. Alors, pour la première fois, ma mère m'a emmenée chez un hypnotiseur, à Mandelieu, où nous habitions à l'époque. J'étais un peu impressionnée en me rendant chez l'hypnotiseur, je ne comprenais pas vraiment ce qu'il allait me faire. Il a pris un pendule et m'a demandé de regarder à droite, puis à gauche. L'hypnose est un état de conscience particulier entre la veille et le sommeil, provoqué par la suggestion. Elle se base sur le principe de l'interaction entre les pensées et l'organisme. Le pendule est l'une des techniques permettant d'arriver à cet état particulier de conscience. Soudain, je n'ai plus ressenti qu'un grand vide. C'était une sensation très bizarre, assez agréable. L'hypnotiseur a dû me parler pendant que j'étais dans cet état particulier entre la veille et le sommeil, mais je ne m'en souviens plus. Quand je me suis réveillée, j'avais oublié une grande partie des événements qui avaient précédé la séance. Ma fugue de l'école, mes relations avec mon père, la plupart des souvenirs antérieurs à mes 8 ans, qu'ils soient bons ou mauvais. Et toutes mes prémonitions.

Et je n'ai plus jamais eu d'aphtes. Aujourd'hui, avec le recul et le travail que j'ai effectué sur moi, grâce à la psychothérapie notamment, je comprends ce que représentaient ces aphtes symboliquement. Ils m'empêchaient, eux aussi, de parler. Ils étaient là pour garder mon secret mais aussi pour protester contre ce poids trop lourd à porter pour mes jeunes épaules. Je ne sais pas de quelle manière l'hypnotiseur a agi sur mes souvenirs, je ne sais même pas s'il a réellement eu un rôle sur eux, mais ce dont je suis sûre c'est qu'ils se sont littéralement évaporés. Je les ai refoulés. J'ai chassé de mon esprit tant de souvenirs qu'à 18 ans une partie de mon enfance s'était volatilisée. J'ai dû travailler longtemps, déployer d'énormes efforts pour récupérer, plus tard, une partie seulement de ces souvenirs cachés dans mon inconscient et me réapproprier, une fois que j'ai été capable de les assumer, ces fragments de ma jeunesse qui s'étaient enfuis pour me protéger.

À l'époque, je vivais mes prémonitions comme un handicap. Elles étaient synonymes de souffrance et de chaos, de honte et de culpabilité. J'avais honte d'effrayer mon entourage, honte d'être différente des autres enfants. Je me sentais coupable d'être arrivée au monde après un frère mort. Je me sentais coupable de lui avoir succédé sans l'avoir vraiment remplacé dans les yeux et dans le cœur de ma mère. Je me sentais surtout coupable vis-à-vis de mon père. Pas seulement parce que ma mère l'avait tenu à l'écart de notre secret sur mes intuitions. Peut-être qu'à l'époque, déjà, elle n'avait pas suffisamment confiance en lui, qu'elle ne le pensait pas capable de comprendre. Il était visiblement moins réceptif qu'elle à ma particularité. Le sentiment de culpabilité était aussi lié au fait d'avoir ressenti avant qu'il surgisse le désordre qui s'est emparé de mon père sans avoir rien pu faire pour l'aider. La séparation et le départ de mon père furent pour moi une véritable libération. Je n'étais pas proche de lui. Sa présence me gênait, je voulais qu'il s'en aille. Je me suis longtemps sentie coupable d'avoir ressenti vis-à-vis de lui ces sentiments, d'avoir espéré qu'il quitte la maison puis d'avoir été comblée par son absence. Adulte, je me suis souvent dit que j'aurais dû l'aider, lui parler, être plus proche de lui, l'empêcher de partir.

Je me sentais honteuse de cerner les sentiments et les émotions de mes proches, de lire en eux mieux qu'ils ne pouvaient le faire, comme si j'étais une voleuse, un cambrioleur qui entre par effraction dans la tête des autres. Comme un invité surprise que l'on n'est pas prêt à recevoir. Comme l'intrusion de quelqu'un qui dérange dans une soirée. J'essayais, en vain, de chasser les intuitions de mon esprit, de les rejeter le plus loin possible. Je ne savais pas encore qu'elles pouvaient jouer un rôle positif dans ma vie et dans celle des autres. Qu'il fallait en fait les apprivoiser et les dominer pour que le désordre se transforme en ordre, que la peur et l'angoisse deviennent énergie et optimisme, que la honte et la culpabilité s'envolent. Je le comprendrais plus tard et le mettrais en pratique. Avec la maturité. Mais je n'en veux pas du tout à ma mère de m'avoir forcée à les ensevelir au plus profond de mon cerveau, là où ma conscience ne pouvait pénétrer. Elle m'aimait profondément, elle était aussi très fière de moi, mais elle redoutait que je livre à mon entourage des confidences qui pourraient les effrayer. Elle ne voulait pas que des regards inquisiteurs se tournent vers moi. C'était de la bienveillance.

Quand j'étais enfant, ma mère m'a surprotégée. C'était une mère aimante, bienveillante, qui avait le souci de bien faire et voyait toujours les choses de manière positive. Nous étions très proches, très complices. Nous avons toujours beaucoup parlé ensemble. Quand je suis devenue adolescente, nous avions tellement l'habitude de nous confier l'une à l'autre qu'elle en est naturellement venue à me demander conseil. Elle aimait avoir mon avis sur tout. Elle me faisait rentrer dans sa vie d'adulte et même y participer. Comme si les rôles avaient été inversés. Lorsqu'on devient adulte, on revoit son parcours, parfois avec un regard critique, on croit qu'à la place de ses parents on aurait fait mieux. On repère leurs erreurs, on se demande : et si les choses avaient été gérées différemment, les aurais-je mieux vécues ? À 20 ans, je lui en ai brièvement voulu. Elle s'adressait à moi comme si j'étais une adulte. J'ai dû endosser un costume beaucoup trop grand pour moi. J'ai parfois eu l'impression plus tard que mon enfance m'avait été volée. Mais pourtant j'aimais la conseiller, elle ne m'y a jamais forcée. Mes reproches envers ma mère n'ont pas duré longtemps. J'ai vite compris à quel point elle n'était pas responsable de cette confusion des genres, à quel point elle s'était battue pour rester heureuse, pour élever seule ses enfants et les protéger. Elle s'est débrouillée comme elle pouvait. Elle avait peur d'être jugée. Elle s'est reposée sur moi et sur mes intuitions. Sa famille n'était pas très présente. Elle était seule.

Plus tard, lorsque j'ai pris la décision d'assumer mes intuitions, d'en faire une vocation et mon métier, ma mère a été la première à m'encourager et à croire en moi. Elle était fière de moi. Elle connaissait mon potentiel. Elle l'avait expérimenté. Elle était heureuse et même soulagée que cela devienne un atout. Elle m'a poussée dans cette direction et m'a toujours soutenue. Elle avait tout compris depuis le début et il était pour elle évident que j'étais faite pour cela. Elle était sûre depuis que j'étais enfant que ce serait mon destin.

– 4 –

Gaëtan

D'où me vient cette intelligence intuitive que j'ai appris à maîtriser, à dominer, et que j'ai mise au service des autres afin de les aider à mieux vivre ? J'ai appris, en questionnant ma mère il y a quelques années seulement, que mon arrière-grand-mère maternelle en était elle aussi dotée. Elle s'appelait Madeleine, elle était couturière, et dès qu'elle touchait ses clients pour prendre leurs mesures ou leur faire essayer leurs vêtements, elle avait des intuitions les concernant. Je n'en sais pas plus car, dans la famille, cette histoire était taboue. Ma mère est elle aussi dotée d'une grande capacité intuitive. Des trois femmes, je suis cependant la seule à avoir travaillé et développé ce sixième sens. Les deux autres n'en ont pas eu envie. Mais un cousin de ma mère, donc un petit-fils de Madeleine, possède lui aussi ces facilités. Il lui arrive, lorsqu'il serre la main de quelqu'un, d'avoir des flashs.

Pourtant, ce sont les circonstances particulières de mon arrivée au monde et mon enfance qui expliquent en grande partie ma différence. Elles sont à l'origine de mon hypersensibilité. Je suis née un 10 novembre à Noisy-le-Grand, un an et demi après la disparition de mon frère Gaëtan, mort subitement quand il était nourrisson. Il n'y a rien de pire que de perdre un enfant, et ce drame eut l'effet d'un cataclysme dans ma famille. Même s'il est souvent difficile de démêler les raisons qui mènent à la destruction d'un couple, je pense que la mort de Gaëtan est sans doute à l'origine des difficultés qui ont surgi dans la relation de mes parents. Quand on a connu un tel malheur, on ne peut pas, on ne peut plus vivre comme avant. Après un tel drame, de nombreux couples se séparent, ils n'arrivent pas à affronter ensemble l'avenir sans l'être cher qu'ils avaient conçu ensemble. Un enfant mort s'incruste dans un couple, il influe sur la relation des parents aux autres enfants, il s'immisce dans la vie de ces autres enfants, il pèse pour toute la vie sur l'ensemble de la famille. Ma mère pleurait tous les jours depuis la mort de son bébé. Elle était inconsolable. Ma naissance fut pour elle une joie absolument immense mais aussi une source d'inquiétude et d'angoisse. Elle ne voulait pas que je sois installée dans la chambre de Gaëtan. Ni même que je vive dans le même appartement que lui. Elle refusait que je grandisse avec son fantôme, que nos deux destins d'enfants soient liés et que ses sentiments pour moi se confondent, à cause de cette unité géographique, avec ceux qu'elle avait pour Gaëtan. Nous habitions à Fontenay-sous-Bois. Elle voulait déménager, habiter dans la région cannoise pour laquelle elle avait eu un coup de foudre sans jamais y avoir mis les pieds. C'était un ressenti très puissant. Elle se disputait régulièrement avec mon père à ce sujet. Lui voulait rester à Paris, où il avait un travail qui lui plaisait, et il ne voyait pas en quoi la mort de Gaëtan devait changer aussi cela. Il ne comprenait pas les angoisses de ma mère et elle lui en voulait de ne pas ressentir la même chose qu'elle. Un père et une mère ne réagissent pas toujours de la même manière face à ce type de drame. C'est normal. Quelques jours seulement avant ma naissance, l'appartement de mes parents a pris feu en pleine nuit. Nous n'avons jamais trouvé son origine, mais le foyer de l'incendie a été localisé dans la chambre de Gaëtan. C'est mon frère Mike, de quatre ans mon aîné, qui s'est réveillé et a prévenu mes parents. En fait, il les a sauvés. Il n'avait que 3 ans et demi, il est rentré dans la chambre de mes parents et il a dit : « Papa, maman, y a le feu ! » Ils ont eu le temps de prendre le chien et les deux chats et sont partis. J'ai toujours trouvé qu'il s'agissait d'une coïncidence troublante… En tout cas, c'est le destin qui a tranché et fait en sorte que la volonté de ma mère soit exaucée. Ni les pompiers, ni la police, ni les experts de l'assurance n'ont réussi à déterminer l'origine de l'incendie. Et c'est ainsi qu'après avoir passé deux ans entre Fontenay-sous-Bois et Noisy-le-Grand, nous avons déménagé dans le sud de la France, à Mandelieu. Mes parents ont acheté une maison et, en attendant qu'elle nous soit livrée, nous nous sommes installés trois mois dans un camping-car, au camping. C'est dans cette maison de Mandelieu que j'ai passé le début de mon enfance. Je ne sais pas si c'était vraiment le cas, mais je conserve de cette époque un souvenir heureux. Les tensions parisiennes avaient brusquement disparu entre mon père et ma mère quand nous sommes arrivés dans le Sud. À nouveau, nous vivions comme une famille unie. Le souvenir que j'en garde est celui d'un bonheur retrouvé. Mon père était directeur de rayon à l'hypermarché *Rallye* de Mandelieu. J'étais très complice avec mon frère Mike et ma mère me couvait, elle me surprotégeait. Elle était terrifiée à l'idée que je puisse mourir comme Gaëtan. J'ai dormi à côté d'elle les quinze premiers mois de mon existence. Elle ne me lâchait jamais. Elle ne me faisait jamais garder par quelqu'un d'autre. Elle vérifiait tout le temps si je respirais. Elle me surveillait en permanence. Plus tard elle ne me laisserait pas faire un pas sans elle, elle avait toujours besoin d'être à côté de moi. Elle me donnait aussi énormément d'amour. De l'amour pour deux. Pour elle, j'étais deux enfants à la fois, Gaëtan et moi. Elle n'avait pas accepté la mort de Gaëtan et elle disait toujours : « J'ai trois enfants. Mike, Lilie et Gaëtan. » Cet amour me remplissait à ras bord. Je pensais devoir moi aussi rendre à ma mère de l'amour pour deux et je n'y arrivais pas. Elle pensait, grâce à moi, pouvoir maintenir Gaëtan en vie, effacer sa mort et aussi le voir grandir. Comme si en moi elle l'avait fait renaître. Dès le début, j'ai senti qu'il fallait vivre pour deux. Vivre pour lui aussi. Il était partout avec nous. Avec elle, avec mon père, avec mon frère, avec moi. Ma mère a mis du temps à en parler et aujourd'hui encore le sujet est sensible pour elle lorsqu'on l'évoque.

Grandir comme si on était deux, assumer d'être, en plus de soi-même, un être cher et disparu que je n'avais même pas connu, c'est lourd à porter et à assumer pour une enfant. Mais j'en ai gardé un sens aigu de la vie. Depuis que je suis petite, je sais ce que vivre veut dire. Le fait d'avoir grandi avec le fantôme d'un mort, qui était comme un frère jumeau pour moi, m'a fait mesurer à quel point la vie est précieuse. À quel point aussi elle est fragile et peut s'enfuir brusquement, même au plus jeune âge. J'ai compris très jeune la puissance destructrice que peut avoir la mort d'un petit être comme Gaëtan dans une famille. C'est pour cela que pour moi préserver la vie et la choyer, se donner les moyens de connaître le bonheur, est une priorité.

En grandissant, j'ai nourri du ressentiment vis-à-vis de mon père. Je n'étais pas à l'aise avec lui. Je sentais qu'il trompait ma mère. Je pense qu'avec mes yeux et mon cœur d'enfant, je percevais la distance qu'il instaurait entre ma mère et lui, j'interprétais ses absences, ses exaspérations, son éloignement progressif. Il ne portait plus les mêmes yeux sur ma mère. Je ne voyais plus cette étincelle d'amour dans son regard. Je sentais aussi qu'il s'éloignait de moi. Bien sûr, les enfants sont toujours sensibles à la dégradation des relations de leurs parents. Ils en ont l'intuition sans qu'on ait besoin de leur en parler. Ils assistent, comme je l'ai fait moi, à des disputes entre leur père et leur mère. Et ils ont inconsciemment peur que leur foyer, leur cocon, disparaisse. Les disputes de mes parents devenaient de plus en plus fréquentes. La mort de Gaëtan avait affecté leurs relations. Il est donc probable que j'ai inconsciemment anticipé les événements qui allaient se produire. On dit que la vérité sort de la bouche des enfants. Ce sentiment que ressentent de nombreux enfants dans les familles en train de se décomposer était chez moi exacerbé par mon hypersensibilité. Je ne faisais pas que percevoir les choses, j'avais l'intime conviction qu'elles allaient se réaliser. J'étais bien incapable d'expliquer pourquoi mais j'avais la certitude que mon univers allait s'effondrer, que notre petite famille allait exploser à cause de lui. Cette certitude me réveillait brusquement la nuit et m'angoissait la journée. Jusqu'à ce que les faits finissent par me donner raison.

J'avais 10 ans quand mon père a quitté la maison, et j'ai ressenti ce départ comme un abandon. Rien de très original : je pense que chaque enfant confronté au brusque départ de l'un de ses parents éprouve la même chose. J'avais senti le drame venir. Les disputes étaient de plus en plus fréquentes entre mes parents. J'y assistais souvent. Mon père et ma mère étaient très fêtards, ils avaient beaucoup d'amis et nous emmenaient toujours avec eux. Depuis la mort de Gaëtan, ma mère voulait toujours garder un œil sur nous, elle ne voulait jamais nous laisser et nous participions souvent à leurs soirées d'adultes. Le soir, mon père allait régulièrement boire un verre dans un bar où il avait ses habitudes. Seul. La serveuse s'appelait Monique. Elle est tombée amoureuse de lui puis l'a dragué. Une histoire finalement très banale, qui arrive dans de nombreux foyers. Avec mon hypersensibilité qui me faisait toujours tout voir avec acuité et ressentir le monde extérieur comme si ma peau était à vif, j'ai pris conscience que dans une vie d'adulte, que les enfants imaginent solide, tout peut s'effondrer du jour au lendemain. J'ai perdu toutes mes certitudes dans ce bar. Et le duo amoureux formé par mon père et celle qui était en train de devenir sa maîtresse m'était insupportable, il me causait une douleur inouïe et m'emplissait de colère. Je sais bien aujourd'hui que les choses sont toujours plus compliquées que cela et qu'une séparation, c'est comme un mariage, en général ça se prépare à deux, mais à l'époque j'avais l'impression que la serveuse attirait mon père dans ses filets. Je la voyais comme une sorcière qui envoûtait mon père et essayait de le voler. Je ne voulais pas accepter l'évidence : mon père buvait trop depuis qu'il la connaissait, personne ne l'y forçait et il était lui aussi séduit par Monique. Je voulais l'éloigner de cette mante religieuse, protéger ma mère et le couple que formaient mes parents qui, même s'il n'était pas idéal, était le seul pilier de ma jeune existence et m'avait apporté beaucoup de bonheur. L'entrée de cette femme dans la vie de mon père a généré le chaos dans la famille. Et dans ma tête. Avant elle, j'ai le souvenir d'une existence heureuse, d'un foyer uni. Mes parents étaient complices, ils avaient beaucoup d'amis, nous n'avions pas de problèmes d'argent. Nous étions très gâtés. Tout allait si bien. Quand Monique a fait irruption dans la vie de mon père, tout a volé en éclats. Peut-être que la relation entre mes parents n'était pas aussi idyllique que je le pensais, si elle s'est brisée aussi facilement. Mais en tout cas, c'est ainsi que je la ressentais, avec mes yeux, mon cœur d'enfant. J'avais vraiment l'impression de vivre dans une famille parfaite. Nous passions des moments formidables. Quand j'accompagnais mon père au bar, je ne me sentais pas bien. À cause de l'alcool, il s'éloignait de nous, m'ignorait, perdait ses moyens face à la serveuse qu'il dévorait du regard. Il tombait peu à peu sous son emprise. La nuit, je rêvais sans cesse que mes parents se disputaient et que leurs relations devenaient violentes.

Tout a dérapé un soir de réveillon de Noël. J'avais 9 ans. Comme chaque année, ma mère avait préparé un magnifique repas de fête. Mes parents étaient des épicuriens, ils aimaient bien vivre, et nous avions l'habitude, à Noël, de mettre les petits plats dans les grands, de sortir les habits de fête et de nous faire de super cadeaux. Ce moment était vraiment important dans ma famille, comme il l'est dans toutes les familles, surtout pour les enfants. La table était mise, le repas était prêt. Il se faisait tard et nous, les enfants, étions très impatients, nous attendions cette soirée depuis au moins un mois et mon père n'était toujours pas là. Ma mère commençait à s'inquiéter. Elle n'était pas bien, je le sentais. Elle le guettait par la fenêtre, elle tournait en rond dans le salon. À l'époque, il n'y avait pas encore de téléphone portable et elle ne pouvait ni l'appeler ni savoir où il était. Elle pouvait juste se faire du souci pour lui. Elle stressait et moi je sentais une énergie négative circuler dans la maison. Je savais, j'étais sûre, que mon père avait passé la première partie de soirée avec l'autre femme, celle que je voyais dans mes rêves, celle du bar, celle que je détestais. Depuis quelque temps il revenait souvent éméché à la maison. Il a fini par arriver en traînant derrière lui trois ou quatre piliers de comptoir complètement saouls. Quand je suis sortie de ma chambre, à l'étage, ma mère m'a interdit de descendre. Mais les escaliers donnaient sur le salon et j'ai tout vu, tout entendu. Mon père et ses copains étaient ivres, ils riaient à gorge déployée, parlaient fort et de manière vulgaire. Les soûlards ont mangé tout le repas de Noël. Ils ont débouché une bouteille et ils se sont rués sur les plats magnifiques que ma mère avait mis toute la journée à préparer. J'avais l'impression que des ogres étaient entrés chez nous. Mon père avait l'air d'avoir oublié notre existence. Ma mère pleurait dans la cuisine. Les « invités » de mon père étaient trop ivres pour qu'elle puisse les chasser. On voyait bien qu'ils pouvaient devenir violents. Moi, je ressentais à la fois du dégoût, de la colère et une profonde injustice. J'ai oublié ce qui s'est passé après. Je me souviens juste que j'étais profondément triste. Cet événement, traumatisant pour moi car j'étais encore vraiment jeune, reviendrait hanter chaque fête de Noël. Pendant de longues années, j'ai vécu le réveillon avec des sentiments mêlés de tristesse et d'angoisse. Noël rimait toujours pour moi avec nostalgie et mélancolie. Jusqu'à ce que je fasse une thérapie, beaucoup plus tard.

Pour ma mère, cet épisode a été la goutte d'eau qui a fait déborder le vase, l'élément déclencheur de la séparation. Les jours suivants elle était, selon les moments de la journée, triste ou en colère. Je voyais bien que le regard qu'elle portait sur mon père avait changé. Il ne voulait pas divorcer, alors elle a commencé à s'éloigner de lui, à sortir elle aussi de son côté… Elle avait découvert son infidélité et ne lui pardonnait pas. Quelque chose dans sa relation avec mon père s'était brisé irrémédiablement. Elle ne croyait plus en lui. Elle se sentait incapable de freiner sa descente aux enfers, impuissante à l'arrêter. On voyait bien que pour elle tout était terminé, qu'il n'y avait pas de retour en arrière possible. Elle voulait une autre vie. Je suis bien consciente aujourd'hui qu'il ne s'agit que d'une banale histoire de divorce, comme tant d'enfants en ont vécu. Les séparations se passent rarement dans la joie et dans la bonne humeur. Beaucoup d'entre elles, comme ce fut le cas chez moi, virent au sordide. Mais ma sensibilité encore une fois a décuplé les sentiments que je ressentais. J'ai vécu cette rupture de manière exacerbée. Comme si c'était la mienne, comme si j'en étais, en quelque sorte, un peu responsable. À la maison, mes parents ont adapté leur mode de fonctionnement à la situation. Ils sortaient chacun de son côté, ne se parlaient plus guère. Tout amour avait disparu de leur relation et ça me faisait mal. C'est comme s'ils vivaient séparément mais sous le même toit. La tension entre eux était permanente et nous, les enfants, subissions en direct la décomposition de leur mariage. Mon père avait beau tromper ma mère, il ne supportait pas qu'elle se rapproche peu à peu d'un de leurs amis communs. Ses crises de jalousie étaient terribles.

Cette mascarade, ce jeu de rôle malsain a encore duré un an avant que mes parents se séparent officiellement. J'avais 10 ans. Un jour, ils se sont disputés plus fortement que d'habitude. Je mettais ma tête sous l'oreiller pour ne pas entendre les hurlements. La dernière image que je conserve de mon père à la maison m'a sans doute durablement traumatisée. Il poursuivait ma mère avec un couteau. C'était une dispute passionnelle, mon père reprochait à ma mère les relations de plus en plus proches qu'elle avait nouées avec un ami. On m'a envoyée dormir chez la voisine. Mon père a coupé la lèvre de ma mère, même si on me l'a caché, je l'avais vu. Tout ce dont j'avais rêvé se concrétisait. Mon père a claqué la porte de la maison. Il n'est plus jamais revenu.

Au début, j'ai continué à le voir tous les dimanches. Il m'emmenait chez l'un de ses amis, à la plage ou dans un centre équestre. On faisait aussi des tours d'hélicoptère. J'aimais bien ces journées mais je les vivais avec une sorte de nostalgie, comme si je savais qu'elles allaient être les dernières avec mon père. Il n'a pas toujours été l'homme infidèle, imbibé, agressif et destructeur avec ma mère que je décris. J'ai au contraire le souvenir d'un père aimant et attentionné, disponible et dévoué. Je le trouvais aussi courageux, ambitieux et intelligent : il avait dû travailler dès l'âge de 13 ans après que ses parents l'eurent mis à la rue. Il était très dégourdi et s'était fait tout seul. Et, malgré ce départ difficile, il avait réussi à s'élever jusqu'à diriger son service de boucherie. Il nous a transmis cette leçon de vie : comment partir de rien et réussir par le travail. De belles valeurs…

C'est lorsque mon père n'a plus donné signe de vie que l'on s'est retrouvés sans le sou. Je suis passée d'une vie relativement aisée à la pauvreté. D'une maison avec jardin à un deux pièces étriqué. J'avais une famille formidable et tout à coup plus rien. Les années qui suivirent furent difficiles. Sans ressources, ma mère, qui jusque-là ne travaillait pas, est devenue caissière au Casino de Cannes. Mon père était parti sans laisser d'adresse, sans nous laisser d'argent, et nous avons dû aller jusqu'à engager un détective pour retrouver sa trace – sa recherche a duré un an et demi –, puis lancer une procédure judiciaire pour que la pension alimentaire soit saisie sur son salaire. Ce changement de vie radical a eu un profond impact sur moi. Alors que j'avais toujours été en tête de classe en primaire, j'ai redoublé ma sixième. Je n'arrivais plus à travailler, je ne réussissais plus à me concentrer, plus aucune matière ne m'intéressait, j'avais perdu toute motivation, mon esprit était ailleurs. Plus tard, au lycée, je faisais régulièrement des malaises, je m'évanouirais en cours, sans raison particulière. Je manquais régulièrement l'école. Dans ces cas-là, je restais à la maison avec ma mère. Je crois qu'auprès d'elle je me sentais en sécurité, et je pense que je voulais aussi la protéger. Car dès l'enfance, ma force de caractère s'imposait naturellement. Depuis que je suis petite, j'ai développé une résilience, un amour de la vie et des autres ainsi qu'une confiance dans l'existence qui sont devenus ma signature. Jamais je n'ai laissé des informations négatives m'atteindre. J'ai toujours réussi à les chasser ou à les dominer rapidement. Je pense aujourd'hui que ce sont mes intuitions qui m'ont rendue si positive, même quand je traversais des moments difficiles.

Pour la première fois, quand mon père a quitté la maison et que ma mère s'est mise à travailler, je me suis retrouvée seule avec mes intuitions. Du jour au lendemain je ne pouvais plus partager mon secret avec ma mère en rentrant de l'école. J'avais été habituée à pouvoir lui parler dès que j'en avais besoin, à les avoir sous la main, elle et l'amour immense qu'elle me portait, et subitement elle rentrait tard le soir ou partait tôt le matin. Et le plus dur pour moi a été lorsqu'elle a rencontré un homme pour la première fois depuis mon père. J'ai eu l'impression qu'elle me délaissait et que j'étais livrée à moi-même. Elle s'occupait pourtant toujours de moi, mais elle était moins disponible qu'avant et je n'avais pas l'habitude… Elle avait 34 ans, elle était très belle, très féminine, elle avait toujours des robes magnifiques, elle était toujours bien coiffée et maquillée. Elle pouvait dépenser beaucoup d'argent pour soigner son apparence et elle plaisait beaucoup. Ma mère était une séductrice. Elle a vécu une passion foudroyante avec cet homme qui n'avait que 22 ans. Leur histoire d'amour a duré treize ans. C'était désormais à lui, et non plus à moi, qu'elle consacrait ses soirées, son temps libre et son attention. Il est normal et heureux qu'elle ait eu envie de refaire sa vie, et j'étais contente pour elle. J'étais devenue assez grande pour me passer de son attention de tous les instants et de son immense affection. Elle m'avait transmis ses valeurs et, avec le temps, elle était devenue une maman-copine. Mais brusquement privée de la possibilité de me confier à elle car elle était moins disponible, j'ai recommencé à être débordée par mes intuitions. Je ne savais plus qu'en faire, où les ranger, comment les dompter, faire en sorte qu'elles me laissent tranquille. Ma mère ne pouvait plus être leur réceptacle et je n'en avais pas d'autre. Son nouvel ami ne s'est pas du tout investi avec nous, les enfants. Il était trop jeune pour ça. J'ai ressenti un fort sentiment de solitude. Ma mère a toujours pensé qu'elle ne s'était pas suffisamment occupée de moi pendant cette période. Mais pourtant elle me donnait autant d'amour qu'avant. Je n'ai pas manqué d'amour maternel. Ce qui m'a manqué, c'est une famille. La famille unie et stable qui était la nôtre jusqu'à ce que mon père s'en aille et dont j'ai longtemps eu la nostalgie.

Je me souviens qu'une fois, alors qu'il n'était déjà plus avec ma mère, mon père nous a emmenées, mon amie Amélie et moi, sur le petit bateau qu'il venait de s'acheter. Je le sentais différent. Énervé. Distant. Et lui sentait que je lui en voulais. Il m'a parlé d'un projet de voyage en Australie, comme s'il me préparait à une longue absence. Puis il a disparu pendant trois mois. Lorsqu'il est réapparu, j'ai accompagné ma mère qui allait le voir car il ne payait plus la pension alimentaire. Une fois encore, à mon corps défendant, j'ai dû assister à leur discussion d'adultes. Qui a comme d'habitude dégénéré et s'est transformée en violence. Mon père a tenté de frapper ma mère. Mon frère s'est interposé pour la protéger. Nous avons fui mais mon père nous a poursuivis en voiture. Ma mère roulait vite. Nous avons traversé Mandelieu à toute vitesse. Nous avions peur car elle croyait avoir vu, dans le rétroviseur, que mon père tenait en main un fusil. C'est la dernière image que je garde de lui puisque je ne le reverrais jamais. Je me souviens que nous étions terrorisés. La nuit, nous nous sommes réfugiés chez le petit ami de ma mère. Nous y sommes restés pendant deux jours. Cette histoire banale mais glauque de parents qui se déchirent et se menacent devant leurs enfants, je sais ne pas être la seule à l'avoir vécue. Mais elle est restée ancrée en moi pendant de longues années. Elle a en partie forgé ce qu'allait être ma vie d'adolescente puis de jeune adulte.

Depuis, j'ai téléphoné deux fois à mon père. La première, j'avais 13 ans. Ça s'est mal passé. Il n'était pas réceptif. Il demandait seulement des nouvelles de ma mère. Je le trouvais égoïste, insensible. La deuxième, j'avais 23 ans, j'habitais Juan-les-Pins et je venais de retrouver sa trace grâce à une rencontre inopinée avec son ex-belle-fille. Nous nous sommes parlé au téléphone. J'ai beaucoup pleuré. Comme une petite fille, la petite fille que j'étais restée face à lui puisqu'il ne m'avait pas vue grandir. Je lui ai dit que j'aurais aimé qu'il soit là. Que je m'en voulais aussi de ne pas être allée plus tôt vers lui. Il était très ému, très touché. Gentil. Compréhensif. Comme un père, un vrai père, un père qui aime sa fille et qui est enfin capable de le lui montrer. Il était redevenu mon père, celui qui me manquait, celui dont j'avais besoin. Nous nous sommes donné rendez-vous et il m'a promis qu'il ne boirait plus jusqu'à notre rencontre. Il voulait être sobre pour me voir. Mais au dernier moment, j'ai eu le trac. J'ai fait un refus d'obstacle. Je n'ai pas pu aller au rendez-vous. Je n'ai pas eu le courage d'affronter notre passé, de dépasser la rancœur que j'avais envers lui, d'oublier la nuit de Noël, son infidélité, son silence depuis qu'il était parti, les disputes et les menaces contre ma mère. Il faut sans doute pour cela beaucoup d'abnégation. Je n'étais pas prête psychologiquement, j'étais encore trop fragile. Alors j'ai envoyé Alex. C'était sans doute une mauvaise idée. Mon père n'a pas apprécié. Je pense qu'il s'est senti trahi. Il a déversé toute sa colère, sa frustration, sur Alex. Aujourd'hui je comprends ce qu'il a ressenti mais à l'époque j'avais trouvé ça très injuste. Et j'ai coupé les ponts. Lorsque j'ai voulu reprendre contact, c'est lui qui était aux abonnés absents. Il n'a plus jamais répondu à mes appels.

Le père que j'ai connu petite n'existe plus. Aujourd'hui il dirige une boucherie à Bordeaux. Mais il vit seul. C'est un alcoolique et un marginal à la santé fragile. Aujourd'hui pourtant, je ne lui en veux plus. Je lui pardonne le malheur dans lequel il a plongé notre famille. Je réussis même à comprendre les raisons qui l'ont poussé à agir comme il l'a fait. Je sais maintenant qu'il a souffert autant que nous avons souffert. Qu'il a souffert autant que ma mère. Il n'a pas su, pas pu, affronter ses démons intérieurs. Est-ce sa faute ? Je ne veux plus me souvenir que des bons moments que j'ai passés avec lui. Je veux croire, et je le crois, qu'il a été, avant que tout ne s'écroule, un père aimant et responsable. Dans la vie nous n'avons qu'un seul père, il aura donc toujours sa place dans mon cœur. Aujourd'hui je voudrais qu'il fasse un pas vers moi. Je serai là pour l'accueillir, pour l'écouter, pour l'aimer, pour le pardonner. Mais il faut que ce pas soit fait par lui.

Apprendre à suivre son intuition

– Ayez confiance en votre sixième sens. La confiance est la base, le socle sur lequel l'intuition peut se reposer pour évoluer. Ne cherchez pas à tout comprendre. Habituez-vous à dire : « Je ne sais pas comment je le sais, mais je le sais. »

– Ayez du courage et de l'audace. L'intuition nous emmène sur des chemins imprévisibles et contraires à nos habitudes. Il faut du cran pour la suivre.

– L'erreur est humaine. L'intuition est fragile. Il arrive que l'on se trompe. Même avec de l'expérience et de l'entraînement. L'intuition a parfois du mal à se frayer un chemin entre convictions, projections, idées préconçues et désirs. Elle peine parfois à se faire entendre Acceptez-le, vous êtes humain.

– Sachez relier l'intuition au bon sens. L'intuition a besoin de la raison, et inversement. Fiez-vous d'abord à votre intuition, cernez-la, puis faites appel à votre intelligence rationnelle pour élaborer un plan d'action perspicace.

– Jouez. Défiez-vous, entraînez-vous, testez-vous. Toutes les occasions sont bonnes : les films et les séries télé, les matchs sportifs, les jeux. Les amis. Cherchez à savoir ce qu'il va arriver. Plus vous solliciterez votre sixième sens, plus vous le développerez, et plus il se manifestera en vous. C'est le meilleur des exercices.

– 5 –

L'AUTODESTRUCTION

Jusqu'à ce que mon père sombre dans l'alcool, j'ai eu une enfance heureuse, harmonieuse. Le départ de mon père a tout changé. Et les choses se sont brusquement aggravées à l'adolescence. J'avais 13 ans lorsque ma mère a suivi son nouveau copain dans un village de la Sarthe. Pour une enfant du Sud, habituée à la chaleur, au soleil et à l'esprit provençal, à la facilité des contacts humains, déménager dans cette région de grisaille et de pluie, où les gens sont réservés et parfois taciturnes, fut une douloureuse épreuve. On m'avait pris la mer, ses vagues, son sable, son soleil, pour me donner à la place des villages froids avec des vaches dans les prés. J'ai ressenti un véritable choc culturel. Mais le plus difficile fut de quitter mes amis et de me retrouver du jour au lendemain, à ce cap ingrat qu'est l'adolescence, cet âge dont on aimerait qu'il file le plus vite possible, dans un univers inconnu et étranger. Je ne me suis pas intégrée dans mon nouveau collège. Pour la première fois de ma vie, je me suis sentie vraiment différente des autres. Je ne me trouvais pas très jolie avec mon appareil dentaire et mes lunettes, d'horribles lunettes à verres épais… J'avais l'impression que le sort s'acharnait sur moi : j'avais une famille et elle était détruite, la pauvreté avait remplacé l'abondance et voilà que je devenais de moins en moins belle, moi qui avais toujours été jolie… Pendant un an, j'ai été le bouc émissaire de ma classe. On m'appelait « la canette » parce que je venais de Cannes. J'ai été rejetée, humiliée par les autres élèves. J'avais envie de fuir, de retrouver ma vie d'avant. J'avais quand même deux copines, Audrey et Bérangère, qui m'aimaient comme j'étais et me soutenaient quand j'avais le cafard. Ma mère restait prévenante avec moi, elle tentait toujours de me remonter le moral en m'emmenant faire des balades ou du shopping entre filles. Mes copines de Cannes m'écrivaient aussi chaque semaine. Surtout Valérie, ma meilleure amie d'enfance, qui m'a permis de tenir tout au long de cette année. Pourtant, même pendant cette période difficile de l'adolescence, je suis toujours restée positive. Je n'ai pas perdu cette énergie vitale que j'ai toujours eue, cet optimisme et cette confiance en l'avenir qui ne m'ont jamais quittée. Même si parfois les choses étaient dures, même si l'angoisse me nouait le ventre et le cœur, je réussissais toujours à la faire partir et à m'accrocher au positif. Parfois on compense son mal-être et sa solitude en faisant du sport, en se réfugiant dans la lecture ou en agrandissant son cercle d'amis. Moi, c'est Fun Radio qui fut mon échappatoire, la passion à laquelle je me suis raccrochée. La radio m'a sortie du silence qui pesait si lourd sur mes épaules. J'étais une auditrice passionnée depuis qu'à 11 ans, dans le car scolaire, j'avais eu un coup de cœur en entendant Arthur sur Fun Radio. J'étais très intéressée par les jeunes qui évoquaient leurs soucis à l'antenne, j'adorais les réponses des animateurs Doc et Difool. Un jour, à 13 ans, de mon village, j'ai appelé la radio. Je voulais conseiller un auditeur qui évoquait ses rapports difficiles avec son père. J'ai menti et dit que j'avais 16 ans sinon on ne m'aurait pas prise au téléphone. J'ai aussi dit que je m'appelais Chloé car je ne voulais pas qu'on me reconnaisse. Ça s'est super bien passé. Alors j'ai recommencé le lendemain, puis le surlendemain, puis une fois par semaine pendant des années. Je me suis créé un personnage. Au fil des mois, je suis devenue une petite vedette des ondes. Les animateurs me téléphonaient pour me demander mon avis. Les standardistes m'aimaient beaucoup. Ils savaient qu'ils pouvaient compter sur ma répartie. Des auditeurs appelaient la radio pour avoir mon numéro de téléphone et me demander des conseils en direct. J'étais flattée. Dans les jeux, je gagnais toujours tout : scooter, voyages, cadeaux. C'était ma passion et, hormis l'école, mon seul contact avec le monde extérieur. Je crois que cette expérience m'a maintenue en vie. Je me projetais adulte animatrice de radio. J'avais un projet d'avenir qui me permettait de supporter le sentiment de solitude qui ne me quittait pas depuis le déménagement. Lorsque nous avons quitté la Sarthe, où ma mère et son ami ne s'étaient pas non plus adaptés, pour retourner dans le sud de la France, je me suis épanouie. Je reprenais confiance en moi, je sortais de l'âge ingrat et redevenais une jolie jeune fille. Juste avant de quitter la Sarthe, j'avais troqué mes immondes lunettes contre des lentilles. J'étais l'une des premières à en porter. Ça a été une intuition. J'avais demandé à ma mère de m'emmener chez l'ophtalmo, je savais qu'il en sortirait quelque chose de bon. En arrivant chez le médecin, je lui ai dit que j'avais rêvé qu'il y avait une solution ; et là, il m'a montré deux petits verres de contact. Un tournant dans ma vie. J'avais aussi fait enlever mes bagues avant la fin du traitement. Un désir de revanche m'habitait, je voulais faire sauter tous les obstacles qui pouvaient se mettre en travers de mon bonheur. Je voulais vivre, être heureuse, être belle, récupérer mon corps et ma vie… Je suis aussi allée chez le coiffeur me faire faire une coupe très à la mode. Puis je suis allée promener mon joli sourire et mes beaux yeux à la piscine. Les jeunes de mon collège sont restés bouche bée. C'était comme dans un film. Tous les regards se portaient sur moi. J'ai reçu des propositions de tous les côtés. Je suis partie de cette région la tête haute, comme on dit… Et depuis ce jour je me suis souvent dit : « Tu auras ta revanche sur tout. » J'ai continué à appeler la radio après le déménagement. Désormais, on me laissait souvent du temps pour un « coup de gueule » ou un « coup de cœur ». Dans mon nouveau collège, où j'avais retrouvé tous mes repères, un copain m'a dit un jour qu'il avait reconnu ma voix sur Fun Radio. La nouvelle a fait le tour du collège. Tout le monde s'est mis à m'écouter. J'adorais ça. J'étais flattée car ils étaient vraiment fiers de moi. Puis les choses ont commencé à devenir sérieuses. L'équipe, avec qui j'avais noué des liens forts, m'a suggéré de venir dans les locaux de Fun Radio pour faire de l'antenne avec elle en studio. D'un seul coup, j'ai été prise de panique. Ils croyaient que je m'appelais Chloé et que j'avais 19 ans… On commençait à se poser des questions. J'ai dû leur avouer mon âge à force de refus. J'étais grillée. Incrédules, comme si c'était la première fois que ça arrivait, puis déçus, ils m'ont reproché de ne pas leur avoir dit la vérité. Sur le fond, je l'ai compris depuis, cela n'était pas si grave. Et finalement ils n'étaient pas si furieux que ça. C'est moi, surtout, qui ai culpabilisé. J'avais tellement honte… À cet âge-là, avouer qu'on a menti paraît insurmontable. Alors j'ai fui et j'ai tout arrêté. Je n'ai plus jamais donné de nouvelles.

Mais pendant toutes ces années, cette expérience m'a protégée de la solitude. Elle m'a permis de supporter le poids du secret qui pesait sur mes intuitions, qui surgissaient dans mon entourage ou à la maison, en famille, comme le fait de connaître presque systématiquement la vie, l'histoire de chaque personne qui téléphonait. J'étais douée pour écouter et comprendre les auditeurs. Mon empathie était déjà mon atout. Je lisais en eux et m'amusais à les conseiller. Je pense que cela m'a même aidé à mieux me connaître.

L'adolescence fut un enfer. Quand j'ai arrêté la radio, à 16 ans, j'ai plongé dans la fête et le champagne, dans le monde de la nuit et l'univers des amitiés superficielles. Je paraissais plus âgée car j'étais grande, je me maquillais et m'habillais de manière sexy. La plupart de mes connaissances étaient plus vieilles que moi. Chaque lendemain de fête, je me réveillais avec une angoisse, une puissante mélancolie. Depuis que ma mère travaillait, j'avais l'impression d'être livrée à moi-même. J'étais aussi souvent malade. Ni mon corps ni ma tête ne tournaient ronds. J'étais anorexique, je ne mangeais presque pas. Je n'aimais pas mon corps, je me trouvais grosse devant la glace, je m'inventais des kilos en trop, de la graisse superflue, des rondeurs qui n'existaient pas. Au lycée, je cachais ma minceur en portant des vêtements larges. Le soir, je la révélais par des tenues cintrées. Mes malaises se multipliaient, à l'école, en pleine journée. J'avais des absences, j'étais anémiée et faisais de la spasmophilie. Mais le pire, c'étaient sans doute les crises d'angoisse qui m'assaillaient régulièrement. Elles me nouaient le ventre, m'oppressaient la poitrine et le cœur, m'empêchaient de respirer, paralysaient ma volonté et altéraient mon sens du jugement. Puis le jour d'après je reprenais toujours le dessus, je les chassais, je redevenais positive, je retrouvais mon envie de dévorer la vie. L'adolescence est souvent le pire moment de la vie. Tout le monde le sait. Mais chez moi la chose était rendue encore plus compliquée par mon hypersensibilité et ma capacité à tout ressentir. Je vivais très mal cette particularité. J'avais cru que mon intuition était mon ennemie. Mais j'ignorais alors que j'étais ma propre ennemie en avançant ainsi. Je n'en cernais pas les contours, je ne comprenais pas son origine, et par conséquent ne savais qu'en faire. J'avais donc depuis longtemps posé une chape de plomb sur mon intelligence intuitive. Mais cette chape était si lourde qu'elle m'écrasait de l'intérieur. En fait, je l'ai compris plus tard, c'est le secret qui me rendait malade. Le refoulement avait provoqué l'anorexie, déclenché les crises de spasmophilie, comme il avait plus tôt été à l'origine de mes poussées d'aphtes. Il entretenait l'angoisse qui m'empêchait de respirer et assombrissait tout l'univers autour de moi, jusqu'à ne plus pouvoir imaginer l'avenir. J'avais parfois l'impression que ma tête allait exploser, tant s'entrechoquaient en moi les informations et les émotions qui découlaient de mes intuitions. Sans faire aucun effort, je ressentais tout mon environnement. Je savais que le petit ami de ma mère était infidèle et menteur. Je rentrais dans l'intimité familiale de mes amis, comme si je vivais avec eux. Je prévoyais les divorces, les séparations, les disputes, les maladies. C'étaient trop de responsabilités pour une adolescente, un poids trop lourd à porter. J'étais trop jeune pour savoir comment exploiter tout ça. Trop jeune pour pouvoir assumer ma différence et vivre une vie normale d'ado. Je me noyais dans mes intuitions, elles m'étouffaient, elles me renfermaient sur moi-même, elles m'empêchaient de respirer. Elles étaient un handicap dans ma vie de jeune adolescente, presque une punition dont j'ignorais pourquoi elle m'avait été infligée. Loin de considérer mes intuitions comme une force ou un avantage dans la vie, je les voyais comme un frein, un obstacle à mon développement, un fardeau qui ne m'apportait que des problèmes et jouait un rôle négatif dans ma vie. Mais du pire sort parfois le meilleur, d'une faiblesse peut émerger une force. À cette époque j'étais à mille lieues de penser que je pourrais exploiter mon sixième sens naissant et le transformer en atout. Bien au contraire, je le rejetais, j'essayais de le chasser le plus loin possible de mes pensées, de le faire sortir de mon corps et de ma tête. Je rêvais d'être libérée de lui. Je voulais que le vide se fasse dans ma tête, que les connexions avec mon entourage se débranchent. Je ne voulais plus que les gens entrent dans mon cerveau sans y avoir été invités, je voulais qu'ils partent de moi, cessent de me mentir, de me parler, de hanter mes rêves et mes nuits. En fait, j'étais trop dure. Je ne savais pas m'aimer. Je manquais de compassion envers moi-même. Je ne m'assumais pas. Je ne m'écoutais pas. Je ne me connaissais pas. La plupart des ados traversent cette période. Il suffit d'être entouré pour en sortir bien.

Ce que j'ai appelé ma « période d'autodestruction » a duré deux ans. Après la Sarthe, les retrouvailles avec le climat de Cannes m'avaient apporté la vitamine D qui m'avait tant manqué, mais elles n'avaient ni apaisé mon âme ni dompté la fougue qui m'animait.

J'avais une vie dissolue et j'enchaînais les bêtises. Je sortais le soir, jusqu'au milieu de la nuit. Tous les week-ends et pendant les vacances, jamais la semaine. J'étais une habituée des bars à la mode et des clubs. Je dansais jusqu'à l'aube, allais d'une soirée à l'autre. Je passais mes nuits dans les paillettes, avec la jet-set de Cannes. Ma mère ne me laissait pas sortir autant que je le voulais. Mais j'arrivais toujours à la convaincre. Quant à mon beau-père, il refusait catégoriquement que je sorte. Nous n'étions pas proches. Avec lui, on ne formait pas une famille. J'avais l'impression qu'il m'enlevait ma mère, qu'il l'éloignait de nous. Il était manipulateur. Il sonnait faux. Je passais mon temps à l'éviter. J'ai pris mon premier verre d'alcool à 16 ans. C'était un monaco, rien de très fort. Mais j'étais fière de pouvoir faire comme les adultes, d'être libre… On se préparait longtemps avant de sortir. On voulait être le plus jolies, le plus sexy possible. Ma mère et mon beau-père détestaient quand je sortais en jupe courte. Mais j'avais le dernier mot. Je n'avais jamais fait de bêtises. C'est lorsque ma meilleure amie a cessé de sortir parce qu'elle avait rencontré un amoureux qu'a commencé ma descente aux enfers. Je me suis retrouvée toute seule avec mes démons. Je faisais la fête jusqu'à tomber dans les pommes. Je me réveillais le matin chez des gens que je connaissais à peine. La seule chose qui m'intéressait, c'était la prochaine soirée que j'allais passer avec mon groupe. J'avais ma place dans ce milieu et j'avais peur de la perdre si je ratais une soirée. Ce fut le début d'un engrenage. Comme j'étais plutôt douée à l'école, je rattrapais toujours rapidement. Mais il est vrai que j'aurais pu être plus investie dans mes études… Je n'avais que des mauvaises fréquentations. Dans mon entourage, on ne trouvait que des *bad boys* âgés de 25 à 30 ans, des bandes aux mœurs douteuses, et une jeunesse dorée insouciante de son avenir. La plupart évoluaient dans l'univers malsain de la drogue, même si moi je ne suis jamais tombée là-dedans. Je savais qu'ils étaient stupides, irrespectueux, malhonnêtes et mauvais. Je savais qu'au milieu d'eux je me perdais. Qu'ils m'étaient néfastes. Et je savais que mon instinct me conseillait de fuir. Mais le mal-être qui me rongeait me poussait à les suivre et à rester dans ce milieu qui me conduisait, moi aussi, à ma perte. J'étais attirée, aimantée par le danger. Je pense que l'adrénaline qui accompagnait ces soirées me permettait d'oublier mes angoisses. Je crois aussi qu'avec cette bande j'avais l'impression d'être normale, de vivre une vie légère, cool, d'avoir plein de copains comme les filles de mon âge et d'oublier, en dansant, en buvant et en vivant surtout la nuit, le caractère pesant, écrasant de mes intuitions pendant la journée. Avec eux, la nuit, je me sentais libre. Mon mal-être revenait au galop dès que je franchissais la porte du lycée et que je ne pouvais plus fuir mes pensées grâce à la musique et au champagne. D'ailleurs, j'évitais, autant que faire se peut, de parler de mon sixième sens à mes copains de soirée. La fête et les excès représentaient pour moi un refuge.

Puis, un jour, les choses ont fini par déraper. Une fois, une fois de trop, on a mis un comprimé de drogue dans mon verre, à mon insu. C'était dans un célèbre *after* de Cannes. D'un seul coup, je me suis sentie partir. Mes sensations étaient décuplées, je ne comprenais pas ce qui m'arrivait. J'ai senti que quelque chose n'allait pas et j'ai demandé que quelqu'un me ramène. J'avais 17 ans, tous les clignotants de mon inconscient étaient au rouge depuis le début de la soirée. J'avais eu un mauvais pressentiment avant d'aller à cet *after*. Une angoisse. J'étais consciente de jouer avec le feu. Mais j'avais tellement envie de danser. J'adorais danser toute la nuit, jusqu'à l'aube. Je ne sentais pas celui qui s'est proposé de me ramener, même s'il était très apprécié et que toutes les filles craquaient pour lui. Je percevais chez lui des énergies négatives, une volonté de nuire, une certaine agressivité. Une voix intérieure me conseillait de m'éloigner. Et pourtant je l'ai quand même suivi. Dans la voiture, je voyais trouble, j'étais incapable de réagir mais je luttais pour rester consciente car je comprenais ce qui allait se passer. La voiture s'est arrêtée sur un parking à Cannes et il a essayé d'abuser de moi.

Je lui ai dit d'arrêter, que je me souviendrais de tout. Il était comme un animal, il était bestial. J'ai quand même réussi à le stopper. Je me souviens du silence glaçant qui a suivi lorsqu'il a fait redémarrer la voiture et qu'il m'a déposée chez moi. Mon corps est sorti meurtri de cette expérience, mon âme blessée et ma tête complètement perdue. Lorsque je suis rentrée chez moi, ma mère était réveillée. Elle se levait toujours pour m'accueillir quand je rentrais, même au milieu de la nuit. Elle m'attendait, elle ne pouvait pas s'endormir profondément tant que je n'étais pas en sécurité. Elle m'a regardée un peu inquiète et m'a dit que j'étais « blanche comme une morte ». Je n'ai pas dit un mot. Je suis restée muette. Longtemps. Je suis allée me laver. Je me suis recroquevillée dans mon lit, j'ai caché ma tête sous mon oreiller. J'ai pleuré. J'avais honte. Tellement honte. Je me sentais si sale. Je me sentais tellement coupable de ne pas avoir écouté mon intuition. Je regrettais tellement d'avoir entendu l'avertissement de mon sixième sens et d'avoir refusé de le suivre. Je voulais oublier, tout oublier, remonter le temps et faire en sorte que cette soirée n'ait jamais existé. Je voulais repartir en arrière et refuser de monter dans la voiture de ce type que je sentais si mal. Le lendemain, ma mère m'a redemandé ce qu'il s'était passé, mais je n'ai pas osé lui dire. J'avais peur de l'inquiéter. Je pensais pouvoir garder ce secret pour moi et oublier cet épisode de ma vie. Évidemment, ce n'est pas ce qu'il s'est passé. J'ai revécu ce moment pendant de nombreuses nuits. Je n'ai pas non plus révélé l'histoire à mon entourage. Je ne voulais surtout pas que mon frère le sache pour ne pas le perturber. J'ai toujours voulu lui épargner mes soucis. Je ne voulais pas faire de scandale, car celui qui avait abusé de moi était une personnalité du milieu de la nuit, un sale type mais connu et apprécié. J'ai beaucoup pensé à mon père aussi à ce moment-là. Je me suis dit que, s'il avait été là, ce drame ne serait peut-être pas arrivé.

Juste après cet épisode douloureux, j'ai rencontré une autre bande, plus jeune et plus saine. On avait tous le même âge et je sortais avec le « leader » du groupe. Je leur ai raconté ce qu'il s'était passé sur le parking. Ils m'ont soutenue. C'est à partir de ce moment-là que j'ai cessé de traîner dans le milieu de la nuit. Avec ma force de caractère et mon optimisme, j'ai facilement chassé ce mauvais souvenir de ma tête, ainsi que tous les excès qui l'avaient précédé. Encore une fois, j'ai très rapidement réussi à prendre la vie du bon côté et retrouvé ma confiance inébranlable en l'avenir.

Cet incident m'a persuadée de la nécessité qu'il y a en toute chose de s'écouter et non de se « fuir ». De prendre au sérieux les avertissements de son sixième sens au lieu de se dire que l'on délire et de chasser ses intuitions, de les mépriser. Une fois de plus, j'ai tiré la leçon de ce coup dur. J'ai rebondi sur cet acte odieux qui aurait pu m'abattre pendant longtemps et avoir des conséquences sur mes relations avec les hommes. Aujourd'hui, une telle chose ne pourrait plus m'arriver. J'écouterais sans hésiter mon intuition. Le fait de s'écouter au lieu de rester aveugle aux signaux clignotants de son cerveau permet d'échapper aux dangers et d'éviter de mauvaises expériences. Et le mieux est de le comprendre le plus tôt possible.

– 6 –

Et un jour, un homme

Un homme a changé ma vie. Un jeune homme plutôt, à l'époque. Il s'appelle Alex. C'est grâce à lui que je me suis révélée, que la chrysalide est devenue papillon. C'est au moment où je croyais que tout était fini, avec la maladie, que tout a commencé. Alexandre m'a ouverte à moi-même d'abord, puis aux autres. C'est avec lui que j'ai commencé à m'écouter, que je me suis acceptée, que je suis devenue une femme et que j'ai su que l'on pouvait faire de ses malheurs le socle de son bonheur. C'est aussi grâce à lui que j'ai rompu avec les mauvaises fréquentations qui me tiraient vers le bas et m'empêchaient d'être moi. J'avais 18 ans, je ne vivais plus chez ma mère et je sortais d'une relation très forte mais autodestructrice – comme souvent pendant ces années – avec Jim. Jimmy était très possessif, il multipliait les crises de jalousie, il m'enfermait dans son monde, il doutait de moi, m'empêchait d'exister et d'être libre. Notre relation a duré deux ans : en matière amoureuse, j'ai toujours été une adepte de la longue durée. Six mois après notre rencontre, j'avais emménagé chez lui. Ma mère était repartie vivre un an à Sablé avec son ami et je n'avais pas voulu les suivre. C'est à ce moment-là que j'ai commencé les petits jobs d'étudiante : je voulais économiser pour louer un appartement avec lui. En attendant, sa famille m'a hébergée, je lui en suis toujours reconnaissante. Ma relation avec Jim ressemblait aux montagnes russes. Elle était intense mais néfaste. À nouveau, je me sentais perdue, pas à ma place. Ma mère était à 800 kilomètres et j'avais la nostalgie de ma famille. Je me destinais à des études de psychologie, mais il fallait que je m'assume et me prenne en charge. J'ai donc opté pour une formation par correspondance. J'ai participé à de nombreux stages : c'est au cours de l'un d'eux que j'ai rencontré Alexandre. Il voulait lui aussi devenir psychologue. Nous étions tous les deux dans la galère, insatisfaits de notre vie, avec des histoires lourdes à porter. J'enchaînais les jobs mal rémunérés pour payer mon loyer. À ce moment-là j'étais serveuse. Je savais que ce ne serait qu'une transition dans ma vie, parce que, moi qui voulais être psy, je servais des assiettes à la chaîne. Ce n'était pas comme ça que j'avais imaginé mon existence. Et Dieu sait combien je l'avais rêvée, pendant des nuits et des nuits, rêveuse comme je l'étais depuis toujours. Combien de fois, adolescente, je me suis rêvée en animatrice radio ou en psychothérapeute ou les deux. Alex, lui, venait de se séparer de sa copine et se retrouvait seul avec son bébé de 8 mois. Son histoire d'amour avait explosé en vol et la mère était incapable de s'occuper de l'enfant. Trop jeune, trop irresponsable, pas assez solide. Alex avait 25 ans, sept ans de plus que moi. Cela n'était pas important. J'étais mûre, trop mûre pour mon âge, j'avais déjà fréquenté l'école de la vie, traversé tant d'épreuves.

Dès les premiers jours, nous nous sommes compris. Reconnus. Soutenus. Alex était un homme incroyable. Parallèlement à la psychologie cognitive et comportementale, il étudiait la gestuelle, la morpho-psychologie et la graphologie. Finalement il n'en a pas fait son métier puisque aujourd'hui il vit à Marrakech et travaille dans l'immobilier. Mais il rêve de reprendre sa première carrière et je sais qu'il le fera. Il a tout compris de moi, tout de suite. Nous avons d'abord été amis pendant six mois puis, lorsqu'il s'est mis à chercher un colocataire, nous nous sommes instantanément retrouvés sous le même toit. J'avais 19 ans. Il n'y a même pas eu de discussion entre nous, les choses se sont faites naturellement. Très vite, il est devenu évident que nous allions vivre une histoire d'amour. Le destin nous avait réunis, nous étions faits pour nous aimer. Nos histoires se ressemblaient, nos destins s'accordaient, nos personnalités se complétaient. Nous nous sommes trouvés. C'est le destin qui nous a fait nous croiser. Si nous ne nous étions pas rencontrés, nos vies à tous les deux auraient été différentes. Nous étions une béquille l'un pour l'autre. La béquille affective qui nous manquait tant, car lui comme moi n'avions pas connu la présence d'un père. Il était devenu mon binôme.

Je dois tant à Alex. Il m'a réparée. Avec lui, peu à peu, j'ai repris conscience, je suis sortie de mon long coma. Son amour m'a fait renaître, j'étais comme une fleur qu'on arrosait après qu'elle a été longtemps privée d'eau. Il s'est appuyé sur mon côté positif, sur ma force de caractère, pour m'apprendre à assumer mes intuitions. Sa parole a délié la mienne, elle a réussi à faire sortir les boules d'angoisse qui habitaient en moi. Sa patience envers moi, sa compréhension de ma ou de mes différences m'ont permis de retrouver confiance et même de prendre conscience d'un certain charisme. Avec lui, j'étais dans un cocon, je me sentais protégée, je n'avais plus peur, ni des autres, ni de moi, ni surtout de mes ressentis. Sous son aile bienveillante et son regard tendre, j'ai appris à être moi-même et enfin à m'aimer. C'est grâce à Alex que je suis arrivée là où j'en suis, que j'ai chassé loin la plupart de mes démons, que je me suis réalisée, que j'ai transformé mes faiblesses en force et que moi, petite provinciale hypersensible, je suis devenue une coach reconnue à Paris. Je lui en serai toujours reconnaissante. Pourtant, la première fois qu'Alex a été confronté à mon sixième sens, tout aurait pu s'arrêter. J'avais eu une intuition le concernant. Il était 15 heures, j'étais à la maison et j'ai eu un flash : je l'ai vu en ville, en face de la gare SNCF, à côté d'un hôtel en compagnie d'une femme blonde que je sentais être sa maîtresse. Je sentais que c'était son ex. Quand je suis rentrée à la maison, j'étais contrariée et énervée. Et quand je lui ai fait part de mon intuition, il est devenu extrêmement pâle. En quelques secondes, le sang s'était retiré de son visage. Un silence troublant s'est instauré entre nous, mais il n'a pas parlé, il n'a pas commenté ma prémonition, il a éludé la conversation. À plusieurs reprises les semaines et les mois qui ont suivi, j'ai eu de nouveaux flashs dans lesquels je le voyais avec cette fille. J'étais sûre de moi mais il persistait à nier. Et puis un jour il est parti travailler en oubliant son portable. J'ai regardé dedans et j'ai trouvé des messages sexy signés « S ». Je savais que c'était elle. J'avais enfin la preuve. J'ai eu les jambes coupées ! Je ne pouvais plus me lever du canapé. Tout s'effondrait brusquement. Pendant que je m'occupais de son fils, il me trompait. J'ai appelé à son travail, il n'était pas arrivé, je suis tombée sur son patron, que je connaissais. Je lui ai dit : « Dites à Alex que j'ai son téléphone et que Sabrina lui demande si elle doit porter son string rouge aujourd'hui et que je ne sais pas quoi répondre ! » Une heure plus tard, Alex est arrivé, tendu, essoufflé. Il avait la tête d'un enfant qui a fait une grosse bêtise. Il était sonné. Désemparé. Cette fois il a été obligé de dire la vérité. La blonde de mes rêves et de mes flashs était bien l'une de ses ex. Il allait régulièrement la voir en sortant du travail. Pour la consoler, m'a-t-il dit. L'aider, la soutenir, car elle était seule et fragile. Il prétendait qu'elle avait besoin de lui. Voilà ce qu'il m'a dit : « Je suis désolé, je suis nul. J'ai fait le con. Je voulais l'aider à reprendre confiance en elle. Et puis elle m'a piégé. Je n'ai pas su arrêter. Mais c'est toi que j'aime. »

J'aurais pu fuir un amoureux qui me trompait, c'est d'ailleurs ce que me conseillait ma mère. J'aurais dû fuir un amoureux qui vivait dans le mensonge. Qui m'avait trahie. Qui m'avait trompée avec son ancienne amie. Davantage que l'infidélité, c'était le mensonge qui me posait problème. Je lui ai demandé de partir. Il s'est installé quelque temps chez sa sœur avec son fils. Et puis j'ai changé d'avis. Mon instinct m'a poussé à revenir et voir les choses sous un angle différent. Je me suis dit qu'il était stupide de briser notre histoire pour une femme jalouse qui ne supportait pas qu'il soit heureux avec moi. Je me suis dit qu'en plus d'être amants et amoureux nous étions amis et nous formions une famille, une équipe. J'aimais son fils que j'élevais depuis qu'il avait 18 mois. Il était très attaché à moi, la séparation allait l'affecter, je n'avais pas le droit de jouer avec ça. Il fallait être intelligent. Et puis j'avais une intuition : je savais que c'était mon chemin. Alors je l'ai laissé me reconquérir. Lui aussi aurait pu fuir. Il aurait pu quitter cette femme qui lisait en lui et avait deviné son écart. Cette femme qui le suivait à distance par la pensée et à qui on ne pourrait jamais rien cacher, dissimuler. À qui on ne pourrait pas échapper. Mais il est resté. Il s'est juste demandé, il me l'a avoué par la suite : « Mais qui est cette fille ? » Puis notre complicité a repris le dessus. L'histoire a été digérée par l'un et l'autre. Elle a été dépassée. L'amour que me vouait Alex a été décuplé. Il me prouvait chaque jour sa fidélité et son admiration. Alors j'ai réussi à lui faire à nouveau confiance. Notre histoire est repartie, encore plus solide qu'à ses débuts. Et puis un jour, Alex, très concentré, très déterminé, plus qu'à l'accoutumée, m'a regardée droit dans les yeux et m'a dit ces mots : « Tu as quelque chose de rare en toi, quelque chose qu'il faut écouter. Si tu l'écoutes, tu seras quelqu'un d'important. Un jour, tu raconteras ton histoire dans un livre. » C'est lui qui m'a poussée à écouter mes intuitions et à en faire mon métier. C'est en vivant à mes côtés qu'il s'est mis à croire au sixième sens. Et c'est en vivant à ses côtés que j'ai compris et décidé qu'il fallait que je vive de et avec ce sixième sens. Et que j'apprenne à le dompter.

À cette époque, je n'étais pourtant plus que l'ombre de moi-même. Je survivais davantage que je ne vivais, même si je me suis toujours efforcée, depuis que je suis petite, à voir le bon côté des choses, à être optimiste dans la vie. Alex croyait en moi. Il me disait que j'étais un diamant qu'il fallait juste tailler. Comme s'il voyait en moi quelque chose que je ne soupçonnais pas. C'est lui qui m'a aidée à délivrer mon histoire, lui qui a brisé le silence. Avec lui, pour la première fois, je me suis confiée à quelqu'un d'autre qu'à ma mère. Le mur en béton qui couvrait mon secret a commencé à se fissurer. Ma voix, mon cœur, mon âme et mon passé se sont libérés de mon esprit et échappés par ma bouche trop longtemps muselée. Puis Alex a dévoilé mon secret aux gens qui nous entouraient. Ils ont commencé à venir me voir, spontanément, pour que je lise en eux et que je les conseille. Je me suis laissé faire, je me suis laissé apprivoiser, j'ai pris plaisir à ce qui au début n'était qu'un jeu, et j'ai commencé à déployer pour les autres ces drôles de capacités dont je ne savais quoi faire pour moi et dans la vie. Alex m'a fait reprendre confiance en moi en me parlant et en me forçant à réfléchir sur moi-même. Il a aussi guéri mon anorexie mentale. Il a apaisé mes angoisses. Il m'a ouvert des perspectives. Il m'a tant apporté que nous sommes liés à jamais. Il est vrai que je lui ai rendu la pareille en m'occupant de son fils de 1 an et demi avec une abnégation dont je ne me pensais pas capable, en étant auprès de son bébé comme s'il était le mien, alors que j'avais à peine 19 ans. La mère de l'enfant n'avait ni désiré ni assumé sa grossesse. J'ai alors comblé ses défaillances. Non par obligation, mais parce que j'en avais l'instinct. Parce qu'une force intérieure me donnait l'envie. Comme si je savais qu'il fallait le faire. C'était inexplicable. On m'a découragée tant de fois autour de moi mais c'était mon rôle. Ma mission. Je le sentais ainsi. Seul avec son bébé, Alex se sentait un peu perdu. Je suis devenue le pilier de cet enfant. Sa référence. Aujourd'hui, il est ado et nous sommes restés très proches. Il fait partie de ma famille. Alex et moi, c'est l'histoire d'une magnifique relation humaine, une histoire d'amour basée sur la solidarité. L'histoire d'une équipe qui gagnerait tous les matchs de la vie.

Neuf clés pour développer son sixième sens

– Croyez toujours en votre intuition.

– Osez suivre votre intuition : prenez des risques, tentez des coups, sortez de votre zone de confort.

– Lâchez prise et ménagez-vous des moments de solitude, lisez, marchez, cuisinez…

– Écoutez votre corps : les émotions corporelles sont liées au sixième sens.

– Soyez vous-même : ne cherchez pas à plaire aux autres, soyez naturel, attentif à votre voix intérieure.

– Soyez honnête envers vous-même : ne vous mentez pas, ne cherchez pas à vous prouver que vous êtes le meilleur, mais ne cherchez pas non plus à fuir ce que vous ressentez.

– Pratiquez une passion : sport, musique… N'enfermez pas votre vie dans le triptyque travail/enfants/amour.

– Écoutez les signes extérieurs : soyez observateur.

– Profitez de la vie, amusez-vous ! Soyez léger, positif, libre.

– 7 –

Nirvana

Étonnamment pour moi, le vrai traumatisme, quand je suis tombée malade, ne fut pas tant la peur de la tumeur que la perte de mes cheveux. Ils étaient blonds, très longs, je les trouvais magnifiques. Pour moi, ils participaient beaucoup de mon charme, comme mon principal atout de séduction. Ils étaient constitutifs de ma personnalité. Subitement, et si jeune, j'étais convaincue d'avoir perdu ma féminité. Comme si la féminité pouvait se réduire à des cheveux ! Je ne pouvais plus me regarder dans la glace. Être chauve me faisait horreur. Mon ego en avait pris un coup. J'avais l'impression que je ne pourrais plus jamais plaire à Alex, ni le séduire, que notre vie sexuelle serait anéantie et notre vie sentimentale abîmée par la maladie. J'avais l'impression qu'un pan entier de moi avait disparu, que jamais les choses ne pourraient être comme avant. C'est pourtant à ce moment-là, avec mon crâne nu et lisse, dont tous les cheveux avaient disparu, que nous avons vécu un véritable tsunami sexuel. Alex me faisait l'amour comme un dieu, il m'embrassait de la tête aux pieds, il caressait mon crâne dégarni. Les préliminaires étaient plus longs qu'ils ne l'avaient jamais été, et Dieu sait si c'est important pour une femme. La libido et le désir d'Alex paraissaient sans fin, inextinguibles. Nos peaux brûlaient. Nous faisions l'amour tout le temps, partout, avec un plaisir et un bonheur, une satisfaction que je n'avais jamais connus. Nous avons expérimenté toutes les positions du *Kamasutra*, les unes après les autres. Nous faisions tout ce qui nous passait par la tête. C'était comme un jeu. On allait dans les parcs, sur la place, dans les parkings, les jardins. Un jour, on s'est même éclipsés d'un repas familial pour se retrouver dans les toilettes du restaurant. Ma mère et ma sœur s'en sont aperçues, mais elles ont trouvé ça mignon, ravies de mon bonheur, de mon épanouissement physique et amoureux à ce moment de ma vie.

Avec Alex, la sexualité est devenue un art. J'ai ressenti des sensations uniques. À chaque fois que nous faisions l'amour, c'était plus long, plus intense et plus beau qu'avant ma maladie. Alex a découvert mon corps, il est devenu sensuel. Il a fait abstraction des séquelles de ma maladie. Je crois même que, parfois, il me préférait sans cheveux. Il me disait que j'étais vivante, que j'étais une femme, que j'étais nue. Il comprenait que j'avais été sauvée par mon intuition. Il saisissait désormais l'importance considérable, l'impact énorme que pouvait avoir mon sixième sens non seulement sur mon psychisme mais aussi sur mon physique. Il est vrai que lorsque j'ai perdu mes cheveux, la tumeur avait été vaincue. Je crois qu'Alex ne considérait pas mon crâne nu comme une conséquence de la maladie mais au contraire comme une preuve que j'étais guérie. Il me renvoyait une autre image que celle que j'avais de moi. Il m'apprenait à suivre mes sensations à tous les niveaux, même sexuel. Et c'est ce que j'ai fait. Cela m'a beaucoup aidée et aujourd'hui je conseille à tous les hommes d'agir comme lui. La plupart des femmes, quand elles sont malades, ne font plus l'amour. Ce n'est pas bon. Et surtout c'est du gâchis. L'énergie de l'amour aide à guérir, c'est bien connu. Bien sûr, il ne faut pas se forcer si on est faible. Mais si l'on accepte de lâcher prise et se laisser aller, alors le plaisir procure un bien-être qui favorise indéniablement la guérison.

Cette sexualité intense, découverte à cette occasion, je l'ai toujours gardée depuis. Même après ma séparation d'avec Alex. Cette expérience sexuelle m'a ouvert un autre champ des possibles. J'ai toujours été passionnée, mais je suis aussi devenue curieuse en la matière. Je suis convaincue que la sexualité est libératrice et très importante pour les individus hypersensibles. J'ai constaté depuis que tous ceux et celles qui étaient dotés de la même forme de sensibilité que moi avaient également une sensualité intense, exacerbée. D'ailleurs, les sensitifs sont généralement réceptifs à tous les plaisirs.

Depuis la séparation d'avec Alex, aucune histoire n'a autant fonctionné. Alex était une exception. Il me comprenait, il m'acceptait comme je suis, sans me juger, sans avoir peur de moi, sans m'admirer outre mesure. La plupart du temps, mes relations avec les hommes sont rendues complexes à cause de mes intuitions. En général, elles font peur à mes compagnons. Il m'est difficile d'avoir des relations amoureuses normales, sereines et apaisées, comme mes amies en ont. J'ai vécu une histoire très intense avec le directeur artistique d'une chaîne de télé. Nous sommes tombés fous amoureux l'un de l'autre. Une sorte de coup de foudre. L'attirance entre nous était incroyable. Notre idylle a duré quelque temps, et puis Éric m'a quittée parce que mes intuitions lui faisaient peur. Il avait l'impression que les pièces étaient remplies d'esprits quand je n'étais pas là. Et quand j'étais auprès de lui, il pensait que je pénétrais son âme, que je savais tout de lui, que je lui volais son intimité, qu'il ne pouvait plus avoir de jardin secret, qu'il ne pouvait plus s'échapper seul dans ses pensées. Il me disait : « Tu sens tout. Cela me fait peur. Je ne suis pas assez fort pour vivre ça. » Il y avait pour lui un côté magique dans ma personnalité qui le mettait mal à l'aise.

Des hommes qui avaient peur de mes flashs et de mes prémonitions, j'en ai rencontré beaucoup. Nos histoires étaient vouées à l'échec. Ils ne tenaient pas le choc. La relation devenait très vite biaisée. D'autres hommes au contraire sont fascinés par mon sixième sens. Certains tombent amoureux de moi uniquement pour cette raison : ce sont avant tout mes intuitions qu'ils aiment et dont ils veulent profiter. Un jour, j'ai eu une aventure avec un homme de pouvoir, un directeur d'entreprise qui s'appelait Paul. Il était fasciné par mon sixième sens et par les conseils que je lui donnais. Il me posait toujours des questions. On s'entendait bien, mais notre relation n'était pas fondée sur des bases saines. Ce n'est pas moi qu'il aimait, mais mes intuitions. J'ai pris l'habitude, soit on m'admire trop, soit on a peur de moi. Mon intuition est un détecteur de faux et un aimant à profiteurs. Ce n'est pas facile pour une personne comme moi, qui sait toujours quand on lui ment ou quand on la trompe, quand on ne l'aime pas assez ou qu'on l'aime pour les mauvaises raisons, quand on lui dissimule des choses ou qu'on cache ses sentiments, de rencontrer quelqu'un. Je trouve ça parfois injuste qu'on me réduise à mes intuitions. D'autant plus que, lorsque je suis amoureuse, je n'ai pas envie de tout savoir de l'autre. J'ai au contraire besoin d'être subjective, envie du mystère de l'autre, et même de me tromper. De me laisser porter par l'aventure, d'être surprise et étonnée. Je ne veux pas savoir.

Aujourd'hui, je joue cartes sur table. J'annonce la couleur, j'évoque mon sixième sens dès le premier rendez-vous. Pour éviter les quiproquos, les malentendus et les fausses relations. Je sens qu'enfin je suis prête à vivre une nouvelle grande histoire d'amour.

L'intuition a toujours eu un rôle prépondérant dans mes relations amoureuses. Elle a toujours été au cœur de mes relations. Dans le couple, l'intuition nous aide à dépasser les challenges, les défis, les difficultés de la vie. Elle s'applique en toute circonstance. L'intuition sauve le couple des dangers qui s'annoncent. Elle permet de cerner les attentes de l'autre, de s'améliorer, de s'adapter à deux lorsqu'un événement positif ou négatif se prépare. Elle permet de faire un choix avant que survienne l'événement. Parce que tout ce qui s'applique à soi peut s'appliquer aux deux membres du couple.

Personnellement, je suis capable de cerner immédiatement les attentes de mon partenaire à partir du moment où j'ai décidé de l'écouter. C'est un avantage certain dans la relation amoureuse, un plus qui permet d'éviter de se tromper. Au moment de la rencontre d'abord. Il m'arrive ainsi de comprendre tout de suite qu'un homme n'est pas fait pour moi parce que ce qu'il désire ne m'attire pas, même s'il donne au début une image tout à fait différente de ce qu'il est vraiment. Dans ces cas-là je m'éloigne bien avant que l'homme qui tente de me séduire ait objectivement fait un faux pas. En amour, la plupart des personnes vendent du rêve. C'est-à-dire que pour séduire, ils nous disent exactement ce que l'on veut entendre. En général, la désillusion est grande. Elle survient quelques semaines ou quelques mois après la rencontre. Mais avec moi, difficile de faire semblant, car je sais toujours exactement à qui j'ai affaire. Je sens ou non une alchimie entre mon partenaire potentiel et moi. Je sais immédiatement si la relation peut marcher ou non. L'intuition, lorsque je l'applique au domaine amoureux, me permet de gagner du temps, de ne pas me tromper. À l'inverse, je peux me rapprocher d'un homme sans qu'il m'ait fait signe, uniquement parce que j'ai senti quelque chose qui m'attire en lui. Instinctivement, comme dans tous les autres domaines, je sens et je cerne les gens instantanément.

L'intuition est aussi très utile quand la relation amoureuse est déjà installée. Elle a sauvé mon couple à plusieurs reprises, car j'ai senti le danger arriver. Par exemple, il y a quelques temps, je vivais une belle histoire amoureuse depuis trois mois. Nous deux, on s'était compris dès le début. Avec moi, c'est toujours très simple. C'est le feeling qui prime. Et le charme. Je fonctionne aux sensations, pas aux codes physiques, ni au statut social. La seule chose qui compte lorsque je démarre une relation, c'est ce que je ressens. Avec lui c'était parfait. Il avait vingt ans de plus de moi. Mais il en paraissait dix de moins. Il était très charmeur. J'avais évoqué dès le début avec lui mon sixième sens. Je n'ai pas l'habitude de cacher les choses. Comme avec beaucoup d'hommes, la relation avait commencé par un jeu. Je suis joueuse et séductrice. Je reconnais que je m'amuse avec mes intuitions quand je rencontre quelqu'un. J'aime bien désarçonner un homme. Je sens instinctivement sa personnalité et j'utilise mes intuitions pour le séduire. Cela me permet de gagner du temps. Je joue à sentir mon partenaire potentiel, j'anticipe ses attentes. Et s'il a du répondant et de l'esprit ainsi qu'un grand cœur, je donne suite.

Souvent, je me laisse aller. Je vis l'histoire amoureuse au jour le jour. Je sais, car je l'ai appris, qu'il faut savourer l'instant sans chercher plus loin. L'important, c'est de vivre une belle histoire. Peu importe le temps qu'elle durera. Jamais je ne tente de deviner la suite d'une relation. Je ne veux surtout pas essayer de la contrôler. Ça en romprait le charme. Dans le domaine amoureux, même si je me sers de mes intuitions à tout instant, je me prends parfois à rêver de ne pas en avoir. Pour plonger entièrement dans la promesse du bonheur, même quand elle est fragile. J'essaie de lâcher prise. Je sais que le bonheur est dans l'imprévisible. Il ne faut pas chercher à tout contrôler. La vie a bien plus d'imagination que nous. Je fais tout pour libérer mon cerveau. Mais souvent je n'y arrive pas, mon intuition finit par être la plus forte. Même lorsque je lui intime l'ordre de disparaître, de se faire discrète pour une fois et de me laisser vivre mon histoire d'amour tranquillement, comme toutes les autres femmes de mon âge, elle refuse de me lâcher. Alors je sens si mon partenaire feint l'amour, je sais s'il va bien ou mal, s'il joue, s'il dissimule ou au contraire s'il est mordu.

Donc avec lui, c'était formidable. Tout était fluide. Notre relation était au zénith. Je l'imaginais aller loin. Jusqu'au jour où j'ai senti qu'une copine de sa bande lui tournait autour. Elle revenait de Londres. Elle était belle, sexy, présente. J'ai perçu le danger immédiatement. Comme souvent. Je sens aussi quand cela vaut la peine de se battre, quand il faut s'accrocher ou s'il faut au contraire s'effacer car la partie ne vaut pas la peine. Dans ce cas précis, j'ai décidé de me battre, car mon intuition me le conseillait. J'ai pris de la distance, je les ai laissés se séduire. J'ai accepté d'être spectatrice de leur jeu amoureux. Je sentais que la seule chose à faire c'était d'attendre qu'il se lasse de la personnalité de cette fille dont je savais au plus profondément de moi, je ne saurais dire pourquoi, qu'elle n'était pas faite pour lui. J'ai pris un risque. Je suis restée très cool. Je n'ai fait aucune crise de jalousie. Je savais que sinon je le perdrais. Plus on interdit à un homme de céder à une tentation, plus il sera tenté de le faire. Ce n'est pas l'expérience qui m'a enseigné cette certitude, mais l'intuition. Cette fille s'intéressait à mon mec car il bossait dans l'univers qu'elle convoitait. Elle était mannequin. Une vraie bombe. J'avais de quoi m'inquiéter et perdre confiance en moi. Mais je me refusais d'être jalouse. Je savais qu'il finirait par se lasser d'elle et par ouvrir les yeux. En attendant, elle s'inscrustait toujours chez lui. Elle était coriace.

Sans mes intuitions, je serais devenue dingue. Mais, « connais ton ennemi », dit-on. Grâce à mon sixième sens, je savais à qui j'avais affaire. Je pouvais m'adapter, être armée, prendre la bonne décision. Mon intuition me disait qu'elle attendait que je craque pour récupérer définitivement mon mec. Alors je n'ai pas craqué. Elle me soufflait aussi que mon chéri avait besoin de respirer, de prendre du recul. Alors je l'ai laissé respirer, prendre de la distance. J'ai géré mes émotions. Je me suis éloignée sans disparaître. En observant. Et j'ai attendu. Le fait de suivre mon intuition a sauvé mon couple. En tout cas mon sixième sens m'a permis de vivre cette histoire d'amour jusqu'à son terme.

Plus tard, j'avais rencontré un homme incroyable, qui travaillait dans le milieu du cinéma. Il était brillant, avait fait une belle carrière. Mais il restait simple et accessible. Il m'avait couru après quand je n'étais pas libre. Je l'avais trouvé assez culotté de me draguer alors que j'étais avec quelqu'un. Je suis fidèle et entière, et je n'aimais pas qu'il me tente ainsi. Un an après, alors que j'étais à nouveau libre, c'est moi qui l'ai dragué. Je l'ai croisé à une soirée et mes yeux n'ont vu que lui. Je ne sais pas ce qu'il s'est passé. J'ai ressenti un grand frisson et j'ai tout de suite voulu être dans ses bras. J'étais attirée par lui comme je l'aurais été par un aimant. Mon cœur s'est mis à battre très vite. J'ai eu deux flashs où je nous voyais tous les deux enlacés. C'était d'une exceptionnelle intensité. J'avais rarement ressenti cela. Je crois que j'ai eu un « coup de foudre ». Je suis allée le voir et j'ai tenté de le séduire. Mais il m'a dit qu'il avait une copine. J'ai eu l'impression de tomber d'un immeuble. Je ne comprenais pas. J'avais ressenti quelque chose de si fort. Les flashs nous représentant tous les deux étaient si précis ! Avais-je pu me tromper à ce point ? Pendant une semaine, mon cœur a battu très vite dès que je pensais à lui. J'ai ressenti des flashs nous représentant tous les deux. Dans mes rêves, l'ambiance était érotique, sexuelle. Je voulais les vivre en vrai. J'ai pleuré comme si j'avais eu un chagrin d'amour, alors que nous n'avions rien vécu ensemble, que l'histoire n'avait finalement existé que dans mes rêves, qu'à travers mes intuitions. Puis je me suis calmée. Je n'avais pas le choix. Il n'était pas libre. Je lui ai juste envoyé un SMS avant de tourner la page. « Je ne sais pas ce qui m'embêterait le plus : te revoir ou ne jamais te revoir. »

Il a attendu quatre mois pour me répondre : « Et aujourd'hui ? » Cette simple phrase a fait repartir la machine amoureuse, alors que je pensais l'avoir oublié. Mes flashs ont réapparu, et avec eux les rêves érotiques. Mon cœur s'est remis à battre la chamade.

Il était à nouveau célibataire. Nous sommes tombés dans les bras l'un de l'autre. Entre nous, c'était magique. La vie nous appartenait. Au bout de deux mois cependant, son ex a refait surface. Elle a tenté de le récupérer. Je le sentais douter. Il était perturbé. Mon intuition me disait qu'il n'était pas allé au bout de son histoire avec elle. Elle me conseillait de me retirer en attendant qu'il achève cette relation. Il aurait voulu que je me batte pour lui, que je l'empêche de retourner avec elle. Mais mon sixième sens me disait de ne pas insister. Il me disait qu'il n'aurait pas pu choisir entre nous deux et que la situation aurait été destructrice pour tout le monde. Mon intuition me disait qu'il n'aurait jamais pu quitter complètement cette femme. Je l'ai écoutée.

Ensuite, il m'a souvent envoyé des messages pour me dire que je lui manquais. À chaque fois, cela correspondait à un moment où il se disputait avec elle. Je n'ai jamais cédé. Je lui disais qu'il devait aller au bout de son histoire. Qu'elle n'était pas terminée. Dix fois, il s'est séparé d'elle. Dix fois, il est retourné vers elle. Voilà à quoi sert l'intuition. À prendre des paris. À savoir comment réagir. À anticiper et s'adapter. À ne pas faire n'importe quoi. En amour comme dans les autres domaines, j'en suis persuadée, il ne faut ni se projeter ni trop rationaliser. Il faut se laisser guider par son intuition, suivre son cœur. Surtout ne pas réfléchir. Encore faut-il pouvoir différencier ressentis et désirs, comme il faut dans d'autres domaines pouvoir faire la différence entre peur et intuition. L'intuition surgit sans qu'on ait besoin de réfléchir, elle nous porte, on ne sait pas expliquer pourquoi. Le désir est au contraire lié à la réflexion. Quand on désire, on imagine, on projette, on explique.

Une fois le couple installé dans la durée, l'intuition permet aussi de le renforcer et de le rendre plus solide. Avec Alex, par exemple, j'ai toujours deviné ce qu'il attendait. Ce qui était mieux pour lui et pour nous. Dans tous les domaines, qu'il s'agisse d'un voyage, d'une dépense, d'une décision professionnelle… combien de fois j'ai réussi à éviter ce qui aurait pu nuire à notre couple !

Le plus difficile mais le plus important est donc de s'écouter. Cela permet en outre de ne pas avoir de regrets. C'est terrible de se dire « mince, je l'avais senti et je ne me suis pas écoutée ». De ne rien avoir fait alors qu'on avait senti que ça allait mal tourner. On ne ressent jamais quelque chose pour rien dans son couple. Il y a toujours une raison qui explique que notre sixième sens soit en alerte. Quand un signe intérieur sonne, il faut toujours l'écouter. Lorsque j'ai senti qu'Alex me trompait, il me trompait. Quand j'ai senti qu'il me cachait quelque chose, il me cachait vraiment quelque chose. Il faut toujours écouter notre ressenti, surtout lorsqu'il n'est fondé sur aucune raison apparente. C'est ce qu'on appelle parfois l'intuition féminine. En fait, elle n'a rien de féminin. Les hommes aussi ont des intuitions. Homme ou femme, il faut s'écouter. C'est plus dur de le faire quand on est deux, mais on n'est jamais déçu. C'est pourtant très simple. Quand on se sent bien avec quelqu'un, c'est que tout va bien, qu'on est sur le bon chemin.

Quand on ne se sent pas bien, c'est aussi qu'il y a une raison qu'il faut creuser. Mais il ne faut pas tout confondre non plus. Il m'est arrivé de me sentir mal avec un homme. Je ressentais un mal de ventre terrible. Je me suis demandé s'il ne s'agissait pas de messages négatifs concernant notre couple. Mais en fait, j'étais seulement malade. J'avais failli confondre intuition et simple virus ! À l'inverse, je me suis déjà naïvement sentie super bien avec un mec une soirée en croyant que mon intuition indiquait une possible histoire. Avant de réaliser que c'était le champagne qui parlait... L'adrénaline peut aussi fausser l'intuition. Il m'est arrivé, en rentrant d'un jogging, d'être si bien et si excitée que j'ai pris des décisions portées par mon enthousiasme. Je me suis rendu compte après que j'avais agi sous le coup de l'émotion et non en fonction d'une intuition. C'est pour cela qu'il faut apprendre à se connaître, à reconnaître le feeling. Parfois les choses peuvent se mélanger. L'une de mes amies m'a récemment confié qu'elle était tout le temps malade avec son homme. Je lui ai demandé si elle s'écoutait, si elle était bien avec lui. Elle a répondu qu'elle l'aimait. Mais en fait elle forçait les choses entre eux, elle se contraignait à rester avec lui et à se dire qu'elle l'aimait. Elle se voilait les yeux et la face. Ça l'avait rendue malade de se forcer et de ne pas s'écouter. Cela m'est aussi arrivé de me rendre malade auprès d'un homme. Je me souviens avoir fait des crises d'hypotension à chaque fois que je voyais mon ex. Je voulais absolument que notre relation marche et dure. Je lui forçais la main en quelque sorte, je refusais de voir notre histoire se disloquer. En vain, car elle a quand même pris fin. Dès que j'ai rompu, je n'ai plus fait de malaises. Je n'étais pas faite pour cet homme et mon sixième sens me le disait. Il m'est arrivé, comme à tout le monde, de faire l'autruche. De ne pas m'écouter. Parce que je n'avais pas envie. Parce que je suis têtue. Dans ces cas-là, mon cerveau gauche, mon mental, prend le dessus sur les intuitions et il n'y a plus rien à faire. Tous les signaux sont au rouge, mais mon ego rapplique et je décide de le suivre. J'y vais. Je me trompe. Et je regrette. La raison me pousse aussi parfois à ne pas agir dans le couple. Un homme avec qui j'avais une histoire et qui me plaisait énormément m'a demandé de le rejoindre en Corse. Je sentais qu'il fallait que je le fasse mais ma raison n'était pas d'accord. J'avais du travail par-dessus la tête. Cette escapade n'était pas raisonnable, c'était de la folie. J'ai suivi sagement ma raison et suis restée à Paris pour travailler. Mon copain m'en a beaucoup voulu. Nous nous sommes disputés et il a rencontré une autre fille en Corse. Je me suis dit que j'aurais dû y aller, le rejoindre. Peut-être que notre histoire se serait de toute façon éteinte. Peut-être qu'il aurait même rencontré cette fille en ma présence. Mais au moins, je n'aurais pas eu de regrets…

Dans le couple, je n'aurais donc qu'un seul conseil : dans le doute, on s'écoute. C'est toujours mieux.

– 8 –

Le jour où j'ai changé de vie

La tumeur a agi comme un catalyseur. Elle a fait exploser tous les murs qui me retenaient prisonnière, elle a profondément modifié ma route. Après la maladie, ma vie a entièrement changé. Du jour au lendemain, c'est-à-dire en moins d'un mois, j'ai tout quitté. Ma ville, ma famille, mes amis, mes habitudes et mon fiancé, Alex. Personne n'a compris pourquoi je quittais Alex alors que j'étais restée avec lui après qu'il m'avait trompée. Je n'avais aucune explication rationnelle à donner. Pour ma famille, pour mes amis, nous étions devenus un couple invincible. Nous avions affronté ma maladie ensemble, main dans la main. Mais une fois encore, j'ai suivi mon instinct. Mon intuition me disait de tout quitter. Et désormais, ni mon entourage ni moi n'étions plus capables de me faire changer d'avis lorsque j'avais une intuition. Les intuitions étaient devenues plus fortes que tout. Je ne pouvais pas faire autrement. J'ai donc tiré un trait indélébile sur mon passé et suis partie vers une nouvelle vie. Direction Paris. Avec la tumeur ont aussi disparu mes tendances autodestructrices. Je les ai chassées. Je me suis tournée vers l'avenir et j'ai décidé de voir la vie à ma façon, puisqu'elle m'avait été laissée. Pour la première fois, j'étais sûre de moi, et ce sentiment me donnait une énergie nouvelle, une énergie qui m'a permis de me lancer professionnellement dans le domaine dans lequel j'excellais le plus, le mien, celui du conseil et des intuitions. L'arrivée à Paris fut un accomplissement. C'est comme si j'avais enfin trouvé un sens à ma vie, que je m'étais enfin donné les moyens et la chance d'être moi-même et de réaliser ce pour quoi j'étais faite, programmée. Lorsque j'étais malade, mes amis et mes connaissances m'envoyaient déjà des gens pour que je les conseille. C'est Alex, une fois qu'il a été convaincu par la réalité et par la puissance de mon sixième sens, qui parlait de mes intuitions à son entourage et m'adressait des gens qui manifestaient le désir de me consulter. Je le faisais gracieusement, pour m'amuser, me tester, et surtout pour aider les autres. Cette expérience m'a permis de m'entraîner et de me perfectionner. Mais désormais j'étais prête à passer à la vitesse supérieure. J'étais libérée, je pouvais prendre mon envol. J'avais enfin pris la mesure de moi-même.

Chaque étape de ma vie fut un drame, sauf, bien sûr, la rencontre avec Alex. Je ne suis pas la seule à qui ça arrive. Beaucoup ont été plus affectés que moi. Mais c'est comme ça qu'à l'époque je le ressentais. Pourtant, à chaque fois que je suis tombée, je me suis toujours relevée. Toujours, je me suis redressée, j'ai accepté ce qu'il m'arrivait, j'ai pansé mes blessures et je suis allée de l'avant. Ma force est venue de là. Car on est plus fort lorsqu'on tombe et qu'on se relève que lorsqu'on n'est jamais tombé. Mes intuitions et mon sixième sens me permettent, généralement, de prendre la bonne décision au bon moment. Aujourd'hui j'ai l'impression que la vie m'a faite pour que je sois au service des autres, pour que je les aide, pour que je leur apprenne à eux aussi comment ne pas sombrer, comment se relever quand on est à terre. Pour que je leur fasse bénéficier de mon expérience. Je sais ce que signifie le sentiment d'abandon, je sais comment il vous prend aux tripes, je sais le dépasser, le transformer. Je sais ce que veut dire être atteint d'une maladie grave qui peut vous tuer. Je sais les dégâts que peuvent provoquer les drames familiaux. Je sais à quel point certaines personnalités toxiques peuvent vous abîmer, vous empêcher d'avancer, vous maintenir dans l'immobilisme et le malheur. Je sais ce qu'est se sentir différent des autres lorsqu'on est enfant. Malgré mon jeune âge, je sais ce qu'est la vie. Elle m'a formée et ne m'a jamais abandonnée. Mon intuition est devenue mon alliée, même si je l'avais méprisée tout ce temps. Elle m'a permis de surmonter cela. D'attirer à moi les solutions. De rencontrer les bonnes personnes. D'y croire.

Comme souvent, c'est une rencontre qui permet de faire le dernier pas, celui qui vous propulse dans l'ailleurs, dans une nouvelle vie, celui qui vous fait franchir le pont que vous pensiez ne pas être capable de traverser, celui qui sert d'élément déclencheur. La rencontre qui a tracé le chemin de ma nouvelle vie, celle qui m'a libérée d'une existence trop étriquée pour moi, fut une amitié, nouée grâce à des connaissances, avec un célèbre artiste producteur. J'avais posté sur Facebook la vidéo d'une émission sur l'intuition à laquelle j'avais participé. Je suivais cet artiste et il m'arrivait de réagir à ses écrits sur le réseau social. Nous avons commencé à communiquer, je sentais qu'il allait mal. Alors un soir à 22 heures j'ai posté un message sur son compte Facebook : « Si ça ne va pas, en cas de besoin je suis là. » Il m'a répondu tout de suite en me demandant mon numéro de téléphone. Il m'a appelée et m'a demandé : « Comment sais-tu que ça ne va pas ? » J'ai répondu : « Je le sens. » Il trouvait que j'avais une jolie voix et qu'elle l'apaisait. Il m'a dit : « Alors comme ça, tu fais la voyante ? » J'ai répondu : « Non, je suis coach. Je me sers de mes flashs pour accompagner. Quoi de plus rassurant que d'être guidé par une voix douce, non ? » Il m'a demandé ce que je ressentais sur lui et je le lui ai dit. Pas ce qui était dans la presse, mais ce que lui seul pouvait savoir, tout ce que le public ignorait. Ce soir-là, nous avons parlé pendant trois heures au téléphone. C'est comme ça que nous nous sommes rencontrés. Un mois s'est écoulé sans nouvelles de lui. Et puis un après-midi j'ai reçu un SMS : « T'es là ? » Il traversait une période de doute, et entre deux spectacles, il était dévoré par des crises d'angoisse. Il était en vrac. Ses succès professionnels ne suffisaient pas à apaiser les souffrances de sa vie personnelle, ses démons intérieurs, sa difficulté à vivre et à être lui-même. Naturellement, spontanément, parce que les autres m'intéressent et que j'ai toujours en moi cette énergie vitale et cette envie, ce besoin de les aider, j'ai commencé à le coacher. Il était triste, mal dans sa peau, il doutait de tout et il pleurait souvent. Y compris devant moi. Nous avons eu de longues conversations. En me basant sur mes intuitions, j'ai essayé de l'aider à comprendre l'origine de son mal-être. Je lui ai dit ce que je voyais : que sa femme le trompait avec un homme dont le prénom commençait par un « G ». Quelque temps plus tard, il a effectivement découvert que sa femme avait un amant qui s'appelait Gaël. Après cette séance, ce producteur dont je préfère taire le nom m'a tout de suite fait confiance. Nous avons continué à travailler ensemble, je le conseillais. Je me souviens qu'Alex était jaloux. Il commençait à sentir que je lui échappais. Mais en réalité nous n'étions plus que deux membres proches d'une belle famille.

Un jour, le producteur m'a suggéré de venir m'installer à Paris. Il a renouvelé sa proposition plusieurs fois. Il me disait que je serais plus heureuse, que j'aurais davantage de travail et qu'il avait besoin de moi, de mes conseils. Il m'a dit aussi qu'il serait là pour moi. Alors un jour, j'ai répondu : « J'arrive ! » Tout de suite, comme si je n'attendais qu'un signal pour faire mes bagages, tout laisser derrière moi et changer de vie. Comme si j'étais prête et que je n'attendais que ce coup de téléphone pour fermer à triple tour la porte de mon appartement, oublier tout ce qu'il représentait, et m'envoler vers une nouvelle existence. Je ne pouvais pas ignorer cette opportunité. J'étais sûre que le producteur n'était pas venu à moi par hasard. Il fallait que je réagisse, que je suive mon instinct. En descendant du train, j'ai d'abord posé ma valise dans le célèbre quartier des Abbesses. On m'avait dit que c'était le quartier des artistes et j'y avais loué un appartement *via* Internet, sans le voir. Puis rapidement j'ai emménagé dans le village d'Auteuil, auquel je m'étais attachée. La rupture avec ma vie d'avant et avec Alex fut rapide, instinctive, mais pas si douloureuse. Elle s'est passée dans le calme, la compréhension, le partage, et même la bienveillance. Avec le temps, mon histoire d'amour avec Alex s'était usée. Le temps avait transformé tout doucement notre relation, sans que nous nous en rendions compte. Il nous est arrivé ce qui arrive à de si nombreux couples et ce n'était pas si grave. Notre histoire d'amour s'était progressivement muée en amitié amoureuse, puis en amitié fraternelle. Alex m'avait trompée. Je lui avais pardonné, je ne lui en avais jamais tenu rigueur. Pour nous, pour moi, pour lui, mais aussi pour le petit, son fils dont je m'occupais, que j'avais presque fait mien, depuis notre rencontre. On continuait à former une équipe formidable, une équipe soudée, une équipe qui gagne. Mais après la maladie, je savais que ça n'allait pas durer. Je ne l'aimais plus. Je faisais tout pour raviver l'étincelle, pour retomber amoureuse de lui. Mais je n'y arrivais pas. Lui m'aimait toujours profondément. Il n'envisageait pas sa vie sans moi. Parfois, je craquais : je m'enfermais dans la salle de bains et je pleurais de culpabilité. Ma vie était ailleurs, mon destin m'appelait, trop d'obstacles s'étaient interposés dans notre relation. Après la maladie, je ne pouvais plus supporter ma vie. Il fallait que j'en change. Au début, Alex était dans le déni. Il ne voulait pas entendre ce que je lui disais. Il avait peur de vivre sans moi. Il ne se sentait pas capable d'élever seul son fils. Puis il a compris que rien ne me ferait changer d'avis et il a cessé de vouloir me retenir à tout prix. La séparation n'a pas été violente. On s'est quittés, mais jamais lâchés. Très vite, Alex est devenu comme un frère pour moi. On a mis à peine un an à construire une relation fraternelle extrêmement belle. Nos sentiments se sont transformés. Il n'y a eu aucune frustration, aucune rancœur, aucun désir de revanche. Nous sommes toujours restés très proches. Alex, c'est mon frère, mon ancien amoureux, mon meilleur ami, l'une des personnes qui me connaît le mieux au monde, celui aussi qui m'a permis de prendre mon envol. Pas une semaine sans qu'on se parle, sans qu'on se téléphone. Il ne prend aucune décision sans me demander mon avis. Quel que soit le domaine. Je continue à le conseiller et à lire en lui à distance, à accompagner ses pensées et sa vie. Juste avant qu'il ne rencontre celle qui deviendrait sa femme, je l'ai senti. J'avais eu un flash, elle s'appellerait Sarah. Ou Sabrina. Sa-quelque chose… je pensais qu'il la rencontrerait sur un site de rencontres (alors même qu'il déteste cela) et qu'ils s'installeraient tous les deux à Marrakech. C'est là qu'il vit depuis cinq ans avec Sarah. Il l'a épousée l'an dernier, ils sont très heureux et ont eu un bébé. C'est une fille super, d'une douceur incroyable, je l'aime beaucoup et je suis contente qu'Alex ait trouvé une perle rare qui l'aime autant qu'il le mérite. Alex a créé son entreprise. Son fils est heureux à Marrakech, il est lycéen et fait beaucoup de boxe. Selon moi, il peut être reconnu dans ce sport. Ou il sera restaurateur. Il a un talent de cuisinier. À lui de choisir…

Alex a été et reste mon plus fidèle soutien. Celui qui m'a permis de devenir ce que je suis. De comprendre qui j'étais. Sans lui, quel aurait été mon chemin ? En quelque sorte, je lui suis toujours restée fidèle. Je lui serai toujours fidèle. Le destin est fait de rencontres et de choix.

Pendant trois ans, le producteur et moi avons formé un duo amical et professionnel formidable. Ma rencontre avec lui a été décisive. Il m'a beaucoup aidée. Il m'a sortie d'une impasse, il m'a permis de m'accomplir. Je ne suis pas sûre que j'aurais osé venir à Paris sans lui. Je ne suis pas sûre que j'aurais eu le courage de quitter Alex sans lui. J'étais devenue sa coach. J'essayais de l'aider à remonter la pente. Il voulait me présenter du monde mais au début j'avais peur. Il m'a invitée à un concert puis nous avons dîné. Il était très protecteur avec moi. Il m'a aidée à ne pas tomber dans certains pièges. Il m'a montré les bons et les mauvais côtés du milieu. Il m'a transmis son expérience. Petit à petit, il m'a présenté du monde. Tout s'est fait de manière naturelle. Il m'a ouvert les portes du milieu et ainsi permis de vivre de ce métier, d'être indépendante, d'être payée pour ce que j'avais envie de faire, de me réaliser à Paris. Comme à Alex, mais dans un registre différent, je lui dois beaucoup : c'est un peu lui qui m'a introduite auprès des artistes et à la télé. C'est en partie lui qui m'a permis de démarrer professionnellement, de me stabiliser à Paris. Le bouche à oreille a fait le reste. Peu à peu, les clients ont commencé à me téléphoner, de plus en plus nombreux, de plus en plus intéressés. J'avais des sentiments ambivalents vis-à-vis du milieu artistique. Les artistes sont souvent très capricieux et égocentrés. Ils accaparent l'énergie de leur entourage. Ils demandent beaucoup et prennent beaucoup à ceux qui les entourent. J'appréciais autant que je redoutais cet univers spécial. Mais en tout cas cela me changeait de mon quotidien. Et j'avais beaucoup de travail avec eux : les gens du show-biz subissent une pression constante, ils sont souvent très sensibles, ils n'ont pas toujours confiance en eux et sont assez fréquemment malheureux et mal entourés. Ils ont donc besoin d'être coachés, soutenus, accompagnés. Avec eux le travail est particulier : il faut toujours réagir vite. Ça tombe bien, je suis douée pour les situations de crise. C'est ainsi que j'ai acquis mon surnom, la « Fée Clochette ».

Très vite, la petite provinciale fragilisée par la maladie que j'étais s'est transformée en une femme déterminée qui s'est constitué une clientèle. Des animateurs qui voulaient mon avis sur leurs émissions. Des stars de la télé, du cinéma, de la musique. Et des journalistes, qui me demandaient de les accompagner dans leurs enquêtes.

J'intervenais de temps en temps dans une émission sur NRJ. En 2011, l'assistant de Cauet m'a contactée pour participer à leur émission de voyance. Il cherchait des spécialistes dans ce domaine. Je n'ai jamais su comment il m'avait connue. Nous étions vendredi, l'émission avait lieu le lundi et il m'a testée dans la foulée, le vendredi soir. Je déteste ce genre de test. Cela me rend nerveuse et le trac comme la pression sont nuisibles aux intuitions. Mais je l'ai passé assez aisément avec Justin, le complice de Cauet, dont j'avais facilement senti le nom de la petite amie au téléphone. J'adorais Cauet, je le trouvais sympathique et drôle. Il dégageait une bonne énergie. Mais l'antenne me rendait nerveuse. Tous les jours d'émission, j'avais le trac. Je ne pouvais pas manger. Je me posais des tas de questions, je pensais que je n'y arriverais pas, que j'allais me ridiculiser, que je ne devrais pas m'afficher ainsi. Mais Alex m'a encouragée : « C'est ton rêve. Réveille-toi. Tu vas tout déchirer. Tu es faite pour ça. Sois naturelle. Viens comme tu es. Tu es géniale. » Voilà ce qu'il me disait. Mon ami producteur était aussi un grand soutien.

Le jour du premier direct, j'étais si angoissée que j'avais l'impression que je ne pourrais ni respirer ni parler pendant l'émission. J'avais choisi de m'appeler Estelle car je ne voulais pas que l'on me reconnaisse. Pour préserver ma vie privée. Les animateurs m'appelaient donc « coach Estelle » puisque coach était le titre que je leur avais précisé. Quand mon tour est venu, j'avais déjà bu l'intégralité de la bouteille d'eau qu'on avait déposée à côté de mon casque. Je n'avais pas réalisé que, même à la radio, il pouvait y avoir un public en direct. J'avais donc en face de moi le public qui me scrutait, me regardait droit dans les yeux, et cela me faisait perdre mes moyens. Cauet avait l'air inquiet que je sois si jeune. J'ai perçu le doute dans son regard. Et hop, on a démarré. Cauet m'a posé quelques questions puis ça a été le tour des auditeurs. Je me souviens avoir ressenti le prénom du mari de la coanimatrice ainsi que des détails sur sa vie professionnelle, ce qui les a beaucoup étonnés. Les prénoms, chez moi, sortent de manière fulgurante, sans que je puisse les retenir et parfois même sans que je sache à qui ils appartiennent. À la radio, ils ont visiblement été surpris de ma précision. Et ils m'ont demandé de revenir. Un lundi de temps en temps. Les quelques émissions ont fait un buzz incroyable dans ma vie. Elles m'ont aidée à décoller. J'avais désormais des demandes de rendez-vous chaque jour, par mail ou par téléphone. Aujourd'hui encore, il arrive régulièrement qu'un client me dise : « Vous êtes la fille qui était chez Cauet ! » On me reconnaissait même sur les Champs-Élysées. À Paris chez le coiffeur. C'est dingue le nombre d'auditeurs qui écoutent Cauet ! Et le retentissement que cela peut avoir sur votre vie. On vous a écoutée. On vous a vue sur la chaîne YouTube et on vous reconnaît. On parle de vous partout. Cette collaboration – si courte fût-elle – avec NRJ est arrivée au bon moment. Encore une fois j'avais décidé de suivre mon intuition même si c'était risqué, comme le jour où j'avais décidé de quitter Alex et de venir à Paris. Et je n'aurais pas pu mieux faire. À l'époque, pourtant, j'étais loin de pouvoir imaginer les conséquences qu'allait avoir une telle émission pour ma carrière. J'ai littéralement rebondi. Et je me suis dit que j'avais bien fait d'y croire, de suivre mon instinct, d'écouter mon sixième sens. Même si cela n'a pas duré longtemps, NRJ a été un tournant dans ma vie.

**Attitude intuitive :
les trois bons réflexes à adopter**

– Demandez-vous, à chaque fois que vous vous posez une question et que vous devez faire un choix : « Qu'est-ce que je ressens ? »

– Notez vos premières pensées au réveil. Vous obtiendrez les informations issues de votre cerveau droit et de votre moi profond.

– Lorsque votre intuition vous dicte une direction à emprunter, suivez-la immédiatement, ou vous ne le ferez jamais.

– 9 –

La reconstruction

La reconstruction physique a été longue. Mes cheveux repoussaient lentement, si lentement ! Je me regardais chaque jour dans le miroir et je trouvais le retour à la normale insupportablement long. Je ne pouvais pas patienter plus longtemps. Mon nouveau métier, les clients m'attendaient et il fallait que j'assure. Alors j'ai tout essayé pour récupérer ma tête d'avant. J'avais encore du mal à m'accepter. J'étais guérie mais mon corps portait les stigmates de la maladie. Il fallait que les choses aillent plus vite, que je récupère ma tête, mon visage, mes cheveux, mon apparence. J'ai essayé des perruques, dans des magasins de coiffure spécialisés, mais c'était horrible. J'ai reçu des injections de vitamines. J'ai tenté les extensions de cheveux. J'ai tout testé pour accélérer leur repousse, des crèmes exotiques, des soins coréens, des lissages. Je pense avoir essayé tous les produits existant sur le marché et toutes les méthodes pour faire pousser les cheveux plus vite. On le sait, les publicités sont mensongères, mais j'en ai vraiment eu la preuve. Ce fut un échec total. Toutes mes tentatives ont échoué. Aminata, une coiffeuse, qui s'occupe beaucoup de femmes ayant eu un cancer, m'a beaucoup aidée. Elle m'a permis de retrouver ma féminité avec de belles coiffures naturelles. C'est grâce à elle, et en faisant du sport, que je me suis sentie belle à nouveau. J'ai mis cinq ans, après avoir arrêté tous les traitements et renoncé à tous les subterfuges, avant de récupérer mes longs cheveux blonds, épais et sensuels.

La reconstruction psychologique fut encore plus longue. J'avais beaucoup encaissé depuis ma naissance : la mort de Gaëtan, le divorce de mes parents, le sentiment d'abandon qui en avait découlé, la découverte de mon sixième sens, la maladie. Je sais bien que certains ont vécu pire, je sais que la vie a été bien plus impitoyable avec d'autres, je ne me plaignais pas mais c'était quand même beaucoup pour une seule personne.

Les longues discussions avec Alex pendant ma maladie ont été le socle de ma reconstruction, sa base. Avec lui, j'ai appris à m'exprimer. J'étais perdue et il m'a accompagnée dans un travail d'analyse personnelle et d'exercices sur moi-même. Il me conseillait des lectures. Nous avions de longues discussions sur l'origine de mon mal-être. Il ne me lâchait pas, il était toujours auprès de moi, il sentait à quel point j'étais fragile. Je me confiais à mon amoureux, mais aussi à l'étudiant en psychologie qu'il était, à un ami également. Peu à peu, j'ai appris à me connaître, à savoir qui j'étais vraiment, à identifier mes faiblesses et à travailler dessus pour les faire disparaître, à me servir de mes qualités pour changer la perception que j'avais de moi-même et devenir plus forte. Alex n'a jamais lâché, même quand je me noyais dans ce travail intérieur, quand j'avais l'impression que mon passé et ma différence étaient si lourds à porter que je n'aurais jamais la volonté de les dompter. C'est pour ça que nous sommes restés liés, et que nous le serons, je crois, toute la vie.

Lorsque je suis arrivée à Paris, j'ai commencé une thérapie. C'était, en quelque sorte, un passage obligé. Alex avait fait tomber les premières barrières, mais j'étais encore très vulnérable. Depuis que j'avais déménagé à Paris, le fantôme de Gaëtan était revenu hanter mes rêves et mes pensées. Il est enterré dans la banlieue parisienne, à Fontenay-sous-Bois, et j'avais l'impression de l'avoir retrouvé, de cheminer constamment à côté de lui. Pendant de longs mois, j'ai senti sa présence près de moi. Dans le métro, au restaurant, dans la rue, chez moi le soir : il accompagnait chacun de mes pas. C'étaient comme des retrouvailles. Entreprendre une thérapie était une étape nécessaire à mon développement professionnel. Je ne pouvais pas devenir coach sans en passer par là. J'avais beaucoup développé mes intuitions et acquis un mental très fort. Je me sentais capable d'exercer. Mais à l'intérieur j'étais encore instable, vulnérable. Je ne pouvais pas envisager de recevoir des clients dans cet état. Leurs doutes, leurs émotions, leur stress m'auraient trop affectée. Je devais d'abord me renforcer.

J'ai donc pris rendez-vous avec un psychothérapeute qui m'avait été conseillé par une connaissance, un spécialiste de la thérapie comportementale et cognitive

(TCC) mais aussi de l'analyse transactionnelle. La thérapie comportementale et cognitive est une thérapie brève, validée scientifiquement, qui vise à remplacer les idées négatives et les comportements inadaptés par des pensées et des réactions en adéquation avec la réalité. Ce type de thérapie est particulièrement conseillé dans les cas de troubles anxieux, mais aussi dans les états de stress posttraumatique. Elle aide le patient à mieux comprendre les schémas de pensées négatives à l'origine de sa détresse psychique. Elle permet en un temps relativement court de corriger ces pensées négatives et d'apprendre des comportements nouveaux et adaptés. C'était exactement ce qu'il me fallait. Quant à l'analyse transactionnelle, c'est une technique inventée par le psychiatre canadien Éric Berne dans les années cinquante, elle aussi validée scientifiquement. Accessible à tous, elle permet d'appréhender le mystère des relations avec les autres et avec soi-même et d'aider ainsi les patients à changer. C'est une théorie de la personnalité et de la communication, un outil concret d'analyse qui prend en compte la totalité de la personne dans ses fonctions biologiques, psychologiques et sociales.

Le thérapeute qui m'a reçue était un homme plutôt âgé, avec de grands yeux bleus et des lunettes. Il m'a installée dans son bureau après m'avoir dit bonjour. Puis il s'est tu. Il n'a plus rien dit. Pas un mot. Je l'ai regardé, je souriais, comme je le fais souvent. Et j'ai attendu. Mais il ne s'est rien passé. J'interprétais les signes de son regard qui m'indiquaient avec insistance que c'était à moi de parler. Mais rien ne sortait. Pas le moindre borborygme. Le silence était de plus en plus pesant. Je me tordais les doigts, je gigotais sur mon siège, je regardais par la fenêtre et je cherchais désespérément de l'aide dans les yeux du thérapeute. D'un coup, je ne savais plus ce que je faisais là, ce que j'étais venue y chercher. J'aurais pu me lever et partir, claquer la porte ou dire au revoir. Mais je pensais qu'il fallait que je reste. Une voix intérieure me le soufflait. Au bout de quinze minutes, le psy m'a posé une simple question : « Comment ça va ? » Ouf, le silence était enfin brisé. J'ai répondu que ça allait bien. J'ai brièvement expliqué ce qui m'amenait devant lui : la tumeur au cerveau, la séparation et mes études de coaching. Il m'a demandé les raisons de cette séparation. J'ai répondu que c'était mieux pour moi, qu'avec Alex et son fils nous formions une famille mais qu'il n'y avait plus ni désir ni amour entre nous. Au fil des années ma vie avait fini par ne plus tourner qu'autour de lui et de son fils. Après la maladie, j'avais besoin de penser à moi, de prendre un nouveau départ. J'étais attirée par Paris, quelque chose me poussait dans cette voie. Je lui ai résumé ainsi ma vie d'un air naturel et décontracté, sous-entendant que je la contrôlais parfaitement et qu'après toutes les épreuves que j'avais subies ça allait beaucoup mieux. En fait, je me rendais compte que j'allais avoir beaucoup de mal à me livrer à un inconnu. Et comme j'avais l'impression d'aller bien je ne voyais pas l'intérêt d'évoquer de ce qui allait mal. Il y avait de nombreux blancs dans la conversation. Des silences embarrassés. Le psy a pris des notes et il m'a donné rendez-vous quinze jours plus tard. C'est ainsi que s'est terminée la première séance. Je suis sortie du cabinet en me disant que finalement je n'avais sans doute pas besoin d'une thérapie, que cette séance avait été ridicule et qu'elle ne m'avait rien apporté. J'étais à deux doigts de laisser tomber, exactement comme je l'avais fait pour la radiothérapie quand j'étais malade. Mais pendant les deux semaines qui ont suivi, j'étais à fleur de peau. Frêle, instable, volatile. Comme si quelqu'un ou quelque chose avait remué en moi des souvenirs ensevelis et douloureux. Alors j'y suis retournée. Le jour du rendez-vous, pourtant, à nouveau, tout allait bien. Comme par miracle. Il faisait beau, j'avais un nouvel amoureux, la vie était belle et mon humeur parfaite. La deuxième séance fut une reproduction de la première. Le psy m'a demandé : « Comment ça va ? » J'ai répondu, pleine d'assurance : « Très bien. »

Mais cette fois le silence qui s'est ensuivi a duré vingt minutes et non quinze. En tout cas c'est la perception que j'en ai eue. La séance me paraissait interminable, la situation était insupportable. Je ne savais pas quoi dire, je ne voulais pas parler. Le blocage était total. À nouveau, le psy m'a donné rendez-vous quinze jours plus tard. Et rebelote. « Comment ça va ? – Tout va bien, merci. » Puis on s'est regardés dans le blanc des yeux. Je me demandais ce que je faisais là et je trouvais bizarre qu'il ne me dise pas un mot. Je commencais même à me demander s'il était vraiment sérieux, si je ne m'étais pas trompée d'adresse. Avec le recul, je pense qu'il avait au contraire compris tout de suite que mon blocage était tel qu'il faudrait du temps pour me faire parler. C'était un très grand pro et il a su s'adapter à mon rythme.

Au cinquième rendez-vous, j'ai commencé à évoquer, de manière superficielle, le contenu de mes journées. Je continuais à répondre de la même manière à sa question : « Je vais bien, merci. » Mais en plus j'arrivais à parler du temps qu'il faisait, de mon footing ou du ralentissement sur la ligne de métro. Puis, au fil des séances, tout doucement, je lui ai confié mes petits ennuis quotidiens. De tout petits, de minuscules ennuis quotidiens. Jamais rien d'important. Mes « confidences » étaient très banales. J'avais beau me dire que c'était son métier, j'avais honte. Je me disais qu'il devait s'ennuyer, qu'il devait me trouver stupide et sans intérêt, que je n'avais définitivement rien à raconter. Et qu'il finirait par mettre fin à ma thérapie en me disant que j'étais incapable de faire le moindre effort et que ça ne servait à rien. Il n'en a rien été. Au contraire, le psy m'apprivoisait chaque fois un peu plus et je sentais, derrière les silences, au milieu des blancs qui ponctuaient nos conversations, de la bienveillance et de la compréhension. De l'empathie et de l'intérêt. Ce petit jeu a duré trois mois. Quand on vit l'expérience et qu'on est pressé comme je l'étais car je voulais démarrer mon job de coach en PNL le plus rapidement possible, trois mois, c'est une éternité. Mais je n'arrivais pas à précipiter les choses. Je ne pouvais pas me dévoiler à un autre homme qu'Alex. Est-ce que cela aurait été différent avec une femme ? Je ne sais pas, je ne suis pas sûre. J'avais tellement pris l'habitude de ne pas parler de moi, de garder enfermés à triple tour mes douleurs et mes traumatismes, que j'avais l'impression d'avoir perdu ma voix. J'étais restée de si longues années sans parler. Je m'étais construite autour et au travers de ce silence. J'avais grandi en pensant que la seule manière de ne pas trop souffrir était de dissimuler au plus profond de moi mes émotions et mes souvenirs douloureux. Pour survivre, j'avais débranché ma parole. J'étais devenue une forteresse inviolable. Le psy a été formidable. Il a été très fort. Il m'a attendue. Il a pris le temps qu'il fallait, accepté mes silences, supporté mes banalités, écouté mes futilités. Dans les soirées, mes séances chez lui étaient devenues un sujet de rigolade et de moquerie. Mes amis éclataient de rire lorsque je leur racontais leur contenu. Ils me disaient : « C'est dingue ! Vous ne vous parlez pas ? Quinze ou vingt minutes pour dire que tu vas bien ? » Ces séances étaient l'un de nos sujets de conversation de prédilection. Et je maniais l'autodérision avec brio. C'était sans doute un signe que j'allais mieux. Quand on est capable de se moquer de soi-même, c'est qu'on commence à se connaître, à se comprendre, à s'accepter et que la guérison est proche.

Elle a fini par venir. Par surgir, dirais-je plutôt, comme surgissent mes intuitions. J'étais toujours heureuse et enjouée quand j'allais voir le psy. Je sais aujourd'hui que c'était une protection qui me permettait de ne pas avoir à avouer que ma vie était lourde, de ne pas avoir à affronter mes démons intérieurs. Et puis un jour, cette protection a lâché. Subitement. D'un seul coup. Alors que je ne m'y attendais pas. Un jour, ça n'allait pas. J'avais rendez-vous chez le psy et j'allais mal, c'était la première fois que ça m'arrivait un jour où je devais le voir. Rien de très grave pourtant. J'avais des problèmes d'argent, mon copain du moment venait de me quitter. Et surtout j'avais été blessée par ma meilleure amie, Emi. Nous étions inséparables. Nous n'avions pas besoin de nous parler pour nous comprendre. Je la coachais et elle insistait toujours pour me régler, car elle disait qu'il ne fallait pas tout mélanger, ce qui est très rare, je peux vous le dire. Avec elle et notre bande, on se prenait un peu pour les filles de *Sex and the City*. Mais un jour on s'est disputées très violemment. Elle m'en voulait de ne pas lui avoir dit que je traversais une période difficile et que j'avais des problèmes d'argent. Elle a été vexée que je lui cache mes difficultés. Je n'avais rien voulu dire car je savais qu'on n'aurait parlé que de ça. Elle m'aurait dit : « Quitte tout, viens vivre quelque temps chez moi à Cannes. » Mais moi je voulais rester à Paris. M'en sortir ici. Je savais que j'allais y arriver. Que je ne devais pas lâcher, renoncer. Mais qu'elle n'aurait pas forcément compris. Avec le temps, je sais que j'ai eu raison. J'aurais aimé qu'Emi me fasse confiance comme moi j'avais décidé de me faire confiance. Elle avait toujours admiré mes intuitions. Mais ce jour-là elle a été si dure. Elle a mal réagi. C'est normal, elle se sentait trahie. Notre amitié s'est brisée ce jour-là. Irrémédiablement. Nous ne nous sommes jamais revues, même si je sais que depuis elle aussi s'est installée à Paris. Elle reste dans mon cœur.

Donc ce jour-là j'étais à plat. Je doutais de moi. J'étais débordée par mes émotions. Je me noyais dans un verre d'eau. Alors, quand le psy m'a demandé, comme d'habitude : « Comment ça va ? », alors que pendant des mois j'avais toujours eu cette même phrase toute prête : « Très bien, merci », j'ai répondu pour la première fois que ça n'allait pas du tout et je me suis mise à pleurer. Je me suis effondrée devant le psy. J'avais honte mais je ne pouvais pas arrêter mes larmes. Leur flot était ininterrompu, comme si je pleurais pour toutes les années et les séances précédentes. Cette séance fut salvatrice. Ça valait le coup d'avoir attendu si longtemps, d'avoir persisté dans la banalité, d'avoir continué à raconter des petites histoires superficielles en culpabilisant. Enfin, j'allais pouvoir vider mon vase. Et tout a émergé de moi. D'un coup, sans tri, toutes les blessures sont apparues et se sont déversées sur sa table. Je ne pouvais pas les empêcher de sortir de moi. C'était comme si j'avais, en retrouvant la parole, expulsé un énorme sac rempli de toutes mes peurs, mes frustrations, mes bleus, mes rancunes. Comme si je recrachais tout ce que j'avais avalé sans digérer pendant des années. Le malheur qui était enfermé en moi jaillissait d'un coup, comme un torrent trop longtemps retenu dans un glacier, qui surgit brusquement de la montagne. Ce déballage fut d'une violence extrême. Je ne pouvais rien contrôler. Je ne pouvais même pas en réguler le flux. J'ai plongé d'un coup dans le vide. Je suis repartie dans mon passé, j'ai revécu mon enfance, mon adolescence et aussi ma maladie. Comme un flux impossible à juguler, toute ma vie, toute mon histoire se répandait, dans le désordre et le chaos, dans le cabinet du psy. Et le bilan n'était pas terrible. En fait, je n'allais bien qu'en surface, en apparence. Pendant toutes ces années, j'avais emmagasiné tant de douleurs que je ne pouvais plus le supporter. J'avais laissé les événements appuyer sur mes blessures non cicatrisées et je ne pouvais plus tolérer la douleur. La dispute avec mon amie avait été la goutte d'eau qui fait déborder le vase. J'étais arrivée au terme de ce que je pouvais endurer toute seule. J'ai fait exploser les remparts, si solides pourtant, qui m'avaient si longtemps protégée de moi-même, permis de ne pas m'affronter. Je suis sortie de ma carapace. Le psy m'a dit : « Ça y est, la thérapie peut commencer. »

À partir de ce jour, on a pu travailler. Sur mon père d'abord, ma principale névrose. Alex, Jim, les mauvaises fréquentations de ma période adolescente. J'ai compris pourquoi je tombais amoureuse d'hommes en difficulté dans la vie, de garçons qui avaient besoin d'aide : j'avais inconsciemment besoin, envie d'aider mon père. Lui qui était devenu alcoolique, qui avait brisé son mariage pour une relation qui n'avait pas duré, qui s'était retrouvé seul, séparé de ses enfants, lui qui s'était perdu dans la vie et devait subir à la fois la solitude, l'échec et l'abandon. Car finalement, n'a-t-il pas été lui aussi abandonné, par la vie, autant que moi par lui ?

En quelques séances de psychothérapie, j'ai réussi à me débarrasser de la culpabilité que j'éprouvais envers mon père, qui me nouait le ventre depuis des années, me rongeait de l'intérieur et m'empêchait de me réaliser et d'éprouver cette légèreté qui va si bien à la jeunesse. Pas seulement parce qu'il avait été exclu du secret qui nous liait ma mère et moi au sujet de mes intuitions, mais aussi parce que j'avais l'impression d'avoir contribué indirectement à la destruction de notre famille, au départ de mon père, à sa détresse. Je n'avais pas réussi à l'extirper des filets de la serveuse alors même que j'assistais à leur chant amoureux. Je n'avais pas réussi à faire en sorte qu'il reste à la maison, je ne l'avais pas empêché de partir et avais au contraire espéré et attendu son départ. Je l'avais abandonné en prenant le parti de ma mère, même si ce choix était à l'époque normal et justifié pour une enfant. Sauf qu'une enfant n'a pas à porter ce poids immense, une enfant n'a pas à devoir choisir entre ses parents. Les enfants se sentent toujours responsables des malheurs qui arrivent à leurs parents, même s'ils n'y sont pour rien. Ce sentiment de culpabilité les poursuit jusqu'à l'âge adulte. J'ai fini par accepter que je n'étais pour rien dans les dérives de mon père. Grâce au travail que j'ai effectué avec le psy.

Nous avons aussi analysé le rôle que j'ai si longtemps joué vis-à-vis de ma mère et de ma sœur, la place particulière qui fut la mienne dans ce trio féminin. Au fil des séances, j'ai réalisé que mon rôle auprès d'elles deux avait toujours été celui d'une mère. J'ai toujours été la maman de tout le monde. La maman de ma mère qui ne se remettait pas de la mort de Gaëtan et qui se reposait sur mes intuitions pour savoir comment agir dans la vie. La maman du fils d'Alex qui n'en avait pas. La maman de ma petite sœur née quand j'étais déjà adolescente d'un autre père que le mien. La maman de mes amis qui me demandaient toujours conseil. La maman de mes copains ou amants qui, à l'adolescence, se perdaient dans l'alcool et la drogue. La maman de mon papa qui avait déserté le foyer familial et était tombé amoureux d'une femme dont je pensais qu'elle n'était pas faite pour lui. J'étais la maman de tout le monde. C'est souvent le cas des individus intuitifs, qui donnent des conseils spontanés à leur entourage. Ils finissent par materner les autres. Le rôle qu'on m'avait fait tenir pendant toutes ces années était trop difficile, il ne convenait ni à une enfant, ni à une adolescente, ni à une jeune femme. J'avais besoin au contraire qu'on s'occupe de moi. Je m'étais trop longtemps oubliée. Oubliée avec ma mère, avec mes amis, avec Alex qui me laissait m'occuper du fils qu'il ne pouvait pas assumer seul. Et si c'était ça, cette trop grande responsabilité pour une jeune fille, qui avait précipité la fin de notre histoire d'amour ? Pendant que j'étais malade, Alex avait beaucoup culpabilisé. Il avait des remords, car le petit, qui était hyperactif, me prenait beaucoup d'énergie. Il se sentait je crois un peu responsable de ma maladie. Il faut dire que mon beau-père lui avait fait la morale. Il considérait que je m'occupais trop d'Alex et de son fils et pas assez de moi. Il pensait que le fait que je me sois consacrée à ce point à un enfant qui n'était pas le mien alors que j'avais à peine 20 ans avait sans doute contribué à l'apparition de ma maladie. Même ma mère pensait que cela avait freiné mon évolution, professionnelle et personnelle, que j'avais mis de côté mes rêves et mes désirs pour m'occuper d'Alex et de son fils. Moi, j'étais amoureuse et c'était la seule chose qui comptait. Je visais la suite et mon intuition me disait qu'elle était belle. Je savais que je me réaliserais professionnellement. Je le répète, je ne serai pas celle que je suis si je n'étais pas passée par là. Je le sentais : c'était mon chemin.

À l'occasion de cette psychothérapie, j'ai aussi compris pourquoi j'avais perdu tous mes cheveux après trois séances seulement de radiothérapie. Ce n'était pas ce qui était prévu. Ce n'était pas ce que m'avaient dit les spécialistes. Ils m'avaient prévenue que je pourrais perdre quelques touffes de cheveux sur une zone très limitée, celle sur laquelle on allait appliquer les rayons. Mais je n'étais pas censée devenir chauve. J'avais des cheveux magnifiques. C'était la partie la plus jolie chez moi, celle qui me conférait le plus grand charme, celle qui me permettait de plaire le plus facilement. J'en étais fière. Alors même que j'avais été capable de développer une puissance mentale très importante pour forcer la guérison de la tumeur, pour l'obliger à refluer, alors que ma volonté de guérir avait fait des miracles, j'avais été incapable de protéger mon physique. J'avais au contraire accéléré et accentué la chute de mes cheveux. Comme si j'avais voulu effacer ma beauté, la faire disparaître sous le poids de ma souffrance. J'avais mis autant d'énergie à faire disparaître la tumeur qu'à faire tomber mes cheveux, pour me rendre invisible. Le processus était le même que celui qui était à l'œuvre pendant mon anorexie mentale. En maigrissant jusqu'à ne plus être que l'ombre de moi-même, je voulais aussi me rendre invisible. Aux autres, et à moi. En supprimant la partie la plus évidente de ma beauté, ma chevelure, je pouvais disparaître. Je l'ai rapidement compris à partir du moment où le processus thérapeutique a été enclenché : le déni de mes intuitions avait engendré des mécanismes d'autodéfense qui à la longue se sont révélés autodestructeurs.

La thérapie a duré un an. C'est finalement assez rapide pour soigner des névroses comme celles dont j'étais affectée. Certains travaillent dix ans sans obtenir de résultat aussi satisfaisant. Entreprise avec réticence, ma thérapie a été un succès formidable. Elle m'a permis de me défaire des chaînes que je traînais depuis l'enfance. Elle m'a aussi permis, et c'est sans doute son plus grand bienfait, d'accepter enfin mes intuitions. Enfant, je ne comprenais pas bien les enjeux véhiculés par mon sixième sens. Je savais juste que j'étais éveillée, mature, empathique. Que c'était ma personnalité. Pour le reste, ce que je pensais à l'époque être une différence me donnait surtout des complexes, le sentiment de ne pas être comme les autres à un âge où justement on a besoin, pour se construire, de se comparer aux autres en se disant qu'on leur ressemble. Avec Alex, j'avais réalisé quel parti je pouvais tirer de mon sixième sens, que je considérais désormais comme une force et non plus comme une faiblesse. J'avais aussi appris à me connaître et à m'aimer. La psychothérapie m'a vraiment permis d'accepter pleinement ma différence et d'en faire un atout dans la vie. Depuis, je n'ai plus jamais eu honte de mes intuitions. Je n'ai plus jamais cherché à les cacher ni à les refouler. Je ne les ai plus jamais considérées comme un fardeau mais au contraire comme une force. Je n'ai eu de cesse d'essayer de les comprendre, de les apprivoiser et de les développer. De les revendiquer et même de les aimer.

Ma psychothérapie est terminée. Mais je revois mon psy quand j'en ressens le besoin. À peu près trois fois par an. Les enjeux ne sont plus les mêmes. Mais c'est bien de pouvoir vider le vase quelque part. Comme les clients le font avec moi, dans mon cabinet. Certains éclatent en sanglots comme je l'ai fait pendant ma psychothérapie. Ils me demandent de les soutenir, de partager leurs douleurs, leur malheur, de comprendre leurs angoisses et de les apaiser. Alors j'ai besoin d'un sas de décompression, d'un endroit où pouvoir déverser le trop-plein de mes émotions, remettre les pendules à zéro, vider le vase, pour mieux me recharger. Pour une empathie et une clairvoyance intactes.

Il y a deux ans, par exemple, j'ai souffert de violentes crises de tachycardie. Je marchais dans la rue à Neuilly quand d'un seul coup mon cœur s'est mis à battre très vite. Trop vite, beaucoup trop vite. Je ne suis pas particulièrement hypocondriaque, mais j'étais persuadée que je faisais une crise cardiaque. J'avançais tout doucement, pliée en deux sur le trottoir, avenue Charles-de-Gaulle, à Neuilly-sur-Seine, à la recherche d'une plaque de médecin. Quand j'en ai trouvé une, je suis entrée, j'ai pris l'ascenseur jusqu'au cinquième étage. Et j'ai sonné. Vu l'état dans lequel j'étais, le médecin m'a reçue en urgence. À peine arrivée dans son cabinet, j'ai fait un malaise. Je me suis effondrée par terre. J'avais 17 de tension et mon cœur battait à 150 pulsations par minute. Le médecin a appelé les pompiers. En les attendant, il me tenait la main. Je me souviens qu'il m'a demandé : « Que se passe-t-il ? Qu'est-ce qui vous inquiète au point de vous mettre dans cet état ? » Il n'était pas particulièrement inquiet, mais il préférait que j'aille à l'hôpital. C'était un bon docteur. Je me voyais partir. Je m'accrochais à sa main, je ne voulais pas mourir, je voulais qu'on me retienne, je le suppliais des yeux de ne pas m'abandonner, j'avais déjà l'impression d'être dans un autre monde mais je ne voulais pas quitter celui-ci. Le médecin me disait de me projeter dans l'avenir, de me concentrer sur ce que je rêvais de faire et de cesser de penser au pire. Il était spécialisé dans la médecine sportive et il avait beaucoup de psychologie. Les pompiers m'ont mis un masque à oxygène et emmenée dans un hôpital de Neuilly. On m'a fait un électrocardiogramme qui n'a rien montré d'anormal. Je suis donc rentrée chez moi. Un mois plus tard, j'avais un rendez-vous de contrôle chez le cardiologue, et voilà que ça a recommencé. Je suis arrivée dans son cabinet dans le même état : 16 de tension et 147 pulsations par minute. Le cardiologue m'a dit que du coup le diagnostic serait plus facile à établir. Verdict : rien de grave, juste une tachycardie jonctionnelle, aussi dite émotionnelle. Il m'a prescrit un traitement à base de bêtabloquants pendant six mois pour éviter que je me retrouve dans le même état en cas de nouvelle crise. Mais comme je n'aime pas tellement prendre des médicaments, je préfère les plantes et l'homéopathie et qu'il s'agissait d'un traitement de confort, je ne l'ai pas pris. Encore une fois, j'ai arrêté le traitement, comme avec la radiothérapie. Je ne suis pas la patiente idéale. Je préfère tracer mon propre chemin, lorsque la maladie n'est pas grave bien sûr. Si j'avais un cancer, il est évident que je prendrais les traitements que l'on me prescrit. Je ne suis ni stupide, ni inconsciente, ni mystique. Simplement, nous vivons dans une société hypermédicalisée, qui prescrit des médicaments à tour de bras or, lorsque la maladie est bénigne, il est généralement facile de remplacer les médicaments par des traitements plus naturels. Je crois beaucoup à la phytothérapie car j'en ai observé les effets sur moi-même. Une angine, des plantes et en deux jours, je suis remise. Avec un médicament, je tousse encore une semaine ou deux. C'est une question de mode de vie, mais cela n'enlève rien à mes yeux à la compétence des spécialistes que je consulte. D'ailleurs, quand je suis malade, je vais voir un médecin et non un gourou. J'ai cherché ce qui pouvait avantageusement remplacer les bêtabloquants et j'ai trouvé de l'aubépine, qui convenait très bien pour les tachycardies. Un mois plus tard, j'ai fait une nouvelle crise. Preuve, finalement, que l'aubépine ne suffisait pas… Elle régulait parfaitement le cœur et baissait la nervosité, mais pas assez en cas de crise aiguë. C'est à ce moment-là que je suis retournée voir mon psy. Je lui ai longuement expliqué ce qui m'arrivait, car depuis que ma parole s'était déliée, je me confiais facilement et librement. Il pensait que je vivais les choses trop intensément. Il m'a fait faire des séances d'EMDR[1] (*Eye Movement Desensitization and Reprocessing*), une méthode psycho-

1. Désensibilisation et retraitement par le mouvement oculaire.

thérapeutique s'adressant à toute personne souffrant de perturbations émotionnelles généralement liées à un souvenir douloureux, qu'il soit récent ou ancien. Il peut s'agir de traumatismes évidents comme la mort d'un proche, l'annonce d'une maladie grave ou un viol. La méthode est aussi utilisée pour traiter les états de stress posttraumatique (ESTP) dont sont victimes les traumatisés de guerre et les victimes d'attentats. Mais le caractère traumatique d'un vécu est subjectif et certaines situations du quotidien, même si elles peuvent paraître banales, anodines, insignifiantes et en tout cas indolores, peuvent être vécues de manière traumatique dans la réalité interne du patient. Elles doivent alors être traitées comme de réels traumatismes. C'est le seul moyen de s'en débarrasser. La souffrance intérieure n'est pas toujours proportionnelle à la gravité d'un choc. Un événement anodin peut n'avoir aucun effet chez un sujet et provoquer un choc chez un autre. En matière de traumatisme, les choses sont subjectives. L'EMDR peut traiter des expériences de vie difficiles comme une enfance douloureuse ou une fausse couche, un accident de voiture ou une rupture amoureuse, l'échec d'un enfant à un examen, la maladie d'un proche, un problème professionnel, autant de choses pouvant être à l'origine de certains troubles comme la dépression ou l'anxiété. C'est une approche permettant de travailler sur des événements et des préoccupations ciblés, durant une période donnée. Lorsqu'une expérience inquiétante se produit, elle est stockée mentalement avec toutes les images et sentiments qui l'accompagnent au moment de l'événement, empêchant alors un traitement adéquat de l'expérience. Ces vécus douloureux « non digérés » ne sont pas toujours conscients et peuvent être source de perturbation psychique et cérébrale. L'EMDR encourage l'expression des émotions et le revécu de situations douloureuses. Elle favorise la remise en route d'un mécanisme naturel de traitement de l'information, que l'événement ait eu lieu un mois ou des années plus tôt. Peu importe son âge, du moment qu'il est enfoui. Les informations douloureuses sont retraitées, favorisant ainsi la mobilisation de ressources psychiques et une résolution plus ou moins rapide des symptômes liés à des événements du passé. C'est exactement ce qu'il me fallait. Pour gérer mes crises de tachycardie, j'ai aussi pratiqué la sophrologie que je recommande à tous. Cette discipline apporte tant de bienfaits que l'on devrait la pratiquer dès le lycée. Et je n'oublie pas la méditation.

Depuis, je n'ai plus eu d'autre crise. Mais, étrangement, j'ai appris plus tard que mon père avait fait trois crises cardiaques aux mêmes dates que mes trois tachycardies. Cette découverte m'a interloquée. L'avais-je senti ? Comme les jumeaux peuvent ressentir les maux qu'ils ont l'un l'autre, comme une mère sent la douleur ou les problèmes de son enfant ? Ça m'arrive souvent avec ma sœur : quand j'ai mal au ventre elle a mal au ventre, et *vice versa*. *Idem* avec Alex. Il m'arrive de l'appeler quand je suis particulièrement nerveuse sans raison apparente. J'apprends alors qu'au même moment il subissait un stress énorme. Les crises de tachycardie, elles, étaient peut-être liées à mon père.

Après l'aide d'Alex et celle de la psychothérapie, j'ai

continué à travailler toute seule sur moi-même. Je me suis donné pour but – et tout le monde peut faire la même chose – de transformer mes faiblesses en atouts, de faire de mes épreuves dans la vie des opportunités et de toujours chercher le bon côté des choses. Lorsqu'on a comme moi une vie marquée depuis l'enfance par les drames et les coups durs, il y a deux façons d'envisager la vie : se considérer comme une victime et ne jamais relever la tête, ou bien réagir et transformer les tragédies et les accidents de la vie en événements positifs. Je préfère de loin la seconde solution : essayer de sublimer le négatif pour le transformer en force, afin d'avancer. Et on est toujours récompensés. J'ai donc fait une formation de programmation neurolinguistique (PNL) à Paris. J'ai étudié la thérapie cognitive, que j'avais découverte grâce à ma psychothérapie et qui se base sur l'observation et la régulation des pensées, des émotions et des comportements. La PNL a été créée dans les années soixante-dix par les Américains John Grinder (professeur de linguistique) et Richard Bandler (mathématicien et psychothérapeute). En observant des personnes considérées comme des modèles d'excellence dans leur domaine, ils ont cerné les comportements qui permettaient à ces sujets d'atteindre cette excellence. Ils ont ensuite conçu des outils permettant de décrire avec précision des types de comportement. Ils ont mis au point des techniques simples et rapides autorisant tous ceux qui le désirent à s'approprier ces modèles de comportement. Le but étant d'arriver à des changements durables dans sa façon d'agir au quotidien, et donc d'être plus heureux et positif dans la vie. L'approche est basée sur la communication avec les autres et avec soi-même. Elle propose de reconnaître les comportements que l'on adopte lorsqu'on communique, puis d'y apporter des modifications si on le désire. Cette formation m'a permis, en l'appliquant à moi-même, de m'affirmer et gagner en assurance. Bien sûr, ça ne marche pas à tous les coups. Il y a des moments où je ne me sens pas bien. Parfois je doute de moi, je craque, je laisse exploser ma colère. Mais mon instinct est toujours plus fort. Et je n'ai plus aucun doute : je sais que cette attitude est la bonne. Je sais qu'elle triomphe.

– 10 –

Ma fratrie

J'aurais rêvé grandir dans une famille unie et soudée. Ce ne fut pas toujours le cas. Mais n'est-ce pas la même chose dans de nombreuses familles ? Malgré les difficultés traversées par la nôtre, mon frère, ma sœur et moi sommes très liés. Avec l'un et l'autre, mes intuitions sont au cœur de la relation. Elles ont contribué à renforcer notre proximité. Elles font depuis toujours partie intégrante de l'amour familial que nous nous vouons. À tel point que je ne sais pas si mes relations avec mon frère et ma sœur seraient ce qu'elles sont si je n'avais pas mes intuitions. Je suis leur conseillère préferée. Tous deux me montrent qu'ils sont fiers de moi. Ils admirent mon parcours, le chemin que j'ai remonté seule depuis Juan-les-Pins. Ils savent que je reviens de loin, que je suis partie de rien, que je me suis faite toute seule, à force de volonté, de persévérance et, surtout, en écoutant mon sixième sens. Pour eux, je suis un modèle. À chaque fois qu'il tombe sur une émission consacrée au coaching, mon frère me dit qu'il me verrait bien dedans. Il n'est pas spécialiste de la question, loin de là, mais il croit énormément en moi et en mes intuitions. Il dit souvent que je suis la meilleure. Je vois dans ses yeux à quel point il me respecte et me prend au sérieux. Cela me fait du bien. Pour lui, les intuitions, ce n'est pas un jeu, surtout depuis ce jour où je lui ai prédit qu'il rencontrerait sa femme dans un lieu où il n'allait jamais, en la lui décrivant physiquement. À l'époque il avait ricané, prétendant qu'il n'irait jamais dans cet endroit qui n'était pas son genre et que, de toute façon, il ne s'imaginait pas marié. C'est pourtant là qu'il a rencontré celle qui allait devenir sa femme, la seule et unique fois de sa vie où il s'y est rendu. Je suis fière que mon frère soit fier de moi. Je regrette que l'on ne soit pas plus proche. Il y a trop de pudeur entre lui et moi, et je peux comprendre. Lui aussi a son histoire. Lui aussi a sa vie. Et il mérite son bonheur. Je le respecte. On sait, lui et moi, ce qu'on a traversé. On sait qui on est. Rien ni personne ne pourra nous faire oublier cela. C'est le seul homme de ma famille, alors il compte énormément. Le fait que toute ma famille accepte, soutienne et encourage mes intuitions est une chose très importante pour moi. C'est ce qui a contribué à mon équilibre. C'est ce qui m'a permis de continuer quand je doutais. Ma sœur m'a également toujours soutenue. Je suis son modèle depuis toujours. Elle me trouve « forte » et « courageuse », « belle » et « intelligente ». Dans ses yeux, je vois l'admiration. Et il n'y a rien qui me touche plus. Elle dit que je suis une fée des Temps modernes. Mais contrairement à mon frère, qui prend mes intuitions très au sérieux, ma sœur peut jouer volontiers avec mon sixième sens. C'était même devenu l'un de ses jeux favoris. Il est vrai qu'elle est jeune. Elle a toujours aimé me poser des questions sur les histoires d'amour de ses amis. Elle veut savoir si sa meilleure copine aura un amoureux, elle m'interroge sur son lycée, veut savoir si je sens le garçon qu'elle vient de rencontrer et s'il lui cache quelque chose… Parfois elle se fiche de la réponse. Elle est curieuse. Au printemps 2016, alors qu'elle était en terminale, elle m'a demandé si je pouvais lui dire quels sujets du bac allaient tomber ! J'ai refusé de répondre mais elle a tellement insisté et promis qu'elle réviserait de toute façon tous ses cours, que je me suis prise au jeu. Elle m'a envoyé une liste des thèmes étudiés en philo, histoire-géo et économie. Je lui ai donné deux sujets par matière. Après chaque épreuve, elle m'a téléphoné pour me dire que mes sujets étaient sortis dans chaque matière. J'avais tout senti. C'était marrant. C'était la première fois que je faisais ça.

Nous avons toujours été très proches l'une de l'autre. Je l'emmène chaque été en vacances avec moi, souvent en Corse. Son rêve est de vivre avec moi. Quand elle est née, j'avais 15 ans. Je l'ai prise dans mes bras et j'ai dit à ma mère : « Manon sera actrice plus tard. Je vois son nom dans un générique. » Ma sœur a toujours été une petite star très à l'aise devant les caméras et les appareils photo. Depuis qu'elle est petite, elle adore poser comme un modèle. Elle a une aisance incroyable en face de la caméra. Elle a fait quinze ans de danse, elle a chanté dans des comédies musicales. Elle a d'abord voulu être danseuse, puis chanteuse. Et aujourd'hui, elle se destine au cinéma. Elle suit des cours d'art dramatique. Je ne lui avais pourtant jamais parlé de mes flashs. Je ne voulais pas l'influencer. C'était un choix qu'elle devait faire elle-même et non pas en fonction d'une de mes intuitions. Donc, jusqu'à une période très récente, elle n'était pas au courant.

Parfois, je trouve qu'elle se repose trop sur moi. Mais c'est normal. D'ailleurs, beaucoup de mes amis ont tendance à le faire ; Alex en est le parfait exemple. Mais une chose est certaine : ma sœur Manon a de la considération pour tout ce que je lui dis. Chaque mot, chaque conseil, chaque sermon, chaque recommandation, chaque intuition venant de moi, est écouté avec attention. Elle a, en moi, une confiance aveugle, et c'est légitime. C'est ma sœur, mais je l'ai quasiment élevée. J'ai tenté de combler le manque lorsque son père n'était pas assez présent. Je lui ai évité la solitude que j'ai pu ressentir. J'ai fait ce que j'aurais voulu que l'on fasse pour moi. Je l'ai protégée de la sensation de mal-être, de la culpabilité, de l'anxiété. En la faisant parfois passer avant mes propres besoins. Même si je l'ai fait aussi pour épauler ma mère, ce que je voulais surtout, c'est lui éviter de vivre ce que j'avais vécu. On a donc énormément communiqué, et elle a toujours pu compter sur moi. Peut-être trop. Comme tout petit dernier d'une fratrie, elle en a abusé. C'était pour elle une façon de rester cette petite sœur à protéger, à chouchouter. Mais un jour, je n'ai plus su donner sans recevoir. Mon psychothérapeute m'a permis de prendre conscience que je n'étais pas la maman de ma sœur.

Et lorsqu'il a fallu mettre des limites, lui montrer que j'étais sa sœur et qu'il fallait aussi penser à moi et veiller sur moi, j'ai pris mes distances. Et j'ai vu ma petite sœur suivre tous les conseils que je lui avais donnés et que jusque-là, elle s'entêtait à ne pas appliquer. En se retrouvant seule, elle n'a plus eu d'autre option que d'agir comme une grande. Elle s'est révélée. Et ça a été la plus belle preuve de reconnaissance et de gratitude qu'elle pouvait me faire. Elle me dit toujours : « C'est toi qui m'as appris ça. Tu m'as donné cet exemple-là. » Elle est fière de ce que je lui ai appris, et je suis fière de ce qu'elle devient. Elle a eu une adolescence très agitée. Elle ne savait pas canaliser sa sensibilité. Alors qu'à son âge, j'avais muselé la mienne, ma sœur avait peur de la sienne. Mais je l'ai aidée à transformer ses colères en sagesse. C'est à cette période que je me suis rendu compte que nous étions ultraconnectées, tout comme avec mon frère et ma mère. Mais Manon, me prenant comme modèle, a appris à distinguer ses ressentis. Si elle se sent mal pendant la journée, sans aucune raison, elle pense à moi et m'envoie un message pour me demander comment je vais. Car il arrive très souvent qu'au même moment, je ressente la même chose qu'elle. Et inversement, je peux me réveiller dans la nuit et savoir que ma sœur m'a appelée, qu'elle veut me parler. Je le sens. Je vais ressentir tous ses maux également. Elle fait très attention à ses rêves, aussi. À cause de moi, elle a souvent peur que ses cauchemars ne soient prémonitoires. Mais je lui ai appris ceci : « Le jour où ce sera prémonitoire, tu le sauras au fond de toi. » Tu ne pourras pas l'expliquer mais tu le sauras.

Nous sommes très connectées. Et mon empathie est encore plus puissante avec les personnes que j'aime ; j'absorbe toutes ses énergies et tous ses maux. Cela peut être très polluant. Heureusement, elle essaie désormais de m'épargner. Pour elle, être en ma compagnie, c'est se ressourcer. Pour moi, parfois, c'était être vidée de toutes mes énergies. Elle peut me vampiriser sans le vouloir. C'est le cas parfois avec certaines de mes amies. Cela arrive à plein de gens lumineux, ils viennent à nous pour se faire du bien en oubliant de nous préserver. Ma clef pour ne pas être une éponge : s'enraciner, ancrer les pieds dans le sol. Ne pas se forcer à écouter, ne pas se laisser user. Avant de transmettre notre énergie, tâchons d'en être bien remplis.

Ma sœur et moi avons plus de quinze ans d'écart, j'évitais alors de lui raconter mes petits soucis. Mais un jour, j'ai craqué. Je lui ai confié que j'étais à bout. Que je n'en pouvais plus, j'avais besoin de vider le vase… elle m'a alors étonnée. Elle a pris mon rôle, elle m'a dit exactement ce que je lui aurais dit. Je n'ai plus les mots précis, mais c'était le genre de phrases que j'avais enfouies au fond de moi et que j'avais besoin d'entendre ; c'était comme si on m'avait mise face au miroir. Et ça m'a fait un bien fou. À ce moment-là, je me suis dit que j'avais une sœur géniale : non seulement elle m'a coachée, mais en plus de ça, elle m'a permis de ressentir ce que je faisais ressentir aux autres avec mon intuition ; au moment où j'en avais besoin, elle était là à son tour. Comme je l'avais été pour elle. Notre relation a pris une tournure magnifique.

Nos frères et sœurs nous rendent plus intelligents. Ils nous enlèvent du stress, améliorent notre santé mentale, et de façon générale, rendent notre vie meilleure. Ces effets bénéfiques ont été étudiés en détail et prouvés par les scientifiques. Par conséquent, même quand ils ont tendance à m'énerver, je n'oublie pas d'être reconnaissante envers eux. Les yeux de ma fratrie sont précieux car ils me rappellent d'où je viens. Ils sont mon histoire. Ils sont ma vie.

L'intuition avec autrui
Mes dix conseils

– L'ouverture d'esprit. Une personne intuitive doit être ouverte aux autres. Oubliez vos certitudes et vos principes. Soyez prêt à accepter des idées différentes des vôtres.

– La neutralité. Avoir une intuition pour autrui exige de la neutralité. Vous devez oublier qui vous êtes. Ne pas projeter votre vie et vos certitudes sur les autres.

– L'empathie. Il faut avoir la capacité de se mettre à la place des autres. On appelle aussi cela « l'effet miroir ». Fermez les yeux et ressentez…

– Le lâcher-prise. Apprenez à ne plus vouloir tout maîtriser, tout contrôler. C'est la meilleure façon de laisser le cerveau droit s'exprimer avant le cerveau gauche pour laisser arriver la bonne intuition. L'intuition n'est rien sans maîtrise.

– La maîtrise de soi. Pour avoir de bonnes intuitions, il faut savoir se maîtriser et ne pas se laisser submerger par ses émotions.

– La respiration. Elle sert à retrouver son calme, à cultiver une paix intérieure. Elle aide à se recentrer. Il faut respirer, à l'intérieur mais aussi à l'extérieur, en prenant l'air. Les intuitions ont besoin d'air.

– L'introspection. Le terme « intuition » vient du latin *intueri*, qui signifie « regarder à l'intérieur ». Retrouvez-vous pour mieux regarder en vous. Au moins trente minutes par jour. Vous et rien que vous. La solitude est la meilleure alliée de l'intuition. En marchant, en faisant du sport, de la relaxation, de la cuisine.

– L'humilité. Elle aide à reconnaître ses erreurs et à les admettre. Mais aussi à ne pas se juger. Elle préserve de l'ego, ennemi de l'intuition.

– La confiance en soi. Il ne faut pas douter de soi lorsqu'on s'écoute. L'assurance est indispensable pour savoir s'imposer et imposer son intuition, mais aussi dire « non » quand on ne le sent pas.

– Rester positif. Le mental est un outil simple et puissant si vous l'alimentez quotidiennement par des pensées positives. Vous serez surpris de l'impact immédiat que celles-ci auront sur votre sixième sens.

– 11 –

Ne m'appelez pas voyante

J'ai depuis mis en pratique cette technique pour aider les autres. J'en ai fait mon métier. Comme souvent, les choses sont arrivées un peu par hasard. Un an après ma guérison, j'ai été contactée par deux animateurs de télévision, Pascal Bataille et Laurent Fontaine. J'habitais encore à Juan-les-Pins. Ils préparaient un magazine sur les métiers de prédiction de l'avenir. C'est le bouche à oreille qui les avait menés à moi.

Bataille et Fontaine m'ont proposé de participer à une émission sur la chaîne Jimmy, enregistrée dans les conditions du direct. Grâce à ses multiples rediffusions, mon passage a eu un fort retentissement. J'avais peu d'expérience, mon extrême sensibilité me faisait parfois ressembler à une fleur fragile. Je n'avais jamais fait ce genre de choses et j'avais le trac. Un trac qui pouvait me paralyser. Un jour, donc, je me suis retrouvée, dans les conditions du direct, sur le plateau, sans avoir été préparée. Aucun essai de voix, aucun conseil, aucun test préalable. J'ai été plongée directement dans le bain, sans filet de sécurité. Personne ne m'a conseillée. J'étais livrée à moi-même. On m'a juste dit d'être naturelle et décontractée, de ne pas m'en faire et de regarder la caméra. C'est comme ça qu'ils m'ont testée. J'aurais pu perdre mes moyens, rougir, bafouiller, bégayer, buter sur les mots ou ne plus savoir quoi dire. J'aurais pu rester sans voix, éclater en sanglots sur le plateau. L'émotion, qui sait, aurait même pu fausser mes intuitions, et alors je me serais ridiculisée en direct. Bien sûr, ce n'était pas le journal de France 2 ou de TF1 à une heure de grande écoute. Il faut relativiser, c'était juste la chaîne Jimmy. Mais quand on a 25 ans et que c'est la première fois qu'on passe à la télé, surtout dans le rôle d'intervenante, ce n'est pas anodin. C'est même assez risqué. J'avais l'impression que je n'allais pas y arriver. J'avais les mains moites, le stress et l'angoisse me faisaient transpirer, ma respiration s'était accélérée. Les battements de mon cœur étaient si forts que je pensais que tout le monde pouvait les entendre, y compris les téléspectateurs. Pourtant, comme par enchantement, dès que l'émission a commencé, j'ai retrouvé mes moyens. En quelques secondes, le trac a disparu, ma respiration s'est ralentie. Comme par magie. C'est fou le pouvoir de l'inconscient et de la volonté. La mission était la suivante : convaincre un sceptique, en l'occurrence Laurent Fontaine, que le sixième sens existe vraiment. Très cartésien, il n'était pas loin de penser que les gens de mon espèce étaient des charlatans assez faciles à débusquer. Autant convaincre un athée de l'existence de Dieu ou un végétarien que la viande est indispensable au développement humain… Des sceptiques, des cartésiens, des pragmatiques, j'en vois beaucoup dans mon cabinet. Je me demande alors pourquoi c'est moi qu'ils viennent voir s'ils ne sont pas ouverts d'esprit… mais ils veulent et ne demandent qu'à être éclairés et étonnés. Des gens qui ne croient qu'en la raison, j'en croise aussi tout le temps dans les dîners. À chaque fois ou presque, je réussis à les convaincre ou en tout cas à ébranler leurs certitudes en leur faisant part de mon expérience. Mais se retrouver sur un plateau télé, en direct, ce n'était pas pareil. Les enjeux n'étaient pas les mêmes. Je n'avais pas droit à l'erreur. J'ai relevé le défi, je me suis concentrée à l'antenne en essayant de chasser le stress et l'émotion qui pouvaient parasiter mes intuitions et j'ai livré, en direct, les images et les pensées qui m'avaient été inspirées par mon sujet, Laurent Fontaine : il avait vécu un drame familial à 7 ans. Sur le plateau, l'animateur s'est figé. Il est devenu un peu pâle et je crois qu'il a perdu son assurance pendant quelques secondes. Il était visiblement très étonné. Ce drame était un secret qu'il n'avait jamais révélé à quiconque. Seuls quelques proches avaient été mis dans la confidence. Mais jamais un mot à son entourage professionnel, jamais une allusion à ses connaissances de travail. Cet épisode traumatisant de sa vie, il l'avait enfoui en lui. Très profondément. Et voilà que je révélais ce secret au public. À la fin de l'émission, il a dit que ma prestation l'avait laissé « perplexe ». Sans doute, certains téléspectateurs ont dû se dire que l'émission avait été préparée, que nous avions répété les dialogues, que tout était organisé. Ce n'était pas le cas. L'émission n'était pas truquée, rien n'avait été programmé. N'étant pas une proche de Laurent Fontaine, je n'avais aucun moyen d'être au courant de cette partie de sa vie qu'il n'avait jamais rendue publique. Mais encore une fois, ce n'est pas de la magie. Chaque personne garde en elle les stigmates, les souvenirs, les émotions, les leçons des grands événements de sa vie. Leurs traces, bien qu'invisibles, sont partout présentes : dans les yeux, dans la parole, dans les gestes. Grâce à mon extrême sensibilité, je les capte directement.

L'émission a été beaucoup commentée sur Internet et longtemps rediffusée. C'était après la maladie, mais avant Paris et avant ma rencontre avec le producteur. Elle m'a permis d'acquérir une crédibilité professionnelle. Une première notoriété. En fait, elle a en partie lancé ma carrière. Les téléspectateurs m'avaient prise au sérieux. Ma démonstration les avait convaincus. Cette émission m'a apporté de nombreux clients. Par la suite, le téléphone s'est mis à sonner sans arrêt. On m'a proposé d'autres émissions comme la télé-réalité mais je considère que l'intuition est une chose sérieuse. Mon but est de la mettre au service des gens pour les aider à mieux se connaître et à mieux vivre. Pas d'en faire un spectacle.

Mon expérience sur NRJ fut pour moi inoubliable. Elle m'a permis de faire de grands progrès, de comprendre que je pouvais maîtriser mon sixième sens en public. Depuis l'adolescence, je rêvais d'être psy à la radio. Et on m'avait offert ce tremplin, cette plate-forme. J'étais comme un poisson dans l'eau, un peu plus sûre de moi, et je gagnais chaque fois en assurance. Bien sûr, c'était une émission de show.

Les mauvaises nouvelles n'y avaient pas vraiment leur place. Il était normal de rester léger et de privilégier les bonnes nouvelles, les événements positifs. Mais ça me plaisait quand même. Lorsque *Lundi Voyance* s'est arrêtée car les programmes avaient changé, j'aurais volontiers continué. Cette expérience m'a donné l'envie d'animer une émission de conseil dans laquelle je pourrais aller plus loin avec les auditeurs, aborder tous les sujets, parler de tout, y compris des mauvaises nouvelles et des sujets difficiles, pour les aider à surmonter les épreuves.

Je ne suis pas une voyante. Je suis intuitive. C'est sans doute ce qui fut le plus difficile à faire comprendre dans mon environnement professionnel. Je me suis battue pour qu'on cesse de me considérer comme une illuminée. Je ne communique pas avec l'au-delà, je ne mélange pas mon sixième sens avec Dieu ni avec les anges. Je ne suis ni Madame Irma ni Madame Soleil, je ne lis pas les lignes de la main et je ne lis pas non plus dans le marc de café. Je n'ai aucun pouvoir surnaturel. J'ai mis longtemps à me libérer de ce carcan dans lequel on m'a parfois enfermée. On peut considérer que tout n'est pas rationnel dans la vie, que le psychisme joue un rôle important dans nos décisions sans pour autant évoquer les extraterrestres et renier la science. On peut s'appuyer sur ses intuitions et sa sensibilité sans être une sorcière ou un gourou. Je me rapprocherais peut-être davantage du mentalisme, en tant qu'intuitive. Mais je ne renie pas être clairvoyante non plus. Le mentalisme est une approche visant à comprendre le fonctionnement de l'esprit humain et de la conscience en utilisant l'introspection. C'est un courant de développement personnel et pratique né au XIXe siècle. Mais ses principes ont été détectés dès l'Antiquité et dans les philosophies extrême-orientales. Le mentalisme s'intéresse à la maîtrise et à l'exploitation des ressources cachées du cerveau, sensorielles et intuitives. Je le définirais aussi comme un pouvoir d'observation capable de pénétrer l'essence véritable et intime des choses, de la nature humaine, et globalement du monde qui nous entoure. C'est un art qui nous permet de nous transformer grâce aux atouts que nous possédons tous : nos cinq sens. Encore assez méconnue en France, sauf à la télévision, notamment à travers la série américaine *The Mentalist*, cette discipline est un chemin vers une expansion de la conscience et une meilleure connaissance de soi. Elle aide à façonner sa vie plutôt que de la subir, à reprendre le pouvoir. Elle n'a rien à voir avec la voyance. Je me sens plutôt proche des tenants de cette discipline. Développer ma conscience et ma connaissance personnelle grâce à mes sens : c'est ce à quoi je m'attelle au quotidien.

– 12 –

Le cerveau droit

Tout est histoire de cerveau. Nous en avons deux, le droit et le gauche. Selon le grand psychiatre suisse Carl Gustav Jung, il est des termes qui ne se définissent pas, parce qu'on ne peut pas les faire entrer dans une catégorie. L'inconscient en fait partie. De même que l'intuition. Une fois ce postulat établi, il y a plusieurs manières de décrire l'intuition. Étymologiquement, le latin *intueri* signifie « regarder attentivement à l'intérieur de soi ». Pour le théologien et philosophe saint Thomas d'Aquin, l'intuition c'est « l'action de contempler une image réfléchie dans un miroir ». Les dictionnaires la décrivent comme une « perception immédiate de la vérité sans l'aide du raisonnement », ou encore comme « la connaissance directe et immédiate d'une vérité, qui se présente à la pensée avec la clarté d'une évidence, qui servira de principe et de fondement au raisonnement discursif ». L'intuition, c'est une certitude inexplicable, une voix intérieure, une façon d'atteindre des solutions de manière directe, sans l'intervention d'un raisonnement logique et analytique. C'est une révélation, un éclair de génie, une sorte de sagesse intérieure. C'est un mode de connaissance indépendant de la raison. Elle fournit une information pertinente d'emblée, sans calcul, sans recours à l'analyse, sans interprétation. L'intuition s'offre spontanément. C'est une connaissance qui vient de l'intérieur de nous.

Elle est produite par notre cerveau droit, celui des émotions. Les chercheurs américains Roger Wolcott Sperry (prix Nobel de médecine en 1981) et Michael Gazzaniga ont démontré que les hémisphères cérébraux humains séparés pouvaient fonctionner de façon indépendante et aboutir à des raisonnements distincts à partir des informations auxquelles ils avaient accès. Le psychologue américain Daniel Goleman, spécialiste du développement personnel et auteur du livre *L'intelligence émotionnelle*, explique que nous avons deux « routes » cérébrales : la « route haute », qui passe par des systèmes neuronaux travaillant étape par étape sans ménager l'effort. Et la « route basse », un circuit qui opère à notre insu, automatiquement, à une vitesse incroyable. Cette seconde route permet à l'individu de se faire en un éclair une opinion sur une situation donnée. C'est une autre explication de la différence entre le cerveau droit et le cerveau gauche, entre l'intelligence intuitive et l'intelligence rationnelle. Des études américaines l'ont démontré : l'analyse et l'intuition seraient deux fonctions cérébrales bien distinctes, la seconde relevant de l'intelligence rapide, de la connaissance inconsciente.

Le cerveau gauche a pour rôle d'interpréter, de faire un tri dans la multitude d'informations qui lui parviennent. Il traduit jusqu'à la conscience celles qui sont acceptables pour le « moi », fabrique un discours cohérent apte à rassurer l'individu et à le conforter dans ses choix. Il essaiera de ne lui fournir que les informations qu'il est capable d'accepter et d'assumer, quitte à maintenir les autres, au moins pour un temps, dans l'inconscient. Quand nous réfléchissons, c'est le cerveau gauche, le cerveau rationnel, que nous utilisons. Mais face à nos peurs, nos doutes, nos frustrations, il manque parfois d'efficacité.

Le cerveau droit, qu'on appelle également « l'hémisphère silencieux », parce qu'il n'est pas lié à l'usage de la parole, est spécialisé dans la perception holistique des relations, des modèles, des configurations et des structures complexes. Il envisage toujours les choses d'un point de vue global. Il est moins précis que l'hémisphère gauche mais beaucoup plus rapide : son appréhension de la totalité des données est instantanée. Il n'a besoin que d'un fragment d'information pour envisager une situation dans son entièreté. C'est grâce à lui par exemple que vous pouvez reconnaître quelqu'un à partir d'un détail sur une photo. C'est grâce à lui aussi que vous pouvez fredonner un air dès les premières notes de musique que vous entendez à la radio. Ou reconnaître la voix de quelqu'un à ses premiers mots, même si vous ne l'avez pas vu depuis plusieurs années.

L'hémisphère droit n'a que faire des interprétations du cerveau gauche. Il ne perçoit que des informations brutes. Il est en revanche spécialisé dans la lecture du non-dit. Il sait traduire de manière instantanée le langage corporel et émotionnel de l'interlocuteur. Il repère le mouvement des yeux, la musique de la voix, la posture générale du corps, les gestes des mains et des pieds, l'inflexion de la tête, l'hésitation des mouvements, les changements de la couleur de la peau, ainsi qu'un ensemble d'odeurs extrêmement fines qui traduisent la joie, l'amour, la peur, le désir, l'angoisse, le stress, la maladie, le mensonge ou l'agressivité. Loin d'être un pouvoir surnaturel, l'intuition, produite par le cerveau droit, est une forme d'intelligence qui s'adapte très vite à un environnement mouvant. Face à une situation inédite, nous faisons appel à nos souvenirs émotionnels, enregistrés dans la base mémorielle. L'empathie, la capacite d'éprouver ce que l'autre ressent, est une autre manifestation de notre sens intuitif. Cette faculté permet de lire, dans le corps et dans l'esprit de l'autre, des informations impossibles à percevoir autrement. Si, la plupart du temps, on ne sait pas pourquoi on ressent pour une personne de l'attirance ou au contraire une vive aversion sans raison particulière, c'est l'œuvre du cerveau droit. Il est connecté au monde extérieur et à ce qui est invisible à nos yeux. L'intuition est un sens, au même titre que la vue, l'ouïe, l'odorat, le goût et le toucher, qui perçoit le monde et l'environnement et analyse en permanence et avant nous, c'est-à-dire avant que nous en ayons conscience, une situation donnée. L'intuition, c'est cette force intérieure qui nous pousse à faire un choix plutôt qu'un autre. Cette pulsion de vie qui nous incite à prendre une décision qui ne rencontre pas les vues habituelles de la raison. Cette attraction qui nous guide dans une direction précise, sans explication rationnelle. Cette énergie qui nous suggère de prendre un chemin différent de celui que la raison nous dicte. Ce feeling qui nous parle au fond de nous. Qui n'a pas eu un jour ce qu'on appelle un « mauvais pressentiment » ? Refusé un emploi au dernier moment, renoncé à prendre la route des vacances en pleine nuit, annulé une course en montagne prévue de longue date ? Notre esprit est capable d'anticiper, de faire un petit saut dans le futur pour nous prévenir d'un danger imminent.

L'intuition permet de réagir très rapidement dans les situations où la réflexion est impossible. Pour cela, le cerveau pratique en quelques secondes un « balayage superficiel », une sorte de « scan » de la situation qui permet d'établir un travail synthétique à partir de bribes d'informations sensorielles. Derrière, il propose presque instantanément un choix. Que nous pouvons décider ou non de suivre. Comme il n'a pas d'accès direct à la parole, on oublie parfois d'écouter son cerveau droit. À tort. Car lorsque surgit l'intuition, si on l'autorise à se frayer un chemin en nous, on n'a plus besoin de « faire », chaque geste s'effectuant de lui-même, comme si on était guidé. C'est exactement ce que nous faisons quand nous rencontrons une personne pour la première fois en collectant un maximum d'indices en un minimum de temps pour nous faire une première opinion. Qui n'a jamais ressenti une attirance particulière et spontanée envers quelqu'un au bout de quelques secondes seulement ? Qui n'a pas ressenti de l'animosité vis-à-vis d'un inconnu qui n'avait pas encore ouvert la bouche pour dire bonjour ? Qui n'a pas eu cette phrase en ayant croisé quelqu'un brièvement, même une seule minute : « Je ne le sens pas » ou « Je ne le connais pas mais il a l'air sympa » ? La plupart du temps, le verdict fourni par notre intuition est le bon. On s'en aperçoit lorsqu'on a décidé de ne pas suivre son instinct premier, de se lier d'amitié par exemple avec une personne avec qui le courant n'était pas passé les premières secondes de la rencontre. La relation dure rarement très longtemps. Les premières impressions sont souvent les bonnes, dit-on. Si on réfléchit et rationalise, si on fait trop intervenir la logique, on augmente au contraire la probabilité de se tromper. Car on introduit du « bruit » dans le processus de prise de décision.

L'intuition n'est ni une notion mystique ni une mode passagère. J'ai évoqué les scientifiques qui ont analysé le cerveau droit et y ont consacré leur vie professionnelle. De grandes intelligences rationnelles, des scientifiques et des artistes de renommée internationale ont fait l'expérience directe de l'intuition et l'ont utilisée, ou l'utilisent encore pour les contemporains, afin de progresser mieux et plus vite dans leur travail. Écoutez ce qu'en dit par exemple le Russe Garry Kasparov, ancien champion du monde d'échecs, l'un des meilleurs joueurs de tous les temps, aujourd'hui en exil aux États-Unis. Un être rationnel et pragmatique s'il en est. « Une vision d'ensemble ne peut s'acquérir par la seule analyse, si profonde soit-elle. Seules l'expérience et l'intuition peuvent combiner tous les facteurs en une vision globale nous permettant d'appréhender, au-delà du fonctionnement des choses, les raisons qui les font fonctionner ainsi. L'intuition apporte davantage qu'une connaissance : une compréhension. » L'immense mathématicien (ainsi que philosophe, physicien et ingénieur) Henri Poincaré, précurseur d'Einstein et lui-même doté d'une puissante intuition, décrivait celle-ci en 1908 comme « une connaissance directe, immédiate, spontanée, jaillissante, qui ne passe jamais par un raisonnement logique, résultat d'un long travail inconscient ». Il n'est pas le seul à avoir mis son sixième sens au service de la science. Les exemples de découvertes intuitives chez les grands savants sont nombreux. Albert Einstein aurait élaboré la théorie de la relativité générale en 1915 à partir d'une intuition. Il disait : « Le mental intuitif est un don sacré et le mental rationnel est un serviteur fidèle. » « Eurêka ! » (J'ai trouvé !) s'est écrié Archimède, le célèbre savant grec de l'Antiquité, en sortant de son bain. Il venait d'avoir une révélation : « Tout corps plongé dans un fluide subit une poussée verticale, dirigée de bas en haut, égale au poids du fluide déplacé. » Le mathématicien irlandais William Hamilton a eu quant à lui la révélation soudaine de la notion de quaternions (nombres hypercomplexes). Le chimiste allemand Friedrich August Kekulé a rêvé en 1890 la formule exacte du noyau de benzène. Il fit un rêve de serpent qui se mordait la queue, qu'il ne rendit public, tant cette vérité l'embarrassait, que des années plus tard. « Un des serpents se mettait à saisir sa propre queue, et la forme tournoyait ironiquement devant mes yeux.

Comme dans un éclair de lumière, je me réveillais. » Grâce à notre inconscient qui transmet ses messages, l'intuition se glisse la nuit dans nos draps, elle nous enveloppe de son pouvoir et se révèle en images dans nos rêves. Qui n'a pas expérimenté cette formule si vraie : « La nuit porte conseil » ? Mais en vérité, la clef, c'est le repos. L'état de relâchement, de lâcher-prise.

De nombreux prix Nobel ont eux aussi reconnu que leurs découvertes découlaient d'une ou de plusieurs intuitions. Ces découvertes, majeures pour la science, ne procèdent pas de la pensée analytique. Elles n'ont pourtant pas été réalisées par des gourous mystiques mais par de grands et vrais scientifiques, qui se sont servis de leur intuition, généralement sans le vouloir ou sans le chercher. Il existe bien plusieurs façons de prendre des décisions dans la vie, de trouver des solutions. Le dramaturge français Henry Bernstein, né en 1876, avait une jolie formule pour définir l'intuition : « C'est l'intelligence qui a commis un excès de vitesse. » En effet, l'intuition permet d'obtenir la réponse avant de poser la question, et non l'inverse. Les découvertes intuitives de certains scientifiques ont dû parfois attendre plusieurs décennies avant de pouvoir être prouvées par le raisonnement. L'intuition les avait largement précédées.

Ce décalage entre la réponse et la démonstration est l'une des particularités de l'intuition. Quand on n'en comprend pas les ressorts, il arrive que l'on puisse en souffrir. Les enfants précoces, qu'on appelait avant des surdoués et qui sont généralement dotés d'une hypersensibilité, en ont souvent fait l'expérience à l'école. Dans les petites classes, il arrive qu'ils trouvent instinctivement la solution à un problème mathématique sans être capables d'expliquer le raisonnement qui les a conduits à la solution. Il est fréquent qu'ils soient accusés par les instituteurs d'avoir copié sur leur voisin. Simplement parce qu'ils sont incapables d'expliquer la démarche qui les a menés au bon résultat. Dans les écoles françaises, il n'y a guère de place pour les fonctionnements inconscients et l'intelligence intuitive. Sauf peut-être dans les établissements spécialisés, réservés aux précoces, ces enfants ultrasensibles dont le cerveau fonctionne différemment de celui des autres.

Comment ça marche chez moi ? Concrètement, je ressens des flashs. Mon cerveau droit perçoit une situation bien avant que mon hémisphère gauche ait le temps de l'analyser. Et comme j'ai appris à faire taire l'interprétation, souvent erronée, de mon cerveau analytique, il ne me reste plus en tête que ces perceptions spontanées qu'on appelle les intuitions ou les prémonitions. Comment cela s'est-il formé ? En grandissant dans un contexte d'extrasensibilité, j'ai appris à me servir davantage de mon cerveau droit. Pour les informations importantes, il y a toujours des signes avant-coureurs. Mon cerveau droit est en éveil longtemps à l'avance, il capte toujours les premiers indices. Quand je ressens quelque chose de négatif, j'ai mal au ventre, j'éprouve de l'angoisse, de l'anxiété, du stress. *A priori*, sans aucune raison particulière. Quand c'est une intuition positive, je ressens également des sensations spéciales, une concentration très forte, beaucoup de joie. Je sais immédiatement par exemple en rencontrant quelqu'un si je vais avoir avec cette personne une histoire d'amour ou d'amitié très forte. Si une personne ne m'aime pas, en revanche, je le sais aussi instinctivement. Je ressens instantanément la grossesse des femmes qui m'entourent. Par exemple, en ce moment, j'en ai trois autour de moi : je les ai toutes rêvées ou senties. Celle de la femme d'Alexandre, que je sentais alors qu'Alex me disait vouloir attendre que la situation soit plus stable. Celle de Tania. Elle et Gianni, mes meilleurs amis parisiens, ont déjà trois petites filles et je leur ai annoncé depuis longtemps un garçon pour l'année 2017. Tania disait : « Impossible, je ne veux plus, j'ai déjà donné ! » Aujourd'hui elle est enceinte d'un garçon qui doit naître début janvier. Et celle de Christelle. Alors qu'elle était célibataire et se relevait difficilement d'un gros chagrin d'amour, j'avais ressenti, des années avant, qu'elle allait rencontrer un Thierry avec lequel elle aurait un enfant. C'est ce qui s'est passé.

Parfois, dans le métro, je croise un individu et je sais au plus profond de moi-même qu'il est malfaisant, voire dangereux. Il m'arrive d'avoir peur dans ce genre de situation et je m'éloigne rapidement. Alors je change de wagon, de siège ou de couloir. Il peut même m'arriver de laisser passer une rame ou deux pour instaurer de la distance entre lui et moi, quitte à arriver en retard à un rendez-vous. Vous ressentez sans doute régulièrement la même chose, sans savoir que c'est votre sixième sens qui vous guide. Qui n'a pas changé de trottoir en apercevant au loin une silhouette, en croisant une démarche ou en entendant une voix qui ne lui plaisait pas ou lui faisait peur ? Qui, à l'inverse, ne s'est pas arrêté en pleine nuit, ou dans une rue déserte, pour répondre sans crainte à la question d'une personne qui paraissait sympathique ? Qui n'a pas ressenti un mal-être particulier en face d'un individu qui dégageait un stress intense ou des énergies négatives ? C'est aussi le principe du coup de foudre, cette attirance irrépressible qui nous pousse vers l'autre alors qu'on ne le connaît pas, cette certitude absolue de correspondre parfaitement à l'inconnu qui nous fait face et avec lequel on n'a parfois échangé qu'une phrase. L'intuition, c'est aussi cela.

Dans quels cas ne pas écouter son intuition ?

– Lorsque vous êtes en colère.
– Lorsque vous êtes euphorique.
– Lorsque vous êtes malade.
– Lorsque vous avez peur.
– Et lorsque vous ressentez une émotion intense.

Dans tous ces cas, il est dangereux d'écouter votre intuition, car elle pourrait vous trahir. Vos ressentis ne seront pas fiables. N'hésitez pas à consulter l'avis intuitif de personnes neutres lorsque vous en éprouvez le besoin. Il pourra vous guider et vous permettre de prendre conscience de vos propres ressentis.

– 13 –

Les applications de l'intuition

Une coquille de noix flottant sur un océan, c'est ainsi que Yung décrivait la part, infime, du conscient par rapport à l'inconscient. Cinq pour cent seulement de l'activité de l'ensemble du cerveau sont détectables à l'imagerie cérébrale, et émerge donc à la conscience. Vingt-cinq pour cent logent dans le subconscient, cette partie du cerveau qui se trouve entre le conscient et l'inconscient. Soixante-dix pour cent demeurent dans l'inconscient, cet espace immense, insondable, si peu connu, qui fascine et effraie et dont le mystère s'épaissit au fur et à mesure qu'on tente de le cerner. Le cerveau compte cent milliards de neurones. La tête héberge 170 000 kilomètres de câbles nerveux, c'est-à-dire quatre fois le tour de la Terre. C'est peu dire qu'une grande partie de l'activité cérébrale nous échappe encore.

Parce qu'on ne les comprend pas bien, les procédés inconscients et le travail introspectif ont longtemps été méprisés dans nos sociétés modernes. Des scientifiques comme le philosophe et psychologue américain

William James ont travaillé sur le pouvoir d'introspection du cerveau au XIXe siècle. Mais ils n'étaient guère nombreux et étaient peu écoutés. La rencontre de notre monde matérialiste avec d'autres cultures, comme celle des bouddhistes tibétains, à la faveur de la mondialisation, a permis de légèrement désenclaver la discipline à la fin du siècle dernier. Après plusieurs décennies de développement matérialiste essentiellement dédié à la consommation, nos sociétés modernes renouent avec des valeurs davantage liées à l'humain. Elles s'interrogent également sur les nouvelles manières d'aborder la question du bonheur et du développement personnel. Aujourd'hui, le sixième sens est devenu un sujet d'études dans les sociétés occidentales. Chaque année, les neuroscientifiques sont de plus en plus nombreux à se pencher sur l'intuition, ce mécanisme inconscient qui jaillit comme une fulgurance, cette illumination dont il est si difficile de comprendre les ressorts. Ils prennent désormais les phénomènes intuitifs très au sérieux. Les procédés inconscients sont valorisés. Et parfois même recommandés. Des écoles de l'intuition ont été créées dans la plupart des pays occidentaux. En France, il en existe plusieurs, la plus connue étant l'IRIS, qui propose des formations qui apportent des outils et des méthodes pour découvrir et exprimer pleinement ses capacités intuitives. Cette discipline, si longtemps méprisée, considérée comme la parente pauvre de la psychologie, comme un domaine appartenant à l'univers de la voyance et du charlatanisme, est aujourd'hui appréciée comme un sujet d'études donnant des résultats aussi probants et fiables que l'analyse basée sur la simple raison et le raisonnement. Dans certains pays, elle est même mise au service de la politique étrangère des gouvernements. Ainsi l'armée américaine a créé une unité spécialisée dans l'utilisation des phénomènes intuitifs pour récolter des informations susceptibles d'intéresser les états-majors, surtout dans les zones de guerre. La technique du *remote viewing* (la vision à distance) a été mise au point à la fin des années soixante-dix, à partir d'études menées par des chercheurs dans le secteur civil. Elle a pour objet de décrire une cible en utilisant conjointement son intuition et son raisonnement. Les travaux ont été financés par le gouvernement américain. La méthode est depuis fréquemment utilisée dans les services de renseignements.

En 2013, toujours aux États-Unis, un nouveau programme a été lancé par un neuroscientifique pour tester la capacité des militaires à améliorer leur compétence intuitive en mission. L'idée a en grande partie germé à partir des témoignages de soldats qui avaient servi en Irak et en Afghanistan et qui avaient rapporté des sensations inexpliquées de danger imminent juste avant de tomber dans une embuscade. Nous vivons, en Occident, dans des sociétés tellement dirigées par la raison et le rationnel que nous finissons par ne plus sentir le danger, les risques ou au contraire les opportunités qui émanent de notre proche environnement. Les militaires américains s'en rendent compte aujourd'hui. Ou plutôt ils s'en souviennent. Car certains de leurs prédécesseurs faisaient déjà grand cas de l'intelligence intuitive. Le général prussien Clausewitz parlait de l'intuition dans son traité de stratégie militaire *De la guerre*, paru au XIXe siècle. Il considérait qu'il fallait, dans la guerre, libérer son esprit pour laisser apparaître la « vision perspicace ». L'intuition stratégique avait selon lui quatre composantes : la mémorisation d'expériences et d'exemples, la disposition mentale, le moment où la lumière se fait, et la résolution qui permet de passer à l'action. De même Sun Tzu dans *L'Art de la guerre*, le premier traité de stratégie militaire, daté du VIe-Ve siècle avant J.-C., s'appuyait sur l'intuition. L'immense stratège chinois recommandait d'accumuler les sensations qui permettent de mener au bon choix. Et donc de gagner la guerre, parfois même sans avoir à la livrer.

Dans les entreprises, l'intuition se met aussi au service du management. Utilisée en complément de l'analyse raisonnée, c'est un garant de rapidité et d'efficacité. C'est ce petit plus qui permet aux dirigeants de prendre rapidement les bonnes décisions aux bons moments, d'aller à l'essentiel et d'avoir une vision globale de l'entreprise et de ses enjeux. Certains policiers se servent des perceptions extrasensorielles pour aider à résoudre des crimes, localiser de la drogue de contrebande ou augmenter leurs chances de retrouver des personnes disparues.

– 14 –

Crimes et enquêtes

La première fois fut le fruit d'un hasard. J'étais standardiste dans un centre dédié aux activités psychologiques. Un policier était très énervé parce qu'il avait rendez-vous avec une des praticiennes du centre qui accumulait un gros retard. Pour le faire patienter, j'ai discuté avec lui. Comme j'ai quand même une certaine dose de culot, je lui ai carrément demandé sur quoi il travaillait. Et comme il n'avait rien d'autre à faire, il m'a répondu et il a évoqué une affaire criminelle qui, disait-il, le perturbait beaucoup. Une jeune femme avait disparu. Tout laissait à penser qu'il s'agissait d'un crime. Sauf qu'il n'y avait pas de corps. Je me souviens avoir été parcourue de frissons. Des frissons durables, forts, qui descendaient le long de mes membres, de mon dos, de mon ventre. Et soudain, un flash. « Regardez bien dans la cheminée ou cherchez les traces d'un feu autour de la maison. » Voilà ce que j'ai dit au policier, spontanément, de la même manière que je confie à mes amis les intuitions qui me viennent à leur sujet. Très naturellement. Il ne m'avait rien demandé mais le flash était en rapport direct avec l'histoire qu'il venait de me raconter, je ne pouvais donc pas le garder pour moi. Il aurait pu me faire taire, me regarder de manière méprisante, moi, la standardiste, qui osais me mêler de son enquête policière ! Il aurait pu se dire « De quoi elle se mêle celle-là ! » Mais mon intuition avait apparemment touché un point sensible. Le policier m'a dit : « Mais comment savez-vous ça ? On s'intéresse justement au terrain jouxtant la maison de son petit ami. Des voisins ont vu un feu au milieu de la nuit. Mais on n'a rien trouvé. » Second flash : « Les indices se trouvent dans un champ. » Il y avait justement un pré autour de la maison. Le policier était stupéfait. Il m'a lancé : « Vous devriez être enquêtrice ! » Un mois plus tard, il est revenu. Pas seulement pour consulter la praticienne, mais aussi pour me dire qu'en sortant du rendez-vous, après notre conversation, il avait suivi mon intuition et avait fait fouiller le champ en question. Les restes calcinés de la femme disparue avaient été retrouvés sous un tas de ferraille. Ce fut ma première expérience, indirecte et fortuite, de collaboration à une enquête policière. Il y en eut de nombreuses autres.

La deuxième fois fut la plus traumatisante. J'habitais encore Juan-les-Pins, c'était juste avant que je déménage pour Paris. Au début, c'était comme dans un film. La sonnette a retenti, j'ai ouvert, une femme en uniforme est entrée. Elle enquêtait sur un crime et voulait me poser des questions. Non que j'étais mêlée d'une quelconque manière à l'affaire qui l'occupait. Mais elle voulait passer sa scène de crime à l'aune de mes intuitions. Elle a ouvert un dossier renfermant les photos de l'intérieur d'une maison : le salon, les deux chambres, les murs, tout était entièrement couvert de sang. Le sang dégoulinait des cloisons, il imprégnait les tapis et les canapés. Il formait des dessins carmin et gluants sur le carrelage. Je pouvais presque sentir son odeur entêtante en regardant les clichés. C'était l'horreur. Une famille entière avait été assassinée. On ne m'a pas montré les photos des cadavres car je crois qu'elles étaient insoutenables et heureusement qu'on m'a épargné ça. Mais je pouvais les imaginer. Je me représentais les images de ces enfants sauvagement tués par un déséquilibré. Avaient-ils hurlé ? Avaient-ils souffert ? Combien de temps avait duré leur agonie ? Étaient-ils restés tétanisés quand l'assassin s'était rué sur eux ? Peut-être avaient-ils assisté à la mort de leurs parents, peut-être leurs petits yeux innocents avaient-ils vu, incrédules, le couteau s'enfoncer dans le ventre de leur mère, puis dans le cou de leur père, dans leur dos, dans leurs jambes, dans leurs épaules.

L'enquête piétinait. L'enquêtrice n'y est pas allée par quatre chemins. Voilà ce qu'elle m'a demandé : « Pouvez-vous me dire qui a fait ça ? » Elle m'a aussi dit qu'elle n'était pas mandatée par sa hiérarchie pour venir me voir, qu'elle n'avait pas le droit d'entreprendre une telle démarche et que sa visite devait rester confidentielle. C'est la raison pour laquelle je ne rentrerai pas dans les détails et ne donnerai aucun nom relatif à cette affaire. L'enquêtrice avait fait deux heures de route pour sonner à ma porte parce que sa sœur, qui était venue me consulter plusieurs fois, lui avait parlé de moi. Il lui fallait trouver quelque chose, un indice, une inspiration qui relance l'enquête… Ou une intuition. Elle était à court d'idées, elle ne savait plus dans quelle direction chercher. Je n'ai pas travaillé sur les photos car les émotions qu'elles provoquaient en moi étaient trop fortes et que, dans ces cas-là, les intuitions ne sont pas fiables. Mais je me suis concentrée sur la maison ainsi que sur le nom et les prénoms des victimes. J'ai senti une histoire d'argent, une piste familiale. J'ai dit à l'enquêtrice que je voyais un jeune homme dont la famille se méfiait. Je pensais que c'était lui l'assassin. J'ai livré par morceaux les indices que me suggérait mon intuition à l'enquêtrice. En vrac. Sans faire le tri. L'enquêtrice m'a dit que mon intuition coïncidait avec l'une des pistes qu'elle suivait sans réussir à aboutir. Quelques mois plus tard, elle m'a recontactée pour me dire qu'il s'agissait bien du jeune homme que j'avais vu dans mon flash. Il avait fini par avouer sous la pression combinée des médias et de sa petite amie que les policiers avaient sollicitée.

Après qu'elle m'a eu posé toutes les questions relatives à l'enquête, l'enquêtrice est revenue, comme si de rien n'était, en quelques secondes, à la vie normale. Elle est passée du coq à l'âne et a essayé de m'engager dans une conversation banale et quotidienne. Je sais que tous les enquêteurs de police fonctionnent ainsi. Ils ont l'habitude de se plonger dans l'horreur puis de changer de sujet en une minute, de renouer avec la normalité. C'est leur job. Mais ce n'était pas mon cas. Cette expérience n'a pas été anodine pour moi. Des semaines durant, mon sommeil a été agité. Je faisais des cauchemars, je me réveillais brusquement au milieu de la nuit. Après cette rencontre avec l'enquêtrice, le moindre événement me perturbait. Un couple qui se sépare, un décès, une entreprise qui fait faillite, une personne triste dans mon entourage et même un chien se faisant écraser sur la chaussée : tout m'affectait beaucoup plus que cela n'aurait dû. Le malheur des autres m'était insupportable, c'était comme si je le faisais mien. Je trouvais le monde cruel et injuste. Longtemps, j'ai pleuré le soir avant de m'endormir. Alex me faisait beaucoup parler pour me permettre d'évacuer mon stress et mes émotions. Il trouvait les mots adéquats pour me faire rire. C'est lui qui m'a appris à mettre de la distance entre les événements et moi, à distinguer mon univers de celui des autres, à arrêter de les mélanger et de vivre chaque histoire, si douloureuse fût-elle, comme si c'était la mienne. Je ne pouvais pas porter tous les malheurs du monde, je ne pouvais pas résoudre tous les problèmes, je ne pouvais pas me mettre à la place de chaque personne qui souffrait. Je ne pouvais pas me sentir responsable de tous les gens qui vivaient des drames. Ce travail de distanciation a été long et difficile. Il m'a fallu de long mois, des efforts constants sur moi-même, pour acquérir une distance émotionnelle, pour connaître mes limites. Ce chemin fut salvateur. Il m'a permis d'être en capacité d'affronter des situations difficiles sans flancher, de regarder des images insoutenables sans qu'elles me poursuivent des nuits durant, d'écouter des récits déprimants et violents sans pleurer, de voir une photo avec du sang sans en sentir l'odeur. Et aussi de savoir où était précisément la ligne rouge que je ne devais pas franchir sous peine de perdre mes moyens et de me noyer dans les émotions et la tristesse.

La troisième fois, je venais à peine d'arriver à Paris. Un policier gradé m'a contactée en me demandant si je pouvais l'aider à résoudre des enquêtes. Il avait entendu parler de moi par ses collègues du sud de la France. Je lui ai répondu que ce n'était pas mon métier, mais que je collaborerais volontiers avec lui si je le pouvais. Il avait beaucoup de charisme. C'était un père de famille. Il semblait avoir deux vies : sa vie d'enquêteur, qu'il réussissait remarquablement, et sa vie de famille, dans laquelle il puisait force et stabilité. Nous avons amorcé une coopération qui dure encore aujourd'hui. Il me consulte régulièrement quand il travaille sur des enquêtes difficiles. Je lui fais part de mes flashs lorsque j'en ai, ce qui n'est pas toujours le cas. Et généralement, il revient vers moi peu de temps après pour me confirmer que mon intuition était la bonne. À chaque fois qu'il piétine dans ses enquêtes, il vient me voir. La première fois qu'il a fait appel à moi, il était à la poursuite d'un homme en cavale qui lui échappait en permanence. Je suis nulle en géographie et la nature ne m'a pas dotée du sens de l'orientation. Je ne suis pas douée pour travailler sur plan. Ça et les chiffres, ce n'est pas mon truc. J'ai néanmoins, grâce à mon sixième sens, retracé le parcours du fugitif comme je le ressentais, sans essayer de l'interpréter. Des trajets, des villes que je ne savais même pas situer sur une carte de France défilaient dans mon cerveau. Le policier m'a posé de nombreuses questions. Mes réponses lui ont permis d'avancer dans son enquête. Nous en avons déduit que cette collaboration était intéressante. Quel type de questions me posait-il ? Il voulait savoir si l'homme qu'il recherchait fréquentait une femme et si oui à quoi elle ressemblait : était-elle grande ou petite, grosse ou maigre, blonde ou brune… ? Il me questionnait aussi sur les intentions du fugitif. Je donnais des indications qui lui permettaient, me disait-il, d'affiner sa stratégie. Nos collaborations sont régulières et, si j'en crois ce qu'il me dit, très utiles pour lui. Mais elles ont lieu à l'insu de sa hiérarchie. Un policier, gradé de surcroît, n'a pas le droit de prendre conseil auprès d'une consultante en intuition ! Je le comprends volontiers. Nos rendez-vous ont donc lieu dans des endroits discrets. C'est un secret qui nous lie et je ne le briserai pas. Je crois qu'un seul de ses collègues est au courant. Un collègue en qui il a toute confiance. Je ne donnerai donc aucun détail qui pourrait permettre de l'identifier. À tous les enquêteurs qui m'ont sollicitée, j'ai répondu présente. J'aurais voulu faire évoluer les mentalités. Mais hors de question de mettre leur travail en danger, je préfère être patiente. Ce jour viendra où faire appel à des consultants comme moi sera reconnu.

Un policier du nord de la France me consulte fréquemment pour recueillir mes intuitions sur ses enquêtes en cours. La première fois, il s'agissait d'une plainte pour attouchements sur mineurs. Le policier avait du mal à croire que l'homme accusé était coupable. Il est vrai que tout l'accablait, mais l'enquêteur avait une intuition différente et il voulait un autre avis. C'est à cette occasion que j'ai compris que la moitié du travail d'un enquêteur repose sur une intuition. Il se laisse d'abord guider par elle. Dans un deuxième temps, il fait intervenir la logique et les preuves. C'est pour cela que les enquêteurs policiers et moi, on se comprend généralement très bien. Ils savent ce qu'est l'intelligence intuitive. Dans ce cas précis, mon sixième sens me disait que le suspect avait été piégé. Il était innocent des crimes dont on l'accusait bien qu'incapable de le prouver. Tout avait été monté de toutes pièces pour qu'il soit considéré comme le coupable évident. Mon intuition confirmait celle de l'enquêteur. Il a donc persisté dans cette voie et fini par trouver le vrai coupable. Depuis, il me contacte régulièrement pour des affaires concernant des mineurs. Dès qu'il a des doutes, il m'interroge, généralement au téléphone. À deux reprises, il a profité d'un déplacement à Paris pour venir dans mon cabinet afin de me féliciter. Parlant de l'affaire qu'il venait de résoudre, il a fait ce commentaire : « Nous avons réussi. » Il considérait que notre collaboration lui avait permis d'aller vite et droit au but. J'avoue volontiers avoir été flattée… Mais le mérite ne revient qu'à lui. Je n'ai qu'un avis consultatif. Lui, et tous les enquêteurs, ont toute mon admiration.

Il arrive aussi assez souvent que l'on me contacte par écrit. Par mail. Des avocats, des policiers, des gendarmes et même des juges d'instruction me consultent sur des dossiers et des enquêtes. Il s'agit presque toujours de disparitions ou d'homicides, plus rarement des affaires de vol et de grand banditisme. Ils me demandent si je peux les aider, si mon intuition me suggère une piste, une idée, une image. Parfois, en cas d'urgence, je suis contactée de manière quotidienne. Quand c'est important, j'abandonne tout ce que je suis en train de faire pour me consacrer à ce que j'appelle « mes missions ». Je décale tous mes rendez-vous avec mes clients, je nettoie intégralement mon agenda pour me rendre entièrement disponible. Cela devient ma priorité.

Je ne pourrais pas en faire mon métier, me spécialiser exclusivement dans ce domaine. Je suis trop sensible pour pouvoir vivre en permanence au milieu des crimes, des assassinats, des disparitions. Mais j'aime travailler pour mon pays et servir l'intérêt national. Je considère qu'il est de mon devoir de collaborer à des enquêtes quand je peux apporter quelque chose. Attention, je ne résous pas les enquêtes à moi toute seule, j'apporte juste un éclairage. Et ça ne marche pas à tous les coups. Il faudrait que j'y consacre un temps plein, que je m'investisse entièrement et depuis le début dans l'enquête. C'est comme pour le coaching dans les entreprises. Pour que mon aide et mes conseils soient efficaces, il ne suffit pas de me poser des questions de temps en temps. Il faut que je puisse suivre tout le déroulé et intervenir dès le début. Car je ne peux pas anticiper les imprévus. Mon intuition va s'adapter en fonction des situations. Comme lorsque vous établissez un plan : vous l'ajustez en fonction des événements. Mon sixième sens, mon subconscient ont accès à des informations à un moment donné. Mais la situation et l'environnement peuvent évoluer et, sans suivi, mes intuitions risquent d'être périmées…

Le conseil intuitif est encore mal vu au ministère de l'Intérieur, comme il l'est généralement en France. Aux États-Unis, je pourrais sans doute faire une vraie carrière dans la police. Le métier de « profiler », popularisé par la série télévisée du même nom, y est en effet très développé. Au sein du FBI, le service fédéral de police judiciaire américain, qui est aussi un service de renseignement intérieur, des agents spécialisés dans le profilage dressent des portraits psychologiques de criminels non identifiés. Il s'agit de déduire un type de personnalité à partir d'un comportement criminel, qui implique au préalable d'avoir analysé la scène de crime. Cette spécialité, basée sur l'étude des comportements humains, est née aux États-Unis dans les années cinquante sous l'impulsion du psychiatre James A. Brussel. Entre la fin des années quarante et le milieu des années cinquante, New York fut la cible d'un « tueur fou » qui plaçait des bombes – plus de trente en tout – dans les lieux publics, surtout les cinémas, et envoyait des lettres anonymes aux journaux. Il ne réclamait aucune rançon, ne donnait aucun mobile pour justifier ses crimes, et c'est l'un des facteurs qui intriguaient le célèbre docteur James Brussel. En 1956, la police lui demanda son aide pour tenter d'identifier l'assassin qui terrorisait la ville depuis trop longtemps. Le psychiatre examina longuement les scènes de crime, il étudia les lettres envoyées par le « tueur fou ». Il en conclut que c'était un paranoïaque détestant son père, qui avait sans doute travaillé dans une compagnie d'électricité à laquelle il avait destiné plusieurs de ses lettres, qu'il souffrait d'un problème cardiaque et vivait dans le Connecticut. Brussel concluait son rapport en conseillant à la police de chercher un homme trapu, d'âge moyen, catholique et célibataire, né à l'étranger, vivant avec un frère ou une sœur et qui s'habillait sans doute d'un costume boutonné jusqu'en haut. C'est la précision du portrait établi par Brussel qui permit à la police d'arrêter le criminel. Le psychiatre expliqua que son portrait n'était que le résultat d'un raisonnement logique et de sa grande expérience médicale. Le profilage moderne était né. Brussel a aussi contribué à l'enquête policière qui permit d'arrêter « l'Étrangleur de Boston » en 1964. Le tueur en série, spécialisé dans le meurtre par strangulation, avait terrorisé la ville de l'est des États-Unis pendant un an et demi. En 1969, le FBI fit appel au célèbre psychiatre pour mettre en place un département dédié au *profiling*, que l'on appelait à l'époque « criminologie criminelle appliquée ». En 1972, une « unité des sciences du comportement » fut créée au sein du FBI. Depuis, les méthodes de *profiling*, qui ont prouvé leur efficacité dans de nombreuses affaires criminelles, n'ont cessé de se développer et de s'affiner aux États-Unis. À partir des années quatre-vingt, l'utilisation du *profiling* moderne, désormais considéré comme une aide efficace à l'enquête, a commencé à se répandre en dehors des États-Unis, surtout dans les pays anglo-saxons. La France s'y met doucement aujourd'hui. La gendarmerie a créé une unité spécialisée dans le profilage au début des années deux mille. Mais tous ceux qui travaillent dans ce domaine sont des psychologues professionnels, ce que je ne suis pas. C'est pourquoi ces personnes viennent à moi dans le plus grand secret. Ce n'est jamais dans le cadre d'une enquête officielle. Ils viennent en tant que particulier.

Il arrive que les rôles soient inversés et que je reçoive des clients qui sont dans le collimateur de la police, parfois sans le savoir. Un jour, une femme est venue me consulter car elle rencontrait des difficultés dans sa vie sentimentale. Mais les flashs qui me venaient la concernant n'avaient rien à voir avec ce sujet : je sentais que la police enquêtait sur elle et qu'elle allait tomber à la place de ses patrons. Une grosse affaire. Elle m'a ri au nez en me disant que je me croyais dans un film. « Je sais bien que je suis de Marseille, a-t-elle dit, mais quand même ! » J'ai bien vu qu'elle ne me prenait pas au sérieux. Elle a même dû se dire qu'en venant me voir elle avait perdu son temps et son argent. Elle n'avait pas l'air très satisfaite en partant de chez moi, c'est le moins que l'on puisse dire. Je peux comprendre son désarroi : elle vient consulter dans l'espoir qu'on lui donne des conseils pouvant faire revenir son amoureux et elle tombe sur quelqu'un qui lui dit en substance que là n'est pas l'important et que la police rôde autour d'elle ! Je peux imaginer quel dépit a provoqué mon intuition ! Trois mois plus tard, cependant, elle m'a téléphoné. Sa colère envers moi avait disparu. Elle s'était même transformée, je le sentais à sa voix, en une forme de reconnaissance. Elle m'a appris qu'elle venait de passer quarante-huit heures en garde à vue, que ses patrons blanchissaient de l'argent et qu'ils avaient fait d'elle leur bouc émissaire. Elle était choquée, effrayée, dans tous ses états, et voulait savoir ce que suggérait mon intuition. Je me suis concentrée, j'ai attendu que vienne le flash et je lui ai dit que cette affaire allait la poursuivre pendant un an. Et c'est ce qu'il s'est passé. Les enquêteurs ont fait pression sur elle, ils l'ont même brièvement jetée en prison pour la faire parler. Le but était de la faire craquer pour qu'elle accuse ses patrons et révèle enfin les détails des magouilles auxquelles elle avait assisté mais qu'elle refusait d'évoquer. C'est moi qui l'ai accompagnée tout au long de ces mois difficiles. Je l'ai fait d'autant plus facilement que je connais de l'intérieur les méthodes de travail des enquêteurs et leurs attentes. Anticiper, c'est l'un de mes points forts.

On ne me contacte pas seulement pour retrouver la trace de personnes enlevées ou pour identifier le lieu où pourrait se trouver un cadavre. Les domaines d'application de l'intuition dans lesquels on m'emmène sont parfois incongrus. Ainsi, une femme m'a récemment écrit pour me demander de l'aider à retrouver son chat. Elle avait découvert mon existence sur NRJ. Une grande partie de mes clients m'ont écoutée sur NRJ ou sont tombés sur une vidéo de moi. Le reste vient du bouche à oreille et *via* Internet, les réseaux sociaux. Lorsque je reçois ce type de demande par écrit, je réponds toujours gracieusement, sans demander le moindre euro pour une consultation. Dans ce cas précis, je me suis concentrée très fort sur le chat de cette dame, jusqu'à ce qu'apparaisse un flash. Je lui ai dit ce que je voyais : son chat dans un appartement, non loin de chez elle. Elle m'a répondu qu'elle avait mis des affiches dans tout le quartier, prévenu les commerçants et son voisinage. En vain. Alors je lui ai conseillé de sonner à la porte de tous ses voisins, de prévenir qu'une plainte pour vol serait déposée et d'appeler son chat à tue-tête. C'est comme ça qu'elle l'a retrouvé : une voisine et ses enfants le lui avaient volé ! Bien sûr, ça ne marche pas à tous les coups. Il arrive que l'on échoue à retrouver un animal ou un être humain disparu malgré les indices récoltés. Parfois, cela ne suffit pas. Parfois, cela marche très rapidement. Par exemple, une dame m'a appelée un jour pour que je l'aide à retrouver son mari. Atteint de la maladie d'Alzheimer, il avait disparu depuis la veille. Il était parti en ville mais n'était pas revenu. Elle l'avait cherché partout en vain. Moi je ressentais sa présence dans une voiture bleue, dans un champ, non loin de sa maison. C'est comme ça qu'elle l'a retrouvé, une heure à peine après notre conversation téléphonique.

Lorsque des clients me contactent, comme le font certains policiers, pour que je les aide à retrouver des personnes disparues, je n'hésite jamais à leur prêter main-forte quand je peux. Gracieusement. Toujours. Ces gens sont dans un tel désarroi, ils sont si désespérés, je n'hésite jamais à prendre sur mon temps pour les épauler. Et je fais de mon mieux. À l'inverse, certains abusent ou profitent de la situation, comme dans toute clientèle… Ils sont ingrats, agressifs, malpolis et malveillants. À ceux-là, je ne réponds pas. Je les chasse de mon cabinet. Un jour, par exemple, un homme m'a appelée pour retrouver sa femme. Elle avait quitté le domicile conjugal depuis un an et se cachait. La police la recherchait car elle avait des problèmes psychologiques.

J'ai décidé d'aider cet homme. En me concentrant sur lui, j'ai ressenti que l'histoire était bien différente de celle qu'il m'avait rapportée. Il était violent envers sa femme, elle s'était enfuie pour échapper à ses coups. J'ai réussi à le faire parler en lui disant que je percevais des disputes et des conflits. Peu à peu, il s'est ouvert. Il a reconnu avoir frappé sa femme. Alors j'ai refusé de l'aider davantage. J'ai dit que je n'y arrivais pas. Et nous en sommes restés là.

Mais je ne me limite pas aux gens ou aux animaux qui disparaissent ! Lors de la dernière Coupe du monde de football, en 2014, j'avais pronostiqué tous les résultats des matchs, sauf deux. Il est vrai que le score n'était pas toujours celui que j'avais annoncé. Les chiffres, je l'ai déjà dit, ce n'est pas mon fort. Il est vrai aussi que certaines équipes étaient tellement meilleures que les autres qu'il n'était pas si difficile de prévoir leur victoire ! Mais mes pronostics ont néanmoins été jugés excellents par des spécialistes du monde du foot. C'est à partir de ce moment-là que certains clients sont venus me voir pour recueillir mes intuitions avant les matchs ou les courses de chevaux, ou avant d'investir en Bourse. Mais je refuse de conseiller quand il s'agit de jeux d'argent. C'est une trop grande responsabilité, que je n'ai aucune envie de prendre. C'est en outre un milieu souvent malsain, qui sort trop facilement de la légalité. Et surtout, je pense que dans ce domaine, chacun doit écouter avant tout sa propre intuition. D'ailleurs, si l'on me demande un conseil lié à des paris financiers, la pression et le stress vont sans doute perturber mes intuitions. C'est valable pour mon entourage et moi-même. Lorsque je sens un match, j'ai la capacité de ressentir son déroulement. Ainsi, je vais capter une victoire ou une défaite. Mais cela peut évoluer aux tout premiers instants du match et dans ce cas, les paris sont déjà enregistrés, c'est une bien trop grande responsabilité. D'autant plus que dès que je sais qu'il y a de l'argent en jeu, le stress et la pression peuvent me faire perdre mes moyens.

– 15 –

Les synchronicités

C'est par le plus grand des hasards, en suivant une intuition, que j'ai découvert l'existence d'un frère caché, mon demi-frère, le fruit des amours de mon père et de la serveuse Monique, sa maîtresse, celle que j'avais si longtemps tenue pour responsable de la destruction de mon foyer. Alex et moi vivions à Cannes. C'était deux ans avant ma maladie. Nous étions heureux, complices, amoureux. La vie nous souriait. Nous formions une vraie famille, nous constituions une équipe soudée capable de résister aux tempêtes. C'était le week-end et nous nous baladions tous les trois au bord de la mer. Alex a sorti une cigarette et abordé un homme dans la rue pour lui demander du feu. Alex était engageant, il entamait toujours la conversation avec les gens qui l'entouraient. Il était très avenant, chaleureux et poli. C'est le genre de personne qui connaît tous ses voisins en un mois et qui appelle les commerçants par leurs prénoms. Donc, comme à son habitude, en allumant sa cigarette, il a commencé à parler avec cet homme élégant et bien habillé, qui ressemblait à un homme d'affaires. Il avait un accent russe et Alex lui a demandé ce qu'il faisait à Cannes. Il était agent immobilier. Alex lui a dit : « Ah, justement, nous cherchons à déménager. » L'homme lui a répondu qu'il gérait un immeuble de location à Juan-les-Pins, récemment acheté par des Russes. Un immeuble de grand standing, refait à neuf, à 50 mètres des plages. Mais nous ne voulions pas quitter Cannes. Le fils d'Alex s'impatientait, il trépignait, il fallait qu'on rentre. Le Russe a donné sa carte à Alex en l'assurant que l'immeuble de Juan-les-Pins valait le coup d'être visité et qu'il avait le pouvoir de nous faciliter les choses. Il nous trouvait visiblement sympathiques. Le couple que nous formions, uni autour d'un petit enfant, devait aussi rassurer l'agent immobilier qu'il était. Le soir, Alex et moi avons reparlé de cette rencontre. C'est surtout moi qui adorais Cannes et ne voulais pas en bouger. Mais j'ai suivi mon intuition, celle qui me chuchotait à l'oreille : « Pourquoi pas Juan-les-Pins ? » On a donc appelé le Russe et visité un appartement le lendemain. C'était magnifique. Un peu plus cher que là où nous étions, mais plus grand. Nous avons tous les deux eu un coup de cœur. Il nous fallait cet appartement, c'était comme s'il était fait pour nous. À l'époque j'étais à la fois étudiante et standardiste. Alex faisait des études de morpho-psychologie et de graphologie. Il était aussi commercial dans une entreprise en attendant. Nous n'avions pas vraiment le profil idéal pour un agent immobilier, qui préfère les clients solvables et munis d'un contrat de travail à durée indéterminée.

Surtout lorsqu'il s'agit d'un immeuble aussi luxueux que celui-là. Mais quand nous avons évoqué le sujet, le Russe nous a dit : « Oubliez le dossier, il me faut juste vos pièces d'identité et une caution. » C'était incroyable. Si rapide, si facile. À tel point qu'Alex a cru que ça cachait quelque chose… Il hésitait, flairait une arnaque. Il craignait également la foule des touristes qui envahissent Juan-les-Pins et ses plages pendant l'été. Moi, c'était le contraire. J'étais emballée, portée par ma conviction qu'il fallait quitter Cannes et profiter de cette occasion, que nous serions heureux à Juan-les-Pins. Je n'étais pas consciente qu'il s'agissait d'une intuition. C'est plus tard que j'ai compris. À l'époque, je me contentais d'égrener mes arguments pour convaincre Alex. J'aurais pu laisser tomber, visiter d'autres appartements dans la région, ou tout simplement rester à Cannes où je m'étais toujours sentie si bien. Mais une force intérieure me poussait à persévérer dans cette voie. Elle était si puissante, si autoritaire, qu'elle me rendait têtue. Au bout de quatre jours, Alex a flanché : il a dit oui. Il me connaissait : si j'insistais, c'est que c'était bon pour nous. Nous avons déménagé dans la foulée. D'emblée, j'ai été très heureuse avec lui dans cet appartement. La mer en face me ressourçait. Le bruit des vagues m'apaisait. Après avoir déclaré ma maladie, j'ai passé des soirées, des nuits entières à marcher, pieds nus et cheveux au vent, au bord de la mer. Je venais respirer la nature et la faire entrer en moi. J'avais l'impression que cela m'aidait à guérir. L'après-midi, je soufflais en m'asseyant au bord de l'eau. Le matin je courais dans le sable. C'était une chance de vivre ici, que je savourais chaque jour. Ce bonheur, cette qualité de vie, cette proximité avec les éléments naturels me manquent depuis que j'habite Paris, au point que j'en rêve très souvent, et ce n'est pas sans émotion que je me les remémore. Nous sommes allés nous équiper en électroménager dans un hypermarché. Nous avions une carte de fidélité et quand Alex l'a présentée, l'hôtesse, en voyant mon nom, a retenu sa respiration, écarquillé grand les yeux et éclaté en sanglots. Voilà ce qu'elle a dit à un Alex interloqué, car moi je l'attendais dans la voiture : « Je suis sa sœur. » Alex savait que j'étais une fille un peu spéciale, mais pas au point de lui cacher l'existence d'une sœur ! Il m'a appelée sur mon portable et m'a demandé, l'air de ne pas y croire : « As-tu une sœur qui s'appelle Jenny ? » Ce fut un choc. Je l'avais complètement oubliée, mais instantanément je me suis souvenue de la fille de la serveuse Monique, qui avait mon âge ou un an de moins et qui s'appelait Jenny. Je l'avais vue à quelques reprises quand mon père m'emmenait le dimanche chez son ami Jacky au Centre Estérel de Mandelieu. Je me souviens qu'elle avait eu un accident et qu'on était allés la voir à l'hôpital. Je n'ai pas le souvenir d'avoir été amie avec elle, moi qui nourrissais pour sa mère des sentiments de haine. Pourtant cette jeune fille, l'ancienne belle-fille de mon père, qui ne partageait pas avec moi une seule goutte de sang, se considérait néanmoins comme ma sœur… Je l'ai appris ce jour-là…

Je n'ai pas été capable de sortir de la voiture pour

aller à la rencontre de Jenny. Ce n'était pas un manque de curiosité de ma part. Mais quand une information ou une situation vous rappelle un moment douloureux de votre vie, il arrive qu'on fasse comme si elle n'existait pas et que l'on fuie. Je pense que cette information, que cette rencontre était trop difficile à digérer pour moi. Je n'étais pas capable d'affronter Jenny et les souvenirs de cette époque de manière aussi soudaine, sur le parking d'un hypermarché. C'est donc Alex qui a parlé et écouté Jenny à ma place. Elle pleurait car elle avait toujours entendu parler de moi sans me connaître ou chercher à me contacter, parce qu'elle savait à quel point j'avais détesté sa mère, parce qu'elle aurait bien aimé que je la considère elle aussi comme ma sœur, parce que l'histoire entre sa mère et mon père n'avait pas été un long fleuve tranquille, loin de là et qu'elle avait sans doute souffert de leur relation. Elle était stupéfaite, surtout, de la coïncidence... Sa mère et elle habitaient à vingt mètres de notre nouvel appartement. Nous venions en effet, Alex et moi, d'emménager dans la même rue qu'eux à Juan-les-Pins. Ils s'y étaient installés récemment, après avoir passé treize ans à Bordeaux. Alex m'a fait un bilan complet de la situation. Avec le sens de la synthèse et la délicatesse qui le caractérisaient. Mon père et Monique avaient eu un fils ensemble, que Monique avait appelé Gaëtan ; comme mon frère mort avant ma naissance. Leur relation avait tourné court, elle était même devenue sordide.

J'avais donc un demi-frère depuis plusieurs années sans le savoir. Moi, j'étais plutôt tentée de faire la sourde oreille, la politique de l'autruche, de considérer que cette histoire n'existait pas, ou qu'en tout cas elle ne me concernait pas. Mais Alex m'a convaincue de changer d'avis. Il pensait qu'il était important pour moi de rencontrer ce frère caché, ce fils engendré par mon père et Monique, car le même sang coulait dans nos veines. Il pensait qu'il me serait impossible, maintenant que je savais, de faire abstraction de son existence et qu'à nier l'évidence j'enfouirais un nouveau fantôme dans le placard… Les choses que l'on fuit ou que l'on refuse de regarder en face reviennent toujours d'une façon ou d'une autre. Pas forcément de manière positive. Dans la vie, on a toujours le choix : avancer ou reculer, affronter ou fuir. Si vous ne voulez pas que cela vous rattrape, affrontez toujours. Voilà ce que la vie m'a appris. Alors je suis allée chez Monique. J'ai pris mon courage à deux mains. J'ai grimpé l'escalier avec lenteur et réticence. Je crois que mes jambes vacillaient. J'ai hésité avant d'appuyer sur la sonnette. Mes mains étaient moites et mon cœur battait vite. Je me suis fait violence pour ne pas faire demi-tour. Et puis je suis entrée dans cet appartement qui contenait tant de choses de ma vie : le souvenir de mon père et un nouveau frère. Je n'ai pas aimé revoir cette femme dont j'avais toujours pensé, petite, qu'elle avait détruit notre vie familiale, volé mon père et rendu ma mère si malheureuse. Pourtant, j'ai dû me rendre à l'évidence : elle n'était pas la sorcière de mon enfance, le vampire qui avait dévoré mon père. J'ai découvert une femme normale, une femme fragile, une femme plutôt gentille. Elle n'a eu de cesse de s'excuser. Elle affirmait qu'elle s'en voulait depuis des années, qu'elle était rongée par la culpabilité et qu'elle pensait toujours beaucoup à nous. Je n'ai pas mis sa parole en doute : cela expliquait pourquoi Jenny se considérait comme ma sœur. La confidence m'a fait du bien, elle a apaisé ma colère. Je pense qu'elle m'a libérée d'une boule que j'avais depuis longtemps au ventre.

La rencontre avec mon frère caché fut en revanche traumatisante. J'avais déjà une sœur cachée. Elle s'appelait Maude et avait cinq ans de plus que moi. Mon père avait 16 ans quand sa copine est tombée enceinte. Il ne voulait pas d'enfant, il était trop jeune, comment peut-on lui en vouloir ? Mais il n'a pas eu son mot à dire, il ne pouvait pas convaincre la future mère de renoncer à sa grossesse. Alors il a fui. Il a refusé de reconnaître cet enfant qu'il ne pouvait, qu'il ne voulait pas assumer. Il n'est jamais revenu en arrière, il n'a jamais changé d'avis, jamais regretté sa décision. Cette histoire m'a été racontée par ma mère quand j'étais petite. Une des confidences qui m'ont été faites alors que j'étais encore enfant et trop sensible pour qu'elles n'aient pas d'effet sur moi. J'ai toujours pensé à cette petite Maude, ma demi-sœur que je ne connaîtrais jamais et qui avait dû grandir sans père. J'ai aussi pensé à sa mère qui avait dû, si jeune, alors qu'elle était à peine sortie de l'adolescence, s'occuper seule d'un bébé. Ces pensées avaient accompagné mon enfance, elles étaient restées très vivantes dans mon subconscient, et je crois que c'est pour cette raison que j'ai ressenti un si fort sentiment d'abandon quand mon père a quitté la maison. J'étais trop jeune quand j'ai appris l'existence de cette sœur abandonnée, cette Maude qui avait le même sang que moi mais dont mon père n'avait pas voulu. Inconsciemment, j'ai toujours craint qu'il m'abandonne aussi, qu'il fasse de moi, son autre fille, une deuxième Maude.

C'est sur cette base, sur ces émotions enfouies et ces angoisses dissimulées qu'a eu lieu la rencontre avec mon demi-frère caché, le second enfant non reconnu de mon père… Elle m'a tellement bouleversée qu'à chaque fois que j'y repense, comme dans ce livre par exemple, je ressens une très vive émotion. D'abord son prénom, Gaëtan, celui de mon frère décédé, celui que je gardais en moi, dans mon cœur, depuis que j'étais toute petite. Je n'ai pas compris. Je sais qu'il n'y était pour rien mais je n'arrivais pas à accepter qu'il s'appelle Gaëtan. Avec lui, le lien ne s'est pas noué. Dès la première minute, j'ai été mal à l'aise en sa compagnie.

Nous nous sommes embrassés, souri, dévisagés. Je lui ai posé des questions sur sa vie et sur ce qu'il aimerait faire plus tard. Ses yeux étincelaient, je voyais qu'il était heureux de me connaître. Je sais qu'il a dû beaucoup souffrir, car la vie ne l'a pas épargné. Mais je n'arrivais pas à l'appeler Gaëtan. Je pensais à Gaëtan mon vrai frère, le seul qui aurait dû porter ce prénom dans la famille. Je ne peux pas remplacer mon Gaëtan, notre Gaëtan, celui de la famille, par un autre Gaëtan. Et puis, mon demi-frère ressemble comme deux gouttes d'eau à mon père. Grand, mince, brun aux yeux marron. Même sa voix, qui muait, ressemblait à celle de mon père. On sentait qu'il était son fils. Il avait l'air intelligent comme lui, dégourdi, malin. Je me dis aussi que si Gaëtan était encore vivant, il pourrait avoir ce visage. Mon frère, le deuxième enfant de mes parents, celui dans l'ombre de qui j'ai grandi, celui dont la présence a toujours été tellement forte que j'avais parfois l'impression de pouvoir le toucher, mon frère Gaëtan, s'il n'était pas mort, aurait sans doute les mêmes traits que ce demi-frère que je découvrais. Je suis incapable d'assumer cette ambiguïté. Je ne veux pas le considérer comme un usurpateur. Mais je ne peux pas non plus supporter qu'il ait pris la place de mon Gaëtan, même à son corps défendant.

J'ai revu mon demi-frère à deux ou trois reprises. Il était toujours en demande vis-à-vis de moi. Il avait l'air de m'aimer et de désirer que je l'aime. Mais les émotions sont encore trop fortes lorsque je suis en sa présence. Et je perçois trop de non-dits dans la conversation. Depuis que j'ai décidé de changer de vie après ma tumeur, je ne l'ai pas revu. Il nous arrive de nous écrire. Il a une sœur fantastique qui l'aime. J'ai ma fratrie. Nous n'avons pas besoin de plus que de nous connaître. Je sais qu'il a gardé contact avec mon père. Mais il a du mal à en parler. Comme si le sujet était tabou. Le hasard ou l'intuition qui m'ont menée jusqu'à Monique, Jenny et Gaëtan, et m'ont aussi permis de retrouver la trace de mon père s'appellent des synchronicités. Ce sont des coïncidences, généralement heureuses, qui surviennent après qu'on a suivi son intuition, des hasards qui tombent bien, des rencontres qui surviennent au bon moment et nous permettent de prendre la bonne décision.

Les synchronicités ne sont pas seulement liées à la famille. Elles s'emparent de tout ce qui est important pour nous. Il y a quelques années, j'ai ainsi retrouvé Damien, un ancien flirt que j'avais connu à Cannes quand j'avais 17 ans. Damien avait sur moi un pouvoir incroyable : je fondais littéralement devant lui. Nous avons repris contact sur Facebook, comme le font la plupart de ceux qui se sont connus dans une vie antérieure depuis l'apparition de ce réseau social. Sans arrière-pensée aucune. Et sans prévoir de nous revoir. J'habitais dans le seizième arrondissement, lui dans le 93. Autant dire qu'il était improbable que nous tombions l'un sur l'autre. C'est pourtant ce qu'il s'est passé à de multiples reprises pendant plusieurs mois d'affilée. J'ai croisé Damien une première fois en bas de chez moi. Puis une deuxième chez des amis que nous avions par le fruit du hasard en commun. Enfin, une troisième dans un restaurant où nous allions tous les deux pour la première fois. En six mois, je me suis aussi retrouvée plusieurs fois dans la file voisine de la sienne en voiture. Je l'ai également croisé dans des bars et des cafés. Même à Paris, ce genre de coïncidences peut arriver, mais leur répétition systématique nous a interpellés et nous a fait nous poser des questions. Est-ce un signe ? Damien a dû le prendre de la même manière puisque nous avons commencé à nous draguer, assez spontanément. Il venait de se séparer de sa femme. Puisque le destin nous mettait sans cesse face à face, autant essayer de voir ce qu'il nous réservait. Nous avons vécu une histoire passionnelle. Nos sentiments l'un envers l'autre étaient si intenses qu'on les pensait éternels, plus forts que tout, plus forts que la vie. Immortels. Uniques. Puis, comme souvent dans les passions, notre relation s'est mise à ressembler aux montagnes russes. Avec Damien, je passais du drame à l'extase, de l'orgasme aux sanglots dans la même heure. Il y avait entre nous une très grande dépendance physique et affective. Notre histoire a duré un an et demi, avec quelques interruptions. Il disparaissait parfois quelque temps. Je ne comprenais pas pourquoi, mais j'avais décidé de patienter et de lui faire confiance. J'étais tellement folle amoureuse de Damien que j'avais perdu toute objectivité. La lucidité que j'ai d'ordinaire me concernant, mais aussi les autres, m'avait complètement abandonnée. C'est le cas lorsque les émotions sont trop intenses. Notre relation était trop forte, trop brûlante, elle n'était pas faite pour durer. Damien avait de plus en plus de mal à en assumer l'intensité. Il a commencé à s'éloigner peu à peu. Je pense que son divorce était trop récent, qu'il n'était pas prêt à s'engager dans une nouvelle histoire si rapidement. Quant à moi, je ne me suis pas battue pour le retenir. La fulgurance et la puissance de notre passion amoureuse faisaient qu'elle ne pouvait pas durer, je pense que nos corps et nos cœurs ne l'auraient pas supporté. Alors j'ai laissé faire, j'ai laissé l'histoire aller jusqu'où elle devait aller naturellement, sans forcer, sans intervenir, sans chercher à l'influencer. Je l'ai laissée libre d'aller là où bon lui semblait, là où était son destin. Puis un jour, je me souviens que c'était un vendredi 13 – on se rappelle toujours les événements particuliers qui ont lieu ce jour-là, même quand on n'est pas superstitieux – tout a dégénéré. Notre relation se dégradait, je sentais qu'elle était en train de se terminer. J'ai rejoint Damien à Cannes pour le week-end. C'était une erreur. Notre histoire a volé en éclats le premier soir, elle s'est brisée en mille morceaux dans une dispute finale qui ressemblait à un feu d'artifice. Les fragments de notre passion sont retombés comme des miettes sur le sol, à jamais séparés. Damien a claqué la porte et n'est jamais revenu. Il a jeté les clés de notre amour, brisé pour toujours le cœur qui nous unissait. Il a retrouvé sa femme. Face à un mariage de dix ans, je ne pouvais rien faire. Il n'y avait pas à lutter. J'ai lâché. Il avait beau ne rien m'avoir promis, je m'étais malgré tout accrochée à lui, à notre histoire. Peut-être en raison de ces signes qui nous rapprochaient depuis le début, de cette synchronicité qui nous avait réunis. Nos chemins s'étaient tant de fois croisés, comme si une force extérieure nous avait poussés l'un vers l'autre, que j'étais persuadée que Damien était l'homme de ma vie. Il me paraissait évident que nous étions faits l'un pour l'autre. Je n'ai rien compris, rien vu venir et, pour moi qui cernais si bien les autres, c'était à l'époque un mystère d'être ainsi passée à côté de la vérité. Rien de très original. Ce sont des sentiments que chaque personne amoureuse éprouve lorsqu'elle est rejetée ou quittée. Ils sont inhérents à la déception amoureuse. Sauf que mon sixième sens me permet généralement d'éviter de me retrouver dans ce genre de situation. Avec Damien, mon intuition s'est trompée. Elle est passée à côté de la vérité. Elle me soufflait tout autre chose. Elle me conseillait de rester, d'attendre, d'être patiente. Elle me suggérait que Damien m'aimait et qu'il allait revenir. Quand on aime quelqu'un très fort, il arrive que l'on se trompe, que ses intuitions soient faussées par les sentiments. Dès notre rencontre, nous avons beaucoup pensé l'un à l'autre et nous nous sommes attirés. On attire l'expérience que l'on doit vivre, je l'ai gâchée par trop de passion mais j'en ai tiré de vrais enseignements.

J'ai vécu une autre synchronicité avec un animateur de radio avec lequel j'avais sympathisé adolescente. Je venais de déménager dans un quartier parisien proche d'une radio où cet animateur fit son arrivée quelques mois après mon installation. Nous étions à deux immeubles l'un de l'autre. Je le savais, j'ai souvent été tentée de l'inviter à prendre un café. Après tout, c'était lui qui m'avait inspiré l'envie de faire de la radio. Cet animateur fut un modèle pour moi. Il était brillant, épatant. Mais je n'ai jamais osé l'appeler. J'imaginais qu'il m'en voudrait encore d'avoir menti sur mon âge quand je collaborais avec lui. Quinze ans plus tard je me sentais toujours honteuse et coupable vis-à-vis de lui. Je ne pouvais pas imaginer que mon mensonge d'adolescente n'ait été pour lui qu'une anecdote, oubliée en quelques jours. J'avais l'impression qu'il serait tatoué en grand sur mon front si je me retrouvais en face de lui. Un an plus tard, l'animateur Sébastien Cauet m'a invitée à participer à une émission sur NRJ. Par le plus grand des hasards, je suis tombée sur cet animateur en sortant. À ma grande surprise, il ne m'a pas jugée. Il a au contraire été gentil et bienveillant.

Un an plus tard, j'ai quitté le seizième arrondissement de Paris pour m'installer à Neuilly. J'aimais le calme et la beauté de cette ville, son côté chic et aéré, paisible et élégant, loin du tumulte et de la faune parisienne. Quand on a passé son enfance au bord de la mer, dans la nature, on a besoin d'échapper à ce Paris dont l'urbanité vous écrase. La dureté des rapports humains dans la rue a toujours été compliquée à gérer pour mon hypersensibilité. À Neuilly, j'échappe au stress, à l'agressivité de la rue parisienne. Neuilly me rappelle Juan-les-Pins, son ambiance de petite ville tranquille. Je m'y sens moins polluée. Mais ce que j'aime par-dessus tout à Neuilly, ce sont ses bonnes énergies. J'adore Paris. J'ai toujours aimé le dynamisme qui y circule, qui nous transporte, qui nous force à aller de l'avant. Mais depuis les attentats du 13 novembre, l'énergie y est devenue négative. Étant en permanence connectée avec le monde qui m'entoure, je suis sensible aux énergies d'une ville, d'un lieu, d'une personne.

À peine avais-je emménagé à Neuilly que le propriétaire m'a annoncé qu'il devait récupérer l'appartement pour sa sœur en difficulté. J'avais deux mois pour plier bagage. Trouver un autre appartement dans le même quartier fut laborieux. Mes amis ne comprenaient pas pourquoi je ne revenais pas à Paris, où j'avais plusieurs possibilités de location, pourquoi je m'entêtais à ce point. C'était en effet la solution de facilité. Mais mon intuition me dictait de rester à Neuilly et j'ai fini par trouver… C'est comme ça que je me suis retrouvée la voisine de l'animateur de ma jeunesse. Deux mois plus tard, je l'ai croisé dans le garage où je n'allais presque jamais car je n'avais pas de voiture. Nous habitions le même immeuble. C'est drôle, je l'ai connu lorsqu'il venait d'arriver à Fun Radio et je l'ai retrouvé au moment où il venait d'accepter un poste à responsabilité sur une autre radio. Et désormais nous étions voisins. Toutes ces coïncidences m'ont rapprochée de lui, et nous sommes devenus copains. Devenir proche de l'homme que j'admirais le plus depuis l'adolescence, c'était pour moi une chose inespérée. C'est un peu comme si mes copains pouvaient aller boire un café avec le footballeur Antoine Griezmann ou mes copines avec le chanteur Chris Martin… Les synchronicités sont parfois des cadeaux…

Mes synchronicités ne sont pas limitées aux rencontres. Elles rythment mon existence de manière quasi quotidienne. Mes amis me disent que ma vie est une série télévisée, pleine de rebondissements, de suspens, de surprises. C'est vrai que j'ai l'impression de toujours faire les bonnes rencontres au bon moment. Sans doute parce que mon hypersensibilité, qui perçoit mon entourage et le monde extérieur, donne leur chance à tous les événements impromptus, qu'elle m'ouvre le champ des possibles. Pourtant, tout commence parfois par une galère. Comme ce jour où je me suis fait voler mes clés et mon portefeuille. Dans le métro ou dans la rue, je n'ai jamais su. Un incident banal à Paris. Qui entraîne toujours quelques jours de désagrément, le temps de faire opposition sur ses moyens de paiement, de changer sa serrure, de faire refaire ses papiers d'identité... Deux mois plus tard, quelqu'un m'appelle sur mon portable pour me dire qu'il a retrouvé mon portefeuille près d'une poubelle. Ça aussi, ça arrive régulièrement. Ce qui est plus troublant, c'est que j'avais, deux jours avant le vol, glissé dans mon portefeuille une liste de numéros à appeler en cas d'urgence, dont le mien. C'était la première fois que je faisais cela. Je ne sais pas pourquoi je l'ai fait ce jour-là. Je pensais qu'il fallait que je le fasse, j'avais suivi une intuition. J'ai appris à la suivre sans réfléchir dans ces moments-là. J'ai pris rendez-vous avec l'homme qui m'avait retrouvée grâce à ce bout de papier, pour récupérer mon portefeuille. Nous avons très vite sympathisé. Je le trouvais sensible, élégant, sympathique. Il vivait une rupture sentimentale difficile, accumulait les problèmes, il était déprimé, perdu. Nous avons longtemps et beaucoup parlé. Nous nous sommes revus plusieurs fois. C'est devenu un copain, en quelque sorte. Quelques semaines plus tard, un soir, j'ai eu un mauvais pressentiment le concernant. J'étais persuadée qu'il allait très mal. Comme toujours dans ces cas-là, j'étais oppressée, j'avais le ventre noué. Je l'ai appelé mais il n'a pas répondu. Alors, n'écoutant que mon intuition, j'ai traversé tout Paris pour aller chez lui. Il a ouvert la porte après plusieurs coups de sonnette. Je l'ai trouvé prostré, enfermé dans le noir, au sens propre comme au sens figuré. J'ai vu un homme effondré, dont toute vie semblait avoir abandonné les yeux. Un homme au bout du rouleau. J'ai mis plusieurs heures à le remettre sur le chemin de la vie. Plus tard, en me remerciant, il m'a confié que si je n'étais pas venue ce soir-là, il se serait sans doute suicidé. Je ne sais pas si c'est vrai, je ne sais pas s'il l'aurait fait, mais c'est en tout cas comme ça que lui raconte l'histoire et la ressent. J'étais arrivée pile au bon moment, celui précis où il sombrait et voulait briser le dernier lien qui le reliait à la vie. Et tout avait commencé par une histoire de portefeuille volé… Des synchronicités de ce genre, j'en vis plusieurs fois par mois.

Mais là encore, rien à voir avec la magie ou la mystique. La synchronicité est une occurrence simultanée d'au moins deux événements qui ne présentent pas de liens de causalité, mais dont l'association prend un sens pour la personne qui les perçoit. Elle apparaît toujours de manière fortuite et choquante pour le sens commun. Le concept a été attribué au célèbre psychanalyste Carl Gustav Jung. Il évoquait la « simultanéité d'un certain état psychique avec un ou plusieurs événements parallèles signifiants par rapport à l'état subjectif du moment ». Jung postule qu'il existe une correspondance entre intérieur et extérieur, entre psyché et matière, une implication entre le physique et le psychique. La révélation lui en a été faite pendant une séance avec une patiente, qui a depuis servi de modèle et d'exemple à des milliers de psychanalystes. La patiente de Jung était en train de lui raconter qu'elle avait rêvé d'un scarabée vert et doré quand soudain un petit bruit à la fenêtre fit sursauter et se retourner le psychanalyste : un scarabée vert et doré venait justement de se cogner contre la vitre, comme s'il frappait contre elle. Jung ouvrit la fenêtre et l'attrapa au vol. « Le voilà, votre scarabée », aurait-il dit à sa patiente. Cette dernière était dotée d'un rationalisme cartésien si développé que le psychiatre n'arrivait plus à la faire progresser vers une « compréhension plus humaine du monde ». Son éducation, rigide et poussée l'empêchait de sortir d'une vision du monde très « géométrique ». Sa psychanalyse ne progressait plus depuis plusieurs mois. C'est ce simple scarabée qui, enfin, « perfora son rationalisme et brisa la glace de sa résistance intellectuelle ». La patiente reçut un choc qui ébranla ses certitudes intérieures. Cette corrélation permit à Jung de relancer la thérapie. Depuis, « le rêve du scarabée d'or » est devenu l'exemple canonique de la synchronicité. Selon Jung, il existerait un inconscient collectif situé dans une autre dimension, hors de l'espace-temps, une sorte de supraconscience cosmique à laquelle nous serions reliés par notre inconscient personnel.

Il existe un autre exemple de synchronicité très connu. Il concerne les assassinats des deux présidents américains Abraham Lincoln et J. F. Kennedy. Lincoln a été élu en 1860, Kennedy en 1960. Les deux hommes ont été tués près de leur épouse, par-derrière et d'une balle dans la tête. Le garde du corps de Lincoln s'appelait Kennedy et celui de Kennedy s'appelait Lincoln. La secrétaire de Lincoln s'appelait Kennedy et celle de Kennedy, Lincoln. Les deux assassins présumés, Booth et Oswald, étaient nés le premier en 1839, le second en 1939. Même si c'est difficile à croire…

La pensée rationnelle répond aux synchronicités en évoquant le hasard ou la subjectivité de l'observateur. Le sens commun les traduit par différentes expressions : « Le monde est petit », « Les grands esprits se rencontrent » ou « La loi des séries ». Chacun en a déjà fait l'expérience en recevant un jour un appel téléphonique d'une personne à laquelle il était justement en train de penser. La synchronicité pose un défi à la notion de causalité telle qu'on l'entend habituellement. Étant acausale, son existence réelle est généralement mise en doute par tous ceux qui ont une vision du monde uniquement déterministe. On peut les comprendre. Un événement statistique improbable n'a, par définition, que très peu de chances de se produire. Mais si on analyse une grande quantité d'événements improbables, il y a toutes les chances qu'il puisse s'en produire un. De même, si on remarque les coïncidences qui nous sont arrivées, on ne peut pas compter celles qui n'ont pas été réalisées. Si la probabilité statistique est certes mince, elle relève néanmoins du possible. Dans les synchronicités, la fiabilité du résultat ne dépend que de l'interprétation de l'expérimentation, ce qui n'est pas admissible dans un cadre scientifique.

Les synchronicités sont des événements liés par le sens et non pas la cause. Moi qui les vis et les ressens tout le temps, je sais que ces coïncidences mystérieuses et complexes sont un signe qui apparaît à un moment clé et peut influencer la vie d'une personne, répondre à ses questions. Elles sont parfois anodines, mais peuvent aussi arriver dans les périodes de transition de la vie. Elles ont un lien étroit avec l'intuition. C'est bien parce qu'elles sont chargées de sens qu'elles laissent une profonde et troublante impression au témoin. Ces heureuses coïncidences, qui arrivent « comme par magie », permettent très souvent de débloquer une situation ou d'accéder à nos désirs. Selon Jung, ce sont des « hasards nécessaires », une sorte de réponse de l'Univers à un besoin exprimé consciemment ou inconsciemment par la personne et venant transcender l'espace et le temps. La synchronicité serait une véritable création entre l'esprit et la matière, entre le psychisme de l'observateur et le monde extérieur objectif. Je les appelle souvent un « hasard intelligent » porteur de sens. Si cette notion est peu comprise dans nos sociétés occidentales, elle est plus naturelle en Orient, où l'on conçoit le hasard dans sa globalité, comme une loi de cause à effet. Rencontrer l'homme que vous aimez grâce à une synchronicité ne signifie pas que c'est l'homme de votre vie. Vous avez attiré la rencontre et votre intuition vous a, consciemment ou inconsciemment, guidé. C'est parfois une réponse sur le moment mais pas une finalité.

Cinq signes annonciateurs de synchronicité

– Croiser une personne à laquelle vous étiez en train de penser ou recevoir d'elle un coup de téléphone, un SMS ou un mail.

– Entendre des inconnus dans la rue discuter d'une chose à laquelle vous étiez en train de penser.

– Voir un film ou tomber sur une chanson à la radio qui évoque les problèmes auxquels vous faites précisément face.

– Recevoir un message bienveillant au moment où vous en aviez justement besoin.

– Tomber par hasard sur une personne qui vous aide à résoudre un problème dont vous n'arriviez pas à vous débarrasser, comme si elle avait été placée exprès sur votre chemin.

– 16 –

Le coaching

Aujourd'hui, j'ai mon propre cabinet de coaching. Et je me sers de mon expérience – en plus de mes intuitions – pour conseiller mes clients. « Ce qui ne me tue pas me rend plus fort », disait Nietzsche. J'en ai tellement fait l'expérience. On ne sait jamais à quel point on peut être fort jusqu'au jour où être fort est la seule option possible. J'ai franchi une quantité d'obstacles qui me barraient la route. J'ai enduré des épreuves qui m'ont déstabilisée, reçu des coups dont certains m'ont mise K.-O. et traversé des galères qui ont eu raison de mon assurance et m'ont fait perdre le contrôle de moi-même. Mais je me suis relevée. Toujours. J'ai affronté l'adversité, j'ai rendu les coups. Je me suis battue avec mes armes. Et j'ai tenu bon. C'était dur et long. J'ai cru que je n'y arriverai jamais. Mais je n'ai pas abandonné. Et puis un jour, je me suis retournée, j'ai observé le chemin parcouru et j'ai réalisé que j'avais réussi !

C'est ce que j'explique à mes clients pour les convaincre qu'ils peuvent eux aussi conjurer le mauvais sort, modifier la trajectoire de leur destin et reprendre le contrôle de leur vie. Car nous avons le contrôle de notre vie. Nous décidons. Les efforts et le travail sur soi sont toujours récompensés. On peut changer le cours des choses rien qu'en changeant son attitude. Lorsqu'on fait ce qu'il faut, qu'on prend sa vie à bras-le-corps, qu'on la secoue pour la réveiller, lorsqu'on se force à affronter nos démons intérieurs et qu'on cesse de s'apitoyer sur soi ou d'invoquer la fatalité pour ne pas agir, même quand c'est très douloureux, on s'en sort. Ne jamais abandonner. Une chose est certaine : on est plus fort quand on a une attitude positive. Je considère que rien n'est jamais écrit d'avance. Chacun abrite en soi des potentiels qu'il peut exploiter, pour peu qu'il les utilise à bon escient. Je crois bien sûr qu'il y a un destin, mais qu'il est façonné par les décisions que nous dicte notre libre arbitre. Nous restons les artisans de notre vie. Le destin peut nous tomber dessus. Mais c'est nous qui décidons de ce que nous en faisons. On a toujours le choix. Même les religions nous apprennent que nous serons jugés selon nos choix. C'est ce que j'apprends à mes clients.

Mes intuitions constituent la base de mon travail de coaching. Lorsqu'une personne vient me voir dans mon cabinet ou me téléphone, je la préviens tout de suite : je ne suis pas une coach classique. Je travaille à partir de mes intuitions, que j'appelle des flashs, car elles me viennent par fulgurances. La première séance se déroule toujours de la même façon. Je demande à la personne ce qui l'amène et dans quel domaine elle veut travailler : professionnel, sentimental, financier…

Plus le sujet est ciblé, plus le conseil sera précis. Mais ce n'est pas toujours possible : certains clients arrivent dans mon cabinet avec des questions concernant tous ces domaines à la fois. Ils sont incapables de faire le tri. Leurs attentes et leurs requêtes sont confuses. La première étape consiste à m'assurer que le client ou la cliente acceptent que je fasse une évaluation initiale basée sur mes intuitions. Pour ce premier tour d'horizon, je ne veux surtout aucun détail. C'est très important car c'est ce vide, cette absence d'informations qui me permet de rester neutre et objective. Je préfère également que la personne qui vient me voir pour la première fois n'ait pas préparé la séance. Je ne veux surtout pas qu'elle ait réfléchi à ce qu'elle allait me dire, qu'elle perde le fil de son instinct premier, qu'elle dissimule ce qui est important et qu'elle m'influence ou m'oriente dans une direction différente de celle que j'aurais dû prendre spontanément. Ce n'est pas évident pour mes clients mais j'essaie de les aider à faire le vide.

Lorsqu'on les enrobe de désir, lorsqu'on les drape de projections, lorsqu'on les travaille ou qu'on les analyse, les intuitions s'altèrent. Si on nourrit d'informations notre intellect, il les analysera, car c'est son job. Il parasitera le processus intuitif. C'est pourquoi la personne qui s'installe en face de moi doit être vierge. Elle ne doit pas se dévoiler. Moins j'en sais, mieux c'est. Elle et moi devons avoir fait le vide en nous. Ainsi je peux m'assurer que les descriptions seront vraiment issues de mon intuition. Le client ou la cliente n'ont donc besoin de me fournir que leurs nom et prénom. La date de naissance peut donner un résultat plus précis. Elle permet de ne pas créer de quiproquo avec un éventuel homonyme quand la conversation a lieu notamment à distance. Car je n'ai, en théorie, pas besoin de rencontrer les clients que je conseille. Dans certains cas, la distance m'aide au contraire à ne pas être influencée par leurs émotions ou leur stress, quand ils sont intenses. Je pourrais même être aveugle et exercer mon métier. D'ailleurs, c'est assez troublant mais ma vue a fortement baissé à partir du moment où j'ai commencé à développer mon intelligence intuitive et à la pousser le plus loin possible. Parfois, cela m'effraie, je me fais peur à imaginer que je perdrai peut-être complètement la vue, qu'elle aura été chassée et remplacée par mon sixième sens… Dans certaines cultures ancestrales, le don de clairvoyance va de pair avec le fait d'être aveugle. L'aveugle est celui qui ignore les apparences trompeuses du monde mais a le privilège de connaître la réalité secrète et profonde du commun des mortels.

La concentration qui suit cette première phase est intense et rapide. Elle surgit comme un éclair. Les images se superposent d'un coup dans ma tête. Immédiatement, je capte des informations grâce à mon hypersensibilité, à ma capacité de comprendre globalement la personne que je coache et à saisir ses émotions. Je les lui livre exactement comme je les ressens. Sans les commenter, sans les analyser, sans les dramatiser, sans les enjoliver, sans les exagérer. J'effectue juste un tri en elles pour cerner au plus près, comprendre au mieux le message produit par l'intuition. Il s'agit d'un matériau brut à partir duquel nous allons travailler.

Lorsqu'une personne vient me voir en me disant que sa vie entière est en panne, que rien ne fonctionne plus, ni l'amour, ni la famille, ni le travail, quand elle n'est pas capable d'identifier elle-même la source principale du problème, de l'isoler et de la nommer, c'est l'intuition qui le fera. Elle établit toujours instantanément une hiérarchie entre les sujets. Celui qui arrive en tête, qui surgit le premier, est toujours le bon – mais elle ne le sait pas toujours –, c'est-à-dire celui qui est à l'origine du mal-être du client, la source principale de son problème, la raison profonde qui lui a fait franchir la porte de mon cabinet. Le rôle premier de l'intuition dans la séance de coaching est donc de classer, d'organiser et de hiérarchiser les problèmes, de cibler les préoccupations du client, de séparer l'important du secondaire, afin d'être mieux à même de travailler et d'avancer. Il arrive qu'une personne vienne me voir pour traiter un sujet particulier et que mon intuition en ressorte un autre. Cela veut toujours dire quelque chose. En général, cela signifie que le domaine que le client voulait aborder est moins important et moins problématique que celui qui a été ciblé par mon sixième sens. Mais c'est à lui de décider s'il a envie ou non de changer de priorité. De remplacer l'amour par le travail, par exemple. Ou le contraire. Jamais je n'aborde un sujet si on ne me l'a pas spécifiquement demandé, même s'il me semble important à fouiller. Je respecte le silence et la pudeur de la personne qui vient me voir. Je respecte ses blocages, ses névroses, ses doutes et ses hésitations. Tout le monde n'est pas prêt à recevoir un avis, *a fortiori* d'une inconnue, sur tous les sujets qui le concernent. Mais pour que le travail soit efficace, il faut que l'individu soit prêt à entendre ce que je vais lui dire. Même si c'est douloureux. Je prends des gants pour annoncer ce qui est désagréable à entendre, mais je ne cache pas les mauvaises nouvelles, les intuitions négatives. On préfère souvent continuer à vivre dans le mensonge plutôt qu'affronter sa ou ses vérités. On a l'impression que cette attitude est plus confortable, moins dangereuse. Moi je sais qu'au fond c'est le contraire : on souffre plus en se cachant qu'en affrontant la vérité. Mais il faut parfois emprunter un long chemin avant de faire sienne cette certitude. Avec mes clients, je fais toujours preuve d'une grande délicatesse. Un conseil de coaching basé sur les intuitions n'est jamais anodin. Il faut faire attention à ne pas déstabiliser les gens, à ne pas en dire davantage que ce qu'ils sont capables d'entendre, d'assumer, de supporter. Sinon, la séance peut mal tourner et être contre-productive.

Après avoir cerné la situation par moi-même, je fais part à mon client des indications fournies par mon intuition. Voilà le type de commentaires que je peux faire : « Vous attendez une évolution dans votre carrière depuis le début de l'année, est-ce exact ? Votre nouveau projet professionnel est dans une autre ville, n'est-ce pas ? Le problème, c'est que vous faites ce choix par amour et qu'en ce moment, vous n'êtes pas sûre de vous. » Mon intuition me fournit parfois des prénoms ou des anecdotes liées à la vie du client. Je pourrais par exemple ajouter : « Vous avez dû vous disputer avec votre ami en décembre avant de prendre cette décision qui ressemble à un ultimatum. » Dans un deuxième temps, je demande au client si ces informations lui parlent, si elles évoquent quelque chose en lui. Et s'il accepte de m'expliquer à son tour les raisons pour lesquelles j'ai ressenti cela. En général, les patients sont étonnés. Voire bluffés. Leur situation, me disent-ils, a été parfaitement résumée. C'est alors qu'ils entrent vraiment en scène en me confiant ce qui leur arrive et que moi je quitte provisoirement le domaine de l'intuition pour rentrer dans celui du coaching en accédant à leur intimité. Je leur donne les conseils les plus neutres et objectifs qui soient. Je les aide à prendre du recul. Je me saisis de leurs doutes et donne un avis consultatif. J'essaie de leur montrer qu'ils ont la réponse en eux. D'ailleurs, si elle s'impose à mon sixième sens, c'est bien qu'ils la possèdent, car encore une fois je ne suis pas une magicienne. Ma seule compétence est de savoir appréhender en profondeur les individus. Avec un peu d'entraînement, chacun d'entre eux peut arriver à la même conclusion que celle qui m'a été soufflée par mon sixième sens. Je demande ainsi à mes clients s'ils ont eu des intuitions, reçu des signes, fait des rêves qui auraient pu les guider dans une direction particulière. J'insiste pour connaître leur première impression, car c'est souvent la bonne. Mon but est de les préparer à s'écouter et de les aider à ne plus négliger leur intuition, leur instinct.

Ajoutées à mon sixième sens, les études de programmation neurolinguistique et de psychologie positive que j'ai suivies en arrivant à Paris me permettent de savoir comment dire à mes patients ce qu'ils ne veulent pas entendre. La psychologie positive est une discipline très récente – même si elle a des racines anciennes, puisque certains de ses principes remontent à Aristote et à sa conception d'une nature humaine tournée vers la bonté et les vertus – fondée en 1998 aux États-Unis. Elle est révolutionnaire en ce sens que, contrairement à la psychologie classique, qui considère l'individu comme étant la résultante de conflits de l'enfance, d'instincts et de forces biologiques difficiles à contrôler, elle s'intéresse à ce qui rend les gens heureux. Son objectif est de permettre à l'individu de développer en lui la compassion, la capacité d'aimer et d'être aimé, de donner du sens à ses actions, de changer en lui ce qui peut être changé et de développer une résilience face à ce qui est impossible à éviter. La psychologie positive s'intéresse surtout au bien-être et à la santé, à ce qui permet aux êtres humains d'être optimistes plutôt qu'aux sources des psychopathologies. Selon son fondateur, Martin Seligman, « elle étudie ce qui donne un sens à la vie ». Au lieu de se concentrer uniquement sur les difficultés, elle entraîne l'esprit à percevoir ce qu'il y a de gratifiant et de joyeux dans la vie. Elle permet de mieux vivre et d'appréhender l'avenir avec sérénité. J'utilise sa philosophie et ses méthodes dans mon travail de coaching. Chez moi c'est plus évident, j'ai grandi et avancé avec ma sensibilité positive. Mais certains avancent comme des robots. Il faut les aider à retrouver le sel de la vie. La phrase clef pour les faire réagir, c'est que nous ne sommes que de passage.

Je travaille progressivement, en ménageant mes clients. Je les soutiens, je leur accorde de l'attention, je leur transmets du courage en insistant sur les côtés positifs, sur les bénéfices qu'ils pourraient retirer de la situation, car il y en a toujours. Voilà un exemple de conseil que je pourrais délivrer : « Je vous donne mon avis. Si vous suivez la voie dans laquelle vous vous êtes engagé jusque-là, vous irez droit dans le mur. Vous pensez pouvoir obtenir mieux si vous attendez encore un peu. Mais dans trois mois, la situation sera sans issue. » Un conseil de ce type peut décevoir ou encore heurter. J'imagine que certains peuvent se dire, même si au fond c'est aussi un peu pour cela qu'ils viennent me voir : « De quoi se mêle-t-elle ? » Mais mon but n'est ni de juger ni de faire la morale. Je leur donne les options que j'ai anticipées et ils décident, selon leur libre-arbitre. Mon objectif est seulement d'aider la personne qui vient me voir à trouver sa route, de l'apaiser et de l'accompagner dans sa prise de décision en toute conscience, pour la sortir de l'impasse dans laquelle elle se trouve.

Les intuitions concernant les clients qui viennent me voir pour la première fois fusent aussi rapidement que celles qui me concernent personnellement. Elles peuvent parfois surgir avant même que la personne ne parle et ne me dise son nom. Évidemment, nombreux sont ceux, hommes et femmes, qui viennent me consulter pour des problèmes de couple ou de relations amoureuses. Ils ont été quittés, n'arrivent pas à assumer une rupture amoureuse, vivent une double relation, ont des questionnements sur leur identité sexuelle… Les histoires de cœur envahissent littéralement mon cabinet. Je pourrais presque, si je le voulais, me spécialiser dans cette discipline ! Il faut dire que je suis particulièrement à l'aise dans ce domaine. Je sais instinctivement, lorsqu'une personne vient me consulter parce qu'elle a été quittée, si elle a une chance de reconquérir l'être aimé. Je sais si le combat vaut la peine ou non d'être mené pour l'être aimé. Je le ressens au creux de mon ventre.

À force de le travailler et de le développer, mon sixième sens est devenu très rigoureux. Pendant des années, je me suis entraînée à faire correspondre des dates, des noms et des lieux à mes intuitions. À pousser ces dernières le plus loin possible, afin de les rendre lisibles et concrètes. À décoder mon propre langage intuitif. Au début, ça ne marchait pas beaucoup, puis j'ai commencé à obtenir des résultats positifs, mais de manière assez aléatoire. Même si j'ignorais encore le plein pouvoir de l'intuition, quelque chose me poussait à me tester en permanence. Aujourd'hui, après des années d'entraînement, je suis capable de fournir la date des rencontres que j'annonce. Je peux prévenir un client par exemple que l'être cher le recontactera en juin ou en juillet. Les personnes qui nous sont proches, me direz-vous, disparaissent rarement de la circulation du jour au lendemain. . Même en cas de rupture amoureuse, il est rare que les ponts soient définitivement coupés tout de suite. Avant de se séparer pour toujours, ou de transformer leur relation amoureuse en amitié, les couples, les anciens amants se parlent, même mal, se revoient, même brièvement. Il n'est donc pas extraordinaire d'annoncer à quelqu'un qui vient d'être quitté qu'il va être recontacté par sa femme ou son ancien amoureux dans un ou deux mois. C'est un peu comme les horoscopes qui promettent une rencontre ou un changement professionnel dans l'année. Les promesses sont si vagues et formulées de telle manière qu'elles peuvent s'adresser à tous et que ça marche à tous les coups. À ceci près que mes prédictions se réalisent toujours de manière très précise. Je perçois dans la personne qui me fait face tout ce qui permettra leur concrétisation : volonté, réceptivité, disposition particulière de l'autre dont il est question et que je ne connais pas.

Une fois que nous avons établi un état complet de la situation, je propose un coaching sur mesure. J'élabore une stratégie ou un modèle en fonction de la personnalité des individus avec lesquels je travaille. Il faudra une ou plusieurs séances, selon le besoin et la volonté du client. Si une personne vient par exemple me consulter après une rupture amoureuse, je lui proposerai des techniques et des solutions pour l'aider à mieux accepter la séparation. L'objectif est d'accompagner mes clients pour les aider à atteindre les objectifs que nous avons fixés ensemble : surmonter une peine de cœur, choisir entre leur mari et leur amant ou entre leur femme et leur maîtresse, quitter un travail qui les ennuie, déménager pour partir à l'étranger, changer de profession… Les séances de travail ne sont pas toujours fluides. Il y a des faux départs, des courses interrompues, des moments de doute. Mon rôle est aussi celui-là : aider mes clients à tout surmonter. L'échec, ce n'est pas grave, ce qui compte, c'est d'essayer et de persévérer car l'effort paie toujours. Comme pour arrêter de fumer, il peut falloir plusieurs tentatives avant de réussir. Réussir, c'est aussi parfois renoncer. Ne plus persévérer. Passer à autre chose. Certains mettront deux ans à trouver le courage de changer de travail, d'autres s'y prendront à trois reprises avant de quitter celui ou celle qui les rend malheureux. D'autres enfin franchiront le pas en quelques semaines. Le rythme de chacun est différent, et il faut le respecter.

Je les aide enfin à croire en eux. Les gens oublient qu'ils peuvent choisir d'être heureux, qu'ils peuvent décider de ne pas se laisser envahir par une situation, de ne pas subir les événements et que, dans la vie, tout le monde a le choix. C'est justement parce que la période actuelle est difficile qu'il ne faut pas renoncer à ce qui nous rend heureux. Ce que je leur apprends surtout, c'est à s'écouter. Bien sûr, ils auront toujours besoin d'un avis extérieur. Mais au moment de prendre une décision, ils sauront être à l'écoute de leur cœur, de leur ventre, de leur voix intérieure. Pour en arriver là, il leur aura fallu actionner longtemps les bons mécanismes, refaire souvent des exercices adaptés à leur personnalité. Une fois que ces mécanismes sont bien intégrés et installés, je les laisse avancer seuls. Car lorsqu'ils ont repris confiance en eux, en leurs atouts et en leur possibilité d'influencer leur destin, ils peuvent avancer, agir et faire le bon choix. Ils sont redevenus autonomes.

Mais attention, je ne réussis pas à tous les coups. Je ne peux par exemple rien pour les clients atteints de pathologies graves, qu'elles soient mentales ou physiques. Je n'ai ni la volonté ni l'aptitude nécessaires pour travailler avec des gens souffrant de grave dépression, qui sont sous antidépresseurs et suivis par un psychiatre. Je ne suis ni médecin ni psy. Des patients atteints de troubles psychiatriques pourraient avoir tendance à se reposer entièrement sur mes conseils, sans réflexion critique, sans pensée indépendante. N'ayant pas le moyen de penser par eux-mêmes de manière rationnelle, ils s'en remettront facilement à une puissance tutélaire. Je ne veux pas avoir leur vie entre les mains. Ce n'est ni mon rôle ni de ma compétence. Ce serait trop dangereux.

Dans tous les cas, ce n'est pas ce qui nous arrive qui importe, mais ce que nous allons en faire. Je donne ce conseil à tous mes clients sans exception : les choses ne viennent jamais par hasard. De manière consciente ou inconsciente, on décide, on attire, on provoque ce qui nous arrive. Attention, je ne suis pas en train de vous dire qu'une leucémie, une maladie orpheline ou même la plupart des maladies graves ne sont pas des coups du sort et que l'on peut les conjurer en s'écoutant ! Surtout pas ! Je veux simplement dire que certaines choses arrivent au bon moment, lorsqu'on est prêt ; aucune épreuve qu'on a attirée n'est impossible à surmonter. Je vous donne un exemple. Sam, qui depuis est devenu un ami, est venu me consulter un jour, complètement désemparé. Une histoire finalement assez banale. Il était marié depuis dix ans, avait deux beaux enfants et se pensait heureux en ménage… jusqu'à ce que sa femme le trompe. Du jour au lendemain, son monde s'est effondré, ses certitudes ont vacillé et son moral a plongé largement au-dessous du niveau de la mer. Mon rôle fut de l'accompagner pour l'aider à faire le deuil de son histoire. Car il était acquis pour lui comme pour moi qu'elle ne pouvait pas être sauvée. Je lui ai dit qu'il devait chercher en lui et en lui seul les raisons qui avaient conduit à cette situation. Au fur et à mesure de nos rendez-vous, il s'est mis à changer. Il a d'abord écrit des poèmes puis s'est remis à la peinture, comme lorsqu'il était jeune. Il a renoué avec ces deux passions qu'il avait ensevelies avec son mariage. Il a recommencé à vivre. Il s'est épanoui, révélé. En fait, Sam n'avait jamais été lui-même depuis qu'il s'était installé en couple. Il était devenu ce que sa femme voulait qu'il soit, ce que ses parents, aussi, voulaient qu'il soit. Un type bien rangé, ancré dans son mariage bourgeois, inscrit dans une vie confortable qui ne tolérait aucune originalité et bannissait les chemins de traverse. Après beaucoup de souffrance la fin de son mariage s'est révélée être une délivrance. Aujourd'hui, il prétend n'avoir jamais été aussi heureux. Il est libre. Beaucoup de gens ne sont pas prêts à laisser partir ce qui n'a plus sa place dans leur vie, à se défaire des chaînes invisibles qui entravent leur bonheur. Sam a réussi à le faire. Voilà le type de résultat que l'on peut obtenir lorsqu'on se sert de l'intuition comme base du coaching. À chaque consultation, je mobilise mon sixième sens pour le mettre au service du client qui vient me voir. Comment se manifeste concrètement chez moi ce phénomène ? J'ai l'impression qu'une partie de mon cerveau, le droit, se connecte à la personne qui me fait face. Comme si mon cerveau était un ordinateur. J'ai alors la certitude absolue de comprendre finement et parfaitement les événements, les émotions, les messages émis par l'inconscient de l'autre. Puis le travail se fait à deux. Et quel bonheur quand ça marche ! Il n'y a rien de plus gratifiant. Quelle satisfaction lorsque je vois un client passer de l'enfer au bonheur ! Car le cas de Sam est loin d'être une exception. Prenons l'exemple de Marc. Marc était un client très malheureux. Il ne croyait plus en rien. Toute envie de vivre l'avait déserté. L'existence l'avait abattu, mis à terre. Il a franchi la porte de mon cabinet par hasard, peu de temps après mon installation. Il cherchait quelqu'un d'autre, il s'est trompé de porte, il est tombé sur moi. Je me souviens avoir immédiatement repéré une belle âme et un beau cœur. Mais il les avait profondément enfouis sous le chagrin et la colère. Il voyait tout en noir. Voilà ce qu'il me disait : « Ne pensez-vous pas que certaines personnes sont faites pour souffrir ? Que certains individus ne peuvent pas échapper à leur destin maudit ? » Lorsque je lui disais de s'écouter, il me répondait qu'il ne faisait que des mauvais choix. Je rétorquais qu'il n'y avait pas de bons ni de mauvais choix dans la vie, qu'il n'y avait que des expériences à tenter. Mon travail avec lui consistait à l'aider à remplacer les pensées qui l'immobilisaient par d'autres qui l'aideraient à avancer. Cela a été long et laborieux, mais peu à peu il a compris le mécanisme. Il a commencé à dire « peut-être » et non plus « c'est impossible », à comprendre que je lui proposais un autre regard, un regard différent sur sa vie. Il a réalisé que celle-ci pouvait être lue et interprétée de plusieurs façons. Alors il m'a fait confiance. Au bout d'un mois. Il s'est mis à parler de Corinne, cette femme qui n'était pas la sienne et qu'il aimait en secret depuis trente ans. Au fil des ans, son mariage avec Anne était devenu pesant, lourd, de plus en plus difficile à supporter. Il n'aimait plus sa femme. Il était malheureux en couple. Mais il ne voyait pas d'issue à son problème. Je lui ai conseillé de voir plus souvent Corinne, qui avait fini par devenir son amie très chère, sa complice. Je sentais que l'un et l'autre s'aimaient secrètement depuis trente ans, qu'ils étaient attirés l'un par l'autre mais n'avaient jamais voulu rompre avec le confort que leur apportaient leurs familles. C'est ce que me soufflait mon sixième sens. Marc et Corinne ne vivaient pas leur vie, ils n'osaient pas vivre leur vie. Leur situation n'est pas originale. Beaucoup de gens finissent par devenir ce que l'autre attend d'eux, par se conformer à une vision du couple et de la famille imposée par la société, se complaire dans une sorte de confort bourgeois, et ils dépérissent en secret. C'est là que j'interviens, pour les aider à faire ressortir ce qu'ils ont en eux et à devenir eux-mêmes. Depuis la première consultation, je sentais une histoire d'amour digne d'un conte de fées entre Marc et Corinne. Mais Marc n'y croyait pas, il ne voulait pas y croire, il refusait d'y croire tout en l'espérant cependant. Lui ? Être aimé de la belle Corinne ? Quitter sa femme ? Il ne pouvait pas le concevoir. C'était trop compliqué, cela demandait trop de courage, c'était trop incertain, il n'était pas assez fort. Et puis un jour, après de longues séances de coaching, il a dit oui. Un oui franc et fort, qui est sorti de son cœur et de son ventre et qui signifiait « Je le veux » et « Je le ferai. » Corinne et Marc ont chacun divorcé. Ils se sont remariés ensemble il y a cinq ans. Et Marc est aujourd'hui le plus heureux des hommes. Il suffisait qu'il apprenne à s'écouter. En l'occurrence, qu'il écoute son cœur. Voilà pourquoi je crois tellement en la vie, malgré les coups durs qui ont parsemé la mienne. Voilà pourquoi je reste solaire et positive. Voilà pourquoi je garde ma lumière. Parce que des histoires comme celles de Marc et de Sam me redonnent le moral lorsque je doute. Dans le cas de Marc comme dans celui de Sam, la situation s'est dénouée lorsqu'ils ont enfin réussi à lâcher prise. Le bonheur est arrivé lorsqu'ils étaient prêts à l'accueillir.

Tout vient à point à qui sait attendre le bon moment. C'est pour ça qu'il faut procéder ainsi quand le sort s'acharne sur vous, quand vous avez l'impression de vivre l'enfer depuis des années. Posez-vous la question : Pourquoi ? Suis-je à ma place ? Est-ce que j'ose m'écouter ? Qu'ai-je à comprendre ? Que disent ma voix intérieure, mon corps, mon instinct ? Il faut toujours s'écouter pour avoir la réponse.

Les freins à l'intuition

- Le manque de confiance en soi
- La négativité
- L'hyperrationalisme
- Le manque d'estime de soi
- Le manque de simplicité
- Le manque de lâcher-prise
- Le manque d'humilité, un ego trop important

– 17 –

L'erreur est humaine

S'écouter ne signifie pas qu'il faille avoir une confiance illimitée dans ses intuitions. Notre sixième sens peut nous tromper. Car il n'y a pas d'intuition absolue. L'intuition n'est pas une science exacte. Le coaching est un travail d'équipe. Je ne pourrais donc jamais empêcher un client de prendre une mauvaise décision à partir des intuitions dont je lui aurais fait part. Et il m'arrive de me tromper. Certaines intuitions ne se réalisent jamais. Soit que la situation a évolué différemment parce qu'elle dépendait d'éléments hors de contrôle ou trop complexes, soit qu'elles ne se sont pas confirmées, soit que mes conseils n'ont pas permis d'aider la personne qui me consultait. C'est ce qu'il m'est arrivé avec un ami producteur. J'avais eu l'intuition qu'il produirait un spectacle sur une histoire d'amour inédite. Nous en avons parlé, je lui ai fait part de ma prémonition. Il l'a écoutée. Puis deux ans après il a eu envie de monter un show et son idée correspondait parfaitement à ce que je lui avais insufflé. Me faisant confiance, il a investi dans cette création artistique. Ce fut un échec retentissant. Mon ami producteur m'en a beaucoup voulu. Il m'a reproché d'avoir été trop sûre de moi, d'avoir manqué de recul en traduisant mes intuitions en conseils. Ses remarques m'ont déstabilisée et fait perdre toute assurance. J'encaissais une bonne leçon. On apprend de ses réussites. Mais avec l'intuition, c'est dans l'erreur qu'on devient meilleur. J'ai aussi connu un patron qui voulait créer un événement d'envergure pour son entreprise. Il m'avait demandé conseil et je l'avais incité à le faire, persuadée que mon intuition était bonne. Lui aussi m'avait fait confiance. Mais là encore, ce fut un fiasco, et il a perdu beaucoup d'argent. Il m'en a voulu. Il a considéré que j'étais la cause de son échec. Dans ces cas-là, on devient vite le bouc émissaire ! Avec le recul je pense qu'il avait surinterprété mon intuition, qu'il l'avait prise pour argent comptant, sans réfléchir à ses implications. Il avait tellement envie et besoin de cet événement qu'il n'attendait qu'un signe extérieur pour appuyer sur le bouton. Mais peut-être ne s'est-il pas suffisamment investi dans sa réalisation, peut-être a-t-il agi trop tôt et trop rapidement… La seule intuition n'est pas gage de réussite. Je le dis pourtant à tous mes clients dès le premier rendez-vous : attention, je n'ai pas toujours raison ! Et mes avis ne sont que consultatifs ! La concrétisation des intuitions ne dépend pas que de moi. Les situations peuvent évoluer. Les clients peuvent changer d'avis, prendre un autre chemin et faire déraper eux-mêmes l'histoire qui s'annonçait pourtant si bien. Par exemple, j'ai un jour pronostiqué à un jeune qu'il allait réussir ses examens. Du coup, il a arrêté de travailler et il a échoué. L'intuition n'est pas une prédiction écrite, elle n'a rien à voir avec la boule de cristal, elle ne nous rend pas devins. C'est parce qu'il était travailleur et sérieux que je pouvais faire part à ce jeune du pronostic de mon sixième sens. Mais évidemment, en arrêtant de travailler, il a fait lui-même échouer l'intuition. L'intuition est une probabilité : encore faut-il la rendre possible, exploiter le potentiel qui s'offre à soi.

Il ne faut pas se laisser entièrement emporter par les intuitions, comme un oiseau se laisserait porter par le vent. Cela je l'ai appris avec le temps. Au début, j'avais peut-être la fougue en moi, j'avais tendance à m'emballer pour mes intuitions auprès des autres. J'ai appris à canaliser cela. Après le ratage du chef d'entreprise, j'ai remis en question mes compétences intuitives. Mais je l'ai revu récemment : il m'a confié que cette expérience lui avait finalement beaucoup apporté. Il avait monté un autre événement juste après, dont la réussite avait été amplifiée par son échec précédent car il y avait mis toute son énergie. Il s'est servi des conseils que je lui avais prodigués lors de nos séances. Cette seconde tentative a connu un très grand succès. Cela m'a vraiment soulagée. Il ne m'en voulait plus.

Au début, ce type d'expérience négative me déstabilisait, m'envahissait. Plus maintenant. Aujourd'hui je sais faire la part des choses, je sais que je ne dois pas porter sur mon dos les erreurs ou la légèreté des autres. J'ai mis des barrières autour de moi pour ne plus être atteinte de la sorte. J'ai aussi appris à relativiser. Car ce qui apparaît comme un échec à un moment donné peut se révéler plus tard une réussite.

J'ai beaucoup appris de mes erreurs avec mon ami producteur, celui qui m'a aidée à franchir le pas et à m'installer à Paris. Comme la plupart des artistes, il était très, parfois trop, exigeant. Quand les choses ne se passaient pas comme prévu, nous avions de violents différends. Nous étions tellement amis que je perdais parfois mon objectivité. J'étais très jeune encore, je confondais mes peurs et mes émotions avec mes intuitions, j'étais trop souvent convaincue d'avoir raison. Dans ces cas-là, le producteur me le disait et ça me faisait avancer. C'est grâce à lui que j'ai appris à dire « Je ne sais pas » quand je doute. Cela semble paradoxal, mais savoir qu'on ne sait pas libère et rend plus performant.

Tout mon travail consiste à accompagner les gens jusqu'au moment précis où la décision qu'ils ont à prendre se présente à eux naturellement. Une cliente m'a récemment appelée pour que je l'aide à faire un choix amoureux. Voilà ce qu'elle m'a dit : « J'hésite entre Paul et Xavier. Je suis perdue. J'aime les deux. Qu'en pensez-vous ? Avec lequel des deux dois-je faire ou refaire ma vie ? » Comment pourrais-je répondre à cette question ? Je ne le peux pas. Mon rôle fut d'essayer de savoir ce que Paul et Xavier ressentaient, quel était leur potentiel envers ma cliente, mais aussi de comprendre ce qu'elle ressentait, elle, de faire remonter à la surface les vérités cachées, de donner un coup de projecteur sur les zones d'ombre afin de lui permettre d'y voir plus clair. Je ne la connaissais pas, je n'avais jamais rencontré Paul ni Xavier. Mais je me fiais entièrement à mon sixième sens. En l'occurrence, ma cliente a décidé de rester avec Xavier, celui qui était son compagnon depuis six ans. Elle a quitté Paul qu'elle venait à peine de rencontrer. Je l'ai aidée à décider et à comprendre pourquoi en lui permettant de trier ce qui relevait du cœur et ce qui appartenait à la raison. En fait, le choix était finalement assez simple, même si lorsqu'elle était venue me voir elle m'avait exposé la situation de façon complexe. Elle pouvait choisir Xavier parce que c'était son compagnon de longue date et que l'histoire qu'elle vivait avec lui était sérieuse. C'était le côté de la raison. Une raison bien sûr mêlée de sentiment. Ou choisir Paul comme son cœur l'y poussait. Je ne devais ni l'inciter à briser son couple ni lui conseiller de rester dans son ancienne relation. Je ne devais pas l'influencer. D'abord, parce qu'il devait utiliser son libre-arbitre. Ensuite car je n'ai en aucun cas à assumer la responsabilité de telles décisions qui ne m'appartiennent pas. Je ne saurais en aucun cas me substituer à mes clients ! Et si j'avais décidé à sa place et que je m'étais trompée ? Et si elle avait regretté son choix ? Elle s'en voudrait et m'en voudrait davantage encore… Mais ma position, dans ce genre d'affaires, est délicate. On peut me demander conseil, s'entourer de mes intuitions. Mais au final, la décision, l'effort, le choix n'appartient qu'à soi. Et quand arrive le moment de décider, quand on est dos au mur, la seule voix qui compte, c'est celle qui résonne dans notre tête. Celle qui a presque toujours raison.

Parfois, le coaching s'arrête précisément parce que le client ou la cliente n'arrivent pas à prendre une décision et me demandent, contrairement à ce qu'il s'est passé dans l'exemple précédent, de la prendre à leur place. Exemple : une femme est venue me consulter un jour pour des crises d'angoisse qu'elle n'arrivait pas à calmer. J'ai tout de suite senti que son mal-être était lié à son travail, même si elle était à la tête d'un commerce florissant. Il se trouvait qu'elle en avait fait le tour, qu'elle s'ennuyait et qu'elle avait besoin d'un nouveau défi, sauf qu'elle ne savait pas comment organiser la suite de sa carrière. Je savais qu'elle irait au bout de sa démarche et je savais aussi que je pouvais l'aider à se libérer de son commerce et à s'épanouir ailleurs. Mais elle attendait que je l'enjoigne de le faire. J'ai refusé. Elle a quitté mon cabinet un peu déçue. Cette femme m'a finalement rappelée un mois plus tard. Elle avait réfléchi et fait son choix. À ce moment-là j'ai pu l'aider. Elle a changé de carrière et s'est épanouie. Mais encore une fois, décider à la place de mes clients serait à la fois inefficace et dangereux. Si j'avais provoqué cette rupture dans sa vie, elle aurait conservé ses doutes. Ils auraient rendu la confiance entre nous impossible à établir. Or, la confiance est à la base de mon travail de coaching. Comme la vérité. À chaque fois que j'ai échoué, c'est parce que l'équipe que je suis censée former avec mon client ou ma cliente ne fonctionnait pas. Soit on ne m'écoutait pas, soit on me dissimulait des informations, soit on me testait, soit on se reposait trop sur moi, en me laissant prendre les initiatives.

Il m'arrive de me tromper sur moi-même. Il arrive aussi que la cible de mes intuitions ne soit pas identifiée. J'ai ainsi ressenti que quelqu'un dans mon entourage allait avoir un problème de cœur. En fait, il s'agissait de moi : j'ai souffert de crises de tachycardie peu après. Encore une fois, le domaine dans lequel je travaille n'est pas une science exacte. Il a ses faiblesses et il faut les accepter. Vivant quotidiennement avec mes intuitions et mes prémonitions, je m'en veux lorsque je n'ai pas réussi à pressentir un événement. Un attentat par exemple. Autour de moi, les gens sont tellement habitués à ce que je puisse tout prévoir qu'ils me reprochent de ne pas avoir senti une catastrophe lorsqu'elle survient. J'ai l'impression que certains m'en veulent. Soit qu'ils pensent que je leur ai caché les choses, soit qu'ils estiment que mon sixième sens a des failles. Certains m'accusent carrément de ne pas avoir vu quelque chose qui leur a nui. Ma crédibilité peut être mise à l'épreuve au moindre événement par certaines personnes, que l'on sent à l'affût de la plus petite faiblesse. On est toujours plus exigeant avec l'intuition qu'avec quoi que ce soit d'autre. Au début, je passais mon temps à me justifier. Aujourd'hui je n'ai plus envie de perdre du temps avec ceux qui ne comprennent pas que le sixième sens n'est ni un don de Dieu ni une spécialité médicale.

Il arrive aussi que la rencontre avec un client ne se fasse pas. Lorsque je ressens de la malveillance, des sentiments de haine ou de méchanceté, le contact est impossible. Je demande alors à la personne de partir. Le travail sur l'intuition n'en étant qu'à ses débuts en France, j'attire aussi une clientèle qui fait l'amalgame avec les activités paranormales. Certains s'attendent à ce que j'utilise un pendule, une boule de cristal ou des cartes. J'ai reçu des personnes appartenant à des sectes ou à des confréries. Je dois faire attention. Un cabinet comme le mien peut vite devenir la porte ouverte à toutes les folies. Avec ce type d'énergumènes, les choses sont impossibles. Leur monde n'est pas le mien. Tout en ayant une vision du développement personnel différente de celle des praticiens pragmatiques et cartésiens, je m'inspire néanmoins des études scientifiques, des neurosciences plus spécialement. La forme de coaching que je pratique a fait l'objet de méthodes qui ont prouvé leur efficacité. Elle est incompatible avec les fonctionnements sectaires.

J'ai parfois affaire à des gens grimés. Ils viennent à moi déguisés car ils ne veulent pas être reconnus. C'est compliqué car la relation est biaisée : qui cache son corps peut cacher son âme. Et je sais de quoi je parle, moi qui ai souffert d'anorexie mentale, qui ai tout fait pour dissimuler mon corps dans l'espoir de chasser les fantômes de mon esprit… Un jour, un homme est arrivé avec une perruque et une fausse moustache. Je m'en suis rendu compte et lui ai demandé ce qui l'amenait chez moi. Il sortait de prison et voulait que je retrouve son trésor, le butin qu'il avait caché vingt ans plus tôt après avoir fait un casse. Il avait oublié la cachette. J'aurais pu l'aider. Après tout, il m'arrive souvent de coopérer aux enquêtes de police.

Mais pour résoudre un crime, pas pour y participer. Mon sixième sens aurait pu l'assister. Mais son comportement était trouble et agressif. Je lui ai demandé de quitter mon cabinet dans les minutes qui ont suivi. Il est très important pour moi de pouvoir travailler sereinement. Je suis très sensible à l'énergie qui m'entoure. Si un client m'agresse ou me stresse, c'est fichu. Je ne peux plus avoir d'intuitions. Une autre fois, un homme et une femme m'ont contactée parce qu'ils avaient l'impression d'entendre des voix chez eux. Ils percevaient aussi des pas et le bruit d'objets que l'on déplaçait pendant la nuit. Ils m'avaient écoutée sur NRJ et pensaient que je pourrais les aider. Ils avaient vraiment l'air désemparés et venaient de très loin pour me rencontrer. J'ai donc essayé de m'intéresser à leur problème. Dès que je me concentrais sur leur maison, j'étais très mal. Je ne sais pas pourquoi mais j'étais oppressée. Et je vous assure que je ne m'intéresse ni aux fantômes ni aux esprits… Il est vrai que l'on ne peut pas toujours tout expliquer. Peut-être que le problème n'était pas dans cette maison mais dans la tête de mes clients. Je ne sais pas. D'ailleurs, peu importe ce qu'il y avait dans cette maison. Peu importe que mes clients aient été persuadés qu'elle était habitée par des esprits. Cela outrepasse à la fois mon rôle et mon domaine de compétence ! Mais leur mal-être ajouté au mien quand je dirigeais mon sixième sens vers leur maison constituait une raison suffisante pour leur conseiller de déménager. Dans ces cas-là, j'estime qu'il ne faut pas chercher à comprendre. Il faut quitter les lieux. C'est le seul moyen de résoudre le problème de manière radicale. Il en est des endroits comme des individus. Quand on se sent mal quelque part ou auprès de quelqu'un, il faut partir. Quand une odeur est très désagréable autour de nous, on ne la subit pas sans rien faire. On s'en éloigne. Eh bien là, c'est pareil. Il s'agit d'un signal émis par notre sixième sens. Si nous avons la chance de le capter, il faut lui obéir. Avec un peu d'entraînement, cette méthode marche à tous les coups !

Il arrive aussi que les choses démarrent mal puis s'arrangent. J'ai une fidèle clientèle corse : environ 30 % de mes patients viennent de l'île de Beauté. Ce n'est pas le fruit du hasard : les Corses ont la réputation d'être plus réceptifs au sixième sens. L'intuition est transmise par la figure du sorcier, qui fait partie intégrante de la culture de l'île… Rien à voir avec l'intuition, mais certains Corses sont armés. L'arme est à la fois un symbole de virilité et un acte de résistance vis-à-vis de l'État et du pouvoir central. Un jour, dans mon cabinet d'Auteuil, dans le seizième arrondissement de Paris, ce quartier bourgeois et bien comme il faut, un client corse, jean délavé et barbe de cinq jours, l'air un peu patibulaire et la démarche lourde, débarque avec un pistolet à la ceinture. Cela arrive en Corse, et pas seulement dans les meetings clandestins d'indépendantistes… Je connais bien les Corses, leur côté voyou ne m'impressionne pas et je n'avais pas peur, mais il y a quand même des limites qui ne doivent pas être franchies. J'ai hésité : devais-je le virer, appeler la police, ou faire comme si de rien n'était ? J'ai finalement géré cette situation inhabituelle – car a-t-on besoin de prendre son pistolet pour se rendre à une séance de coaching avec une jeune femme seule ? – avec le plus grand naturel. Et ça s'est très bien passé. Au bout de quelques minutes, tout le monde avait oublié le pistolet : lui et moi. Mieux, j'avais retourné la situation à mon avantage. C'est moi qui lui disais, avec une douceur autoritaire, comment il devait agir. Le macho armé, le voyou rebelle, s'était transformé en agneau. Je n'avais plus en face de moi cet homme autoritaire, dominateur et sûr de lui, mais un client qui m'écoutait. Dans mon cabinet, en effet, c'est comme ça : c'est moi qui décide, c'est moi le maître du jeu. Et ça ne leur pose pas de problème de mettre entre parenthèses leur personnalité de mâle dominant, puisqu'ils reviennent toujours me voir. Pour maîtriser son talent, que ce soit le chant, la danse, le dessin ou l'acrobatie, on apprend en se trompant, en tombant. Il faut accepter l'erreur, c'est difficile, c'est douloureux mais cela nous apprend sur nous. Il faut accepter, avec l'intuition, de perdre une fois pour réussir beaucoup.

– 18 –

On a tous un sixième sens

Rien ne vous empêche de faire la même chose que moi. Vous avez tous eu des intuitions qui vous ont surpris, émerveillés, étonnés. D'un coup, une perception immédiate d'un instant ou une vision d'un futur qui s'impose, une évidence suggérée par une sensation, une idée, un ressenti. Faites le test, et vous verrez : demandez-vous quand vous viennent les meilleures idées. Est-ce la nuit, quand vous faites un footing, sous la douche, dans les bouchons ? C'est généralement dans ces moments-là que vous ressentez un moment d'inspiration soudaine. Cette intuition surgit dans votre vie de manière inopinée. Vous aussi pouvez l'utiliser à volonté pour répondre à des questionnements, pour vous aider à faire un choix, pour donner à votre vie une nouvelle direction, pour vous rapprocher du bonheur… Vous ne vous en rendez sans doute pas compte, mais vous vous servez tous les jours de vos intuitions. Quand vous optez sans raison pour une robe plutôt qu'une autre pour assister à une réunion importante, quand vous choisissez un tapis pour votre maison, quand vous décidez d'aller à une soirée plutôt qu'à une autre. Une mère qui sent que son enfant est en danger, une femme qui sent que son mari est infidèle, un joueur de poker qui sent le bon coup. Le sixième sens, c'est l'instinct, l'intuition, la prémonition. Un guide constamment en alerte, même quand nous n'y prêtons pas attention. De la même manière que nous avons tous la capacité d'apprendre à nager, de faire du vélo ou de jouer du piano, nous possédons en nous un sixième sens. Simplement, nous n'avons pas appris à nous en servir. Ou plutôt, nous en avons perdu l'habitude. Car le sensoriel est le premier outil dont nous sommes dotés à la naissance. Les bébés et les enfants sont toujours intuitifs. Pour communiquer, ils se servent de leurs cinq sens et non de la raison. Puis à l'école, les enfants développent leurs capacités analytiques. Leur intuition est endormie par les fonctions rationnelles. Elle reste cependant un don qui sommeille en chacun de nous, attendant d'être réveillé.

Dans nos sociétés cartésiennes, cette faculté naturelle a longtemps été relayée au second plan. Le cartésianisme est un courant de pensée inspiré du philosophe René Descartes. Sa caractéristique est de douter de l'expérience sensible. Dans ce mode de pensée si fort en France, la connaissance n'a pas d'autres voies que celle de l'esprit, et les sens, les ressentis ne peuvent mener à aucune certitude. Le cartésianisme coupe l'homme de son expérience sensible. Tout serait logique, rationnel, découlerait toujours d'évidences intellectuelles. L'Occident a souvent réduit la vie aux lois de la matière, aux règles physiques et chimiques, considéré les corps vivants comme des machines qui fonctionnent. Mais les explications scientifiques ne suffisent pas à rendre compte de ce qu'est la vie. Nos sociétés en font peu à peu l'expérience en s'intéressant à des modes de pensée éloignés du cartésianisme. L'intérêt pour les civilisations asiatiques, beaucoup plus ouvertes sur les phénomènes intuitifs, a fait progresser les choses. Et depuis le milieu des années quatre-vingt, cultiver ses facultés intuitives est devenu un « must » du développement personnel dans nos sociétés occidentales. Les formations visant à permettre de développer cette « autre intelligence » qui nous aide à mieux vivre se développent. Travailler son intuition, c'est en effet renouer avec ses sensations profondes, et donc renforcer sa confiance en soi. Il faut savoir accueillir et écouter cette intuition. Sans y attribuer davantage d'importance qu'elle n'en a. Il faut aussi apprendre à s'en servir, s'efforcer de rester neutre et objectif face à elle.

Ce que j'apporte à mes clients, tous le possédaient déjà en eux. Je ne suis pas unique, juste professionnelle. Je leur donne seulement la capacité de s'écouter. À la fin de la séance de coaching, ils me disent généralement la phrase suivante : « Je le savais, mais je n'avais pas voulu m'écouter. » La plupart des gens sont contrôlés par leurs émotions et non par leur instinct. Tout le monde connaît ce proverbe : « La peur est mauvaise conseillère. » Elle empêche l'intuition de surgir, la recouvre, l'ignore, l'efface. Les intuitions deviennent fausses si on y met du désir et des projections, si on y introduit de la peur ou trop d'enthousiasme. Ce qu'il faut, c'est écouter sa voix intérieure. Prêter systématiquement attention au petit truc qui ne va pas. Avec un peu d'entraînement, on repère facilement son propre langage intuitif. Certaines personnes sont davantage prédisposées que d'autres : celles qui ont de l'empathie, de la sensibilité, se caractérisent par leur intelligence de cœur. Ces trois traits de caractère sont ceux qui mènent le plus sûrement et le plus directement à l'intuition. Les artistes ont davantage d'intuitions que les autres, c'est sans doute pour cela que j'en ai autant dans ma clientèle. C'est parce qu'ils sont généralement très sensibles et qu'ils se servent de leur instinct pour créer. À l'inverse, certaines catégories d'individus n'ont qu'un accès limité aux phénomènes intuitifs. Ceux qui souffrent de dépression. Ceux qui n'aiment pas les autres, qui ne sont dotés d'aucune sensibilité. Les pervers narcissiques, par exemple, n'ont pas d'accès au sixième sens, car ils sont concentrés sur eux-mêmes. Mais tous les autres peuvent se servir de leurs intuitions, apprendre à écouter ce que leur instinct leur suggère. Nombreux sont pourtant ceux qui ont peur d'utiliser leur intuition, car c'est plonger en soi pour aller répondre à des questions existentielles. Souvent, on redoute cette réponse. Et pour cause : elle peut chambouler notre vie, notre confort.

Pourtant, développer cette capacité peut non seulement nous aider à mieux vivre, mais aussi nous permettre d'aider les autres. Si on sent par exemple que quelqu'un, que l'un de nos amis n'est pas bien, il faut l'appeler. Il y a généralement un message derrière. Lorsque j'habitais Juan-les-Pins avec Alex, je croisais souvent l'un de nos voisins. Je le sentais déprimé, j'avais l'impression qu'il lâchait prise, qu'il abandonnait peu à peu la vie. Je sentais son état se détériorer chaque jour et mon angoisse grandir en même temps. Il était seul, et je le sentais en grand danger. Je me souviens avoir dit à Alex qu'il fallait aller parler avec lui. Il m'a répondu que j'étais trop sensible. Comme d'habitude. Que j'accordais trop d'importance aux signes. Que je surinvestissais toutes les situations. Je n'ai pas osé aller parler à ce voisin mais je lui ai souri lorsque je l'ai croisé. C'est tout. Quelques jours plus tard, un soir, alors que nous regardions la télé avec Alex, nous avons entendu un bruit énorme sur la terrasse. Comme si quelque chose de très lourd était tombé. Nous nous sommes penchés par la fenêtre. C'était lui, notre voisin. Il venait de se jeter par la fenêtre, du cinquième étage. Nous avons appelé les secours, mais il était déjà mort. Aurions-nous pu changer les choses si nous lui avions parlé ? Alex ne pense pas. Moi, je ne sais pas. Cette histoire m'a longtemps habitée, questionnée, déstabilisée. Depuis, je force toujours la porte lorsque je suis en face de quelqu'un que je sens mal. Je n'hésite pas à brusquer mes amis lorsque je les sens instables. Je leur dis : « Tu ne vas pas bien. Ne fais pas semblant. Parlons-en. » Il faut oser dire les choses lorsqu'on a des intuitions, il faut faire part de ses prémonitions, même lorsqu'elles sont désagréables. Car ça peut changer la destinée des gens.

L'intuition peut être contrôlée, on peut même la provoquer. C'est un processus qui peut être conscient et volontaire. Comme la pratique régulière du yoga, l'entraînement de son sixième sens permet de progresser en douceur et à son rythme. De la position facile du chien tête en bas, la pratique régulière du yoga permet de passer à celles plus difficiles, du pont ou de la chandelle en lotus. C'est pareil avec l'intuition.

Vous pourrez y arriver aussi bien et aussi souvent que moi. Dans mon enfance, je ne ressentais pas des intuitions tous les jours. Mon sixième sens s'est développé à un rythme quotidien à l'âge adulte, après des années d'entraînement. C'est en répétant des dizaines de fois certains exercices que j'ai réussi à atteindre le niveau que j'ai aujourd'hui et qui me permet désormais de dater des événements et d'enrichir mes intuitions de prénoms. J'ai encore du mal avec les lieux et la localisation, c'est ce qu'il faut que je développe dans les années qui viennent. C'est mon challenge. Par exemple, dans mes rêves d'attentats, il m'est parfois arrivé de mélanger les événements parisiens et ceux de Tunisie. J'ai aidé la plupart de mes proches à développer leur intuition. Avec le temps Alex a beaucoup progressé, il a appris à s'écouter. Ma mère se fie désormais à ses intuitions, elle a acquis confiance en elle. Ma meilleure amie Christelle est sûre d'elle depuis qu'elle a appris à s'écouter.

Comment sortir du spontané pour aller vers le provoqué ? Ce n'est pas si difficile que ça. Pour apprendre à écouter son instinct et sa voix intérieure, il est bon de noter sur un papier ses intuitions, ses ressentis. Concentrez-vous uniquement sur ce que vous ressentez. Gardez seulement les perceptions, en oubliant toute objectivité. C'est dans ces tout premiers instants qu'on est relié à notre mental intuitif. Dès qu'on réfléchit trop, l'intuition s'enfuit, elle est chassée par la raison, elle est refoulée. Il ne s'agit pas de faire abstraction de toute pensée scientifique, bien au contraire. Mais il faut apprendre l'art de relier l'intuition et le bon sens. En procédant par étapes. D'abord, se fier à son intuition. La cerner. Lâcher prise et se laisser aller sans chercher à contrôler. Puis faire appel à son intelligence rationnelle pour mettre au point un plan d'action perspicace. C'est ma méthode de travail et chacun d'entre vous peut l'appliquer, même seul à la maison. Il faut aussi être réceptif aux synchronicités de la vie. Elles vous apporteront de précieux renseignements. Certains signes sont décelés par votre sixième sens, et votre intuition vous prévient qu'il s'agit de signes. Il faut être très observateur des coïncidences, des rencontres qui interviennent au bon moment, des messages verbaux ou musicaux. Écoutez votre corps. Interrogez-vous sur un mal de ventre inexpliqué, car notre deuxième cerveau droit, celui de l'intelligence émotionnelle et intuitive, loge dans l'abdomen. On peut ressentir physiquement son sixième sens. J'en fais régulièrement l'expérience. À chaque veille d'attentat, j'ai eu mal au ventre. Avant chaque rencontre amoureuse, j'ai eu mal au ventre. Les maux de ventre ne sont pas seulement dus au stress, j'en ai la conviction.

Il est des cas, au contraire, où il ne faut pas écouter

son intuition. Quand vous êtes en colère, quand vous avez peur, quand vous êtes malade, quand vous êtes euphorique. Ou quand vous ressentez une émotion intense. Dans ces cas-là, faire confiance à son intuition est non seulement déconseillé mais peut aussi être dangereux, car les ressentis ne sont pas fiables. Moi-même me suis souvent fait prendre au piège. Je me suis toujours trompée lorsque j'ai laissé l'émotion prendre le dessus. L'intuition a un mode d'emploi qu'il faut respecter afin de ne prendre aucun risque et d'en retirer tous les bénéfices possibles. Ça aussi, ça s'apprend.

Il est important de faire la différence entre la vraie intuition et nos désirs, nos peurs et nos constructions mentales. Le désir, c'est ce que l'on souhaite. L'intuition, c'est ce que l'on a inconsciemment analysé et qu'on ne peut expliquer. Ce n'est pas pareil. Car notre esprit est sans cesse en mouvement. Différentes choses l'agitent en permanence. D'une part les perceptions et le savoir qu'il reçoit, d'autre part les émotions, opinions et constructions mentales qu'il produit. Il faut mettre de côté les pensées parasites qui créent du bruit mental et empêchent d'écouter sa voix intérieure. Il est facile de confondre l'intuition avec d'autres notions. L'intuition ne repose sur rien. Ce n'est pas un souvenir, une connaissance. Elle perçoit mais ne déduit pas. Il vous faudra apprendre à faire la différence entre la perception et l'interprétation de la perception. Votre intellect ira toujours chercher dans votre mémoire un sens à votre perception. Il puisera dans votre vie. C'est son travail, sa raison d'être, trouver du sens et fournir des explications. Il faudra vous en méfier. Car, alors que la perception est toujours juste, les interprétations sont souvent fausses. Dans le travail intuitif, vous ne retiendrez que la perception. Être à l'écoute de son intuition, c'est avoir la foi, mais en soi. C'est être à l'écoute de l'ensemble de ses sens, donc être en empathie avec l'environnement. On peut alors percevoir des choses qui ne sont pas visibles au premier coup d'œil.

Quand vous comprendrez que l'intuition est un sixième sens et que vous saurez la maîtriser, elle constituera pour vous une sacrée alliée et une puissante force. Vous pourrez devenir des êtres créateurs plutôt que des marionnettes emmêlées dans les fils du destin. Car sans intuition, il n'y a pas de créativité. Maîtriser vos intuitions vous permettra également de gagner du temps. En effet, le raisonnement tisse des liens logiques entre des choses qu'on connaît. Il manipule le passé, l'interroge, le fouille, le dissèque, afin d'aller vers le futur. Ce processus prend du temps. L'intuition au contraire est immédiate. Elle ne se sert pas du passé mais reste dans le présent, dans le maintenant. Elle est libre de toute contrainte d'espace ou de temps. L'intuition vous ouvrira un nouveau champ des possibles. Car elle vous apprendra que la nature humaine est bien plus vaste que ce que notre paradigme matérialiste actuel postule. Elle vous rendra plus riche.

Mais surtout, se mettre à l'écoute de son intuition est une voie de transformation intérieure, qui permet ensuite de mieux agir dans le monde. L'intuition ouvre de nouvelles perspectives, elle permet une meilleure compréhension de la réalité, elle aide à décider rapidement. Dans tous les cas, l'intuition vous permettra d'accéder à votre plein potentiel. Vous deviendrez plus inspiré, vous cernerez mieux les situations et les personnes. Vous apprendrez à mieux vous connaître. Vous apprendrez à mieux vous projeter dans l'avenir. Vous ressentirez un mieux-être au quotidien. Une fois réveillée, l'intuition déversera tellement de bienfaits sur votre vie, elle vous poussera même à prendre des risques vitaux. Elle pourra vous permettre de changer, voire de vous révéler à vous-même comme à autrui. L'intuition permet d'atteindre ces buts. Vous ne penserez plus comme avant que votre bonheur ou votre manque de bonheur découlent de facteurs externes et que vos pensées et vos actions n'ont sur votre vie que de faibles conséquences.

C'est là la puissance de l'intuition : elle permet de faire la différence. De reprendre possession de soi-même et de son existence, ainsi que de son avenir. Elle permet de trouver l'énergie qui manquait pour assumer un changement dans le domaine professionnel, pour déménager, pour trouver le courage d'aller s'installer à l'étranger. L'intuition est un puissant accélérateur. Elle vous permettra d'éviter les erreurs de stratégie. Si vous apprenez à bien l'utiliser, l'intuition deviendra votre boussole, votre baromètre, votre carte de navigation, votre meilleure alliée. Bien gérée, elle apporte une transformation en profondeur. C'est un élixir de bonheur et de jeunesse, une flamme intérieure.

Une journée 100 % intuitive

1 – Choisissez un jour de la semaine où vous êtes de repos, c'est-à-dire sans obligations professionnelles et avec un minimum de responsabilités vis-à-vis d'autrui.

2 – Commencez la journée en vous préparant à être réceptif : détendez-vous, faites du sport, marchez, écoutez de la musique, prenez un bain, faites de la relaxation, bref tout ce qui vous permet de lâcher prise.

3 – Questionnez-vous : qu'ai-je besoin de savoir, de quoi ai-je besoin d'être conscient, qu'est-ce qui serait utile à ma vie actuelle ? Laissez venir les réponses. Écoutez-vous, écoutez votre corps, votre cœur, votre ventre, votre voix intérieure.

4 – Passez toute la journée ainsi, sans faire appel à votre logique, à votre mental ou à vos habitudes. Et prenez des notes, faites correspondre les images, les mots, les sensations et les émotions. Notez toutes vos intuitions. Même les plus farfelues.

5 – Agissez en suivant votre intuition. Qu'elle soit positive ou négative. Laissez toujours venir d'abord l'émotion. Ensuite, seulement, vous pourrez faire appel à votre bon sens et à votre raisonnement pour définir un plan d'action.

6 – Faites régulièrement une journée 100 % intuition de manière à installer ce nouveau mécanisme et à lui permettre de se développer. N'ayez pas peur de vous tromper.

– 19 –

« Quelque chose de grave va arriver... »

Mes intuitions ne concernent pas seulement les individus. Elles sont aussi liées à l'actualité. Je sais que cela peut paraître un peu bizarre, mais mon intuition s'intéresse également à la marche du monde, aux événements qui secouent la France, même si je ne sais pas encore comment l'expliquer et même si je suis consciente que cela peut heurter les esprits rationnels. En janvier 2015, j'ai écrit sur les réseaux sociaux un article récapitulant toutes mes intuitions pour l'année à venir. Croyez-le ou non, tout s'est réalisé. Et d'abord l'attentat du Bataclan. J'étais à Cannes et j'avais prévu de revenir à Paris pour une grande fête organisée le 13 novembre, le jour du drame, à l'occasion de mon anniversaire, qui tombait cette semaine-là. Nous avions tous rendez-vous à 21 heures à *La Gauche Caviar*, le restaurant du Montana, dans le sixième arrondissement. Mais depuis deux semaines, je rêvais chaque nuit qu'il allait y avoir des attentats à Paris. Les jours qui ont précédé cette sortie, je me suis sentie mal.

Sans raison particulière. Et le jour même, c'était encore pire. D'ordinaire, je suis toujours la première à faire la fête. Mais là je n'avais plus aucune envie de fêter mon anniversaire. Pour moi qui mets un point d'honneur à célébrer la vie, ce n'était pas normal. J'avais mal au ventre. J'ai décalé la fête à 22 h 30, sans savoir pourquoi, simplement parce que je pensais que ce serait mieux. En suivant mon instinct, encore une fois et comme toujours. Du coup, mon ami Emmanuel, qui devait aller au Bataclan pour son boulot, était ravi car il allait pouvoir nous rejoindre pour le dessert. Il n'a pas fait partie des victimes physiques, mais j'ai culpabilisé pendant longtemps. Je me suis dit que j'aurais dû le voir, le sentir. Il s'est échappé au début du carnage. Mais il aurait pu mourir trois fois ce soir-là, s'il n'avait pas suivi son instinct. La première fois, il fumait dehors avec trois copains lorsqu'il a subitement décidé de rentrer. C'était quelques instants avant l'arrivée des assaillants. Ses trois copains ont fait partie des victimes. Puis, alors qu'il était au bar, il a reçu un SMS d'une amie et il est monté à l'étage pour lui dire bonjour. Quelques instants plus tard, les assaillants ont tiré sur les gens qui étaient au bar. La troisième fois, il a rejoint une porte de sortie et a réussi à s'enfuir quelques secondes avant que les assaillants n'atteignent l'endroit où il était…

Comme tous ceux qui ont échappé aux terroristes, Emmanuel conserve aujourd'hui encore des séquelles psychologiques du drame. Il a souffert plusieurs mois d'un choc posttraumatique. Les images de la tuerie ont hanté mes rêves, ou plutôt mes cauchemars, pendant plusieurs semaines. J'ai longtemps culpabilisé vis-à-vis d'Emmanuel. Je tremblais de nervosité de le savoir si mal. Je le captais, je ressentais son mal-être. Je m'en voulais de ne pas avoir senti qu'il courrait un danger ce soir-là, de ne pas avoir senti qu'il se passait quelque chose autour de moi. J'étais concentrée sur mon anniversaire, que j'avais voulu annuler à plusieurs reprises. Mon sixième sens était en alerte maximale et je n'ai pas pu sentir précisément ce qui allait se passer. Il s'est souvenu que je l'avais prévenu des mois plus tôt d'un terrible accident où je voyais beaucoup de sang. Bien plus tôt, je l'avais senti, mais pas cette semaine-là.

J'avais également senti les attentats du 22 mars 2016 à Bruxelles. Deux semaines avant, j'avais commencé à me sentir mal. J'étais très angoissée. J'ai dit et écrit sur les réseaux sociaux que je me sentais dans le même état qu'avant le 13 novembre 2015. Je sentais que des attentats étaient en préparation. Dans mes rêves, je voyais distinctement les terroristes. Trois cellules étaient à l'œuvre. Elles se concentraient sur deux cibles : Bruxelles et Paris. Dans tous mes rêves prémonitoires, je suis active, c'est-à-dire que je participe à l'action ; je ressens et je vis mon personnage comme si j'étais celle qui agissait. Avant le Bataclan, par exemple, j'ai souvent rêvé que j'étais la victime d'un des djihadistes. Autre exemple : j'ai rêvé un jour que je faisais partie d'un groupe de femmes musulmanes irakiennes qui avaient été sauvées d'un grand malheur. Le lendemain sur Twitter j'ai appris que des esclaves yézidies retenues depuis plusieurs mois par Daech venaient d'être libérées. J'avais l'impression de revivre mon rêve. C'est une sensation un peu particulière, mais je sais que beaucoup l'éprouvent dans les rêves : ressentir le personnage principal comme si on était lui tout en restant pourtant quand même soi-même. C'est un sentiment étrange qui vous rend confus, vous fait douter et vous déstabilise.

Je voyais aussi un attentat à Pâques à Paris. Il n'a pas eu lieu, heureusement, il a été évité, mais dans mes rêves, les terroristes affirmaient qu'il serait énorme. *Idem* pour la fusillade de *Charlie Hebdo*, le 7 janvier 2015. La veille, je buvais un thé avec un ami, Fred. Je lui disais ce que je ressentais pour l'année 2015. Je voyais du monde dans la rue, de la colère, des rassemblements, une révolte. Il m'a demandé pourquoi. Je lui ai dit : « Parce qu'il va y avoir des attentats à Paris et que les gens vont se réveiller, ils vont vouloir se faire justice. » Mais je ne me doutais pas que l'attentat aurait lieu le lendemain ! Voilà ce que j'avais écrit sur mon blog en janvier 2015 : « Cette année, ce sera plus impressionnant que d'habitude, car il y aura de nombreuses menaces et des attentats en série. Les terroristes passeront à l'acte chez nous. Ils sont en guerre contre nous. Et nous ne sommes pas assez préparés à cela. »

Il n'y a pas que les attentats. J'ai l'impression d'enregistrer et de sentir à l'avance tous les grands événements du monde avant qu'ils n'aient lieu. Lorsque le Boeing 777 de la Malaysia Airlines a disparu avec 239 passagers le 8 mars 2014, alors qu'il devait rallier Pékin depuis Kuala Lumpur, j'ai rêvé et senti qu'il s'était écrasé dans l'océan Indien. Je l'ai tweeté. Et plus tard, c'est effectivement là qu'on a retrouvé les débris du vol MH370. Vous me direz, il n'y a pas cinquante océans sur la Terre et les crashs d'avions s'expliquent toujours plus ou moins de la même manière…

Parfois mes intuitions ne se réalisent pas, et c'est tant mieux. En 2012, par exemple, je rêvais tout le temps qu'il y allait avoir un très gros tremblement de terre à Los Angeles. Je le disais à tout monde. Je ressentais le besoin de l'annoncer à la planète entière. Sans doute pour augmenter les chances qu'il soit évité. Mais heureusement il n'a jamais eu lieu. En revanche, j'avais ressenti le naufrage du *Costa Concordia*, ce paquebot de croisière qui s'est échoué sur une île de Méditerranée, au large de la Toscane, le 13 janvier 2012.

Mes intuitions réagissent aux tsunamis, je ne sais pas pourquoi. La première fois, en 2004, j'avais à peine 22 ans. Je rêvais que j'étais au bord de la mer à Cannes. Des vagues géantes et menaçantes couraient dans ma direction. C'est tout. Le rêve était très court mais il revenait chaque nuit. Je ne pouvais ni le chasser ni m'en débarrasser. Il me laissait pourtant un véritable sentiment de malaise. Parfois j'étais en voiture au bord de la mer, parfois je marchais sur la plage. Je voyais les vagues immenses au loin qui se rapprochaient de moi. Sans jamais m'atteindre. Au dernier moment, elles refluaient toujours, barrières d'eau gigantesques qui reculaient avant de me toucher. J'essayais d'analyser ce rêve, mais je ne le comprenais pas. Je me demandais si j'allais avoir des problèmes dans ma vie. Si j'allais couler, me noyer. Au sens propre, ou au sens figuré. Parfois, j'avais aussi des flashs représentant des vagues géantes en plein milieu de la journée. Ces flashs et les rêves ont duré trois mois… jusqu'au fameux tsunami de Noël dans l'océan Indien, qui a fait 250 000 morts. Ce tsunami fut l'un des plus meurtriers de l'Histoire. La hauteur de la vague dépassait par endroits les trente mètres de haut.

La deuxième fois, c'était en 2011. Le même rêve, exactement le même : d'immenses vagues qui me menacent au large de Cannes sans jamais m'atteindre. Puis, une nuit, je rêve que l'eau me submerge, qu'elle est entrée violemment dans la voiture dans laquelle je me trouve, que je ne peux plus respirer, que je me noie, que je suis emportée par les vagues géantes jusqu'au cœur de la mer. Cette fois, j'étais inquiète. J'ai mis en garde ma famille et mes proches, leur demandant d'être vigilants en bord de mer. Jusqu'au 11 mars 2011, lorsque le Japon a été frappé par le séisme le plus puissant de son histoire, qui a généré un violent tsunami. Comme cette fois je l'avais dit à tout le monde, mes amis m'ont tous appelée après le journal télévisé. Ils étaient stupéfaits, interloqués ou inquiets.

Si je pouvais rêver précisément des lieux dans lesquels vont se produire les catastrophes qui s'annoncent dans mes rêves, je pourrais être utile, prévenir, faire en sorte qu'il y ait moins de victimes. Ou en tout cas essayer. Mais ce n'est jamais le cas. Mes intuitions, même lorsqu'elles concernent un événement qui va se produire à 2 000 kilomètres de la France, ont toujours pour cadre des endroits qui me sont familiers, qui m'appartiennent ou que je connais, qui sont proches de mon travail ou de l'endroit où j'habite. Ils n'ont souvent rien à voir avec les lieux où se produiront les attentats. C'est pareil pour les personnages qui peuplent mes intuitions : ce ne sont pas forcément ceux qui seront au cœur de l'événement. L'intuition est juste, mais elle n'est pas toujours assez précise pour qu'on puisse l'utiliser afin de prévenir des attentats ou d'en diminuer la portée. Cela m'embête. C'est la limite de mon sixième sens. C'est aussi ce qu'il faut que j'apprenne à travailler dans les années qui viennent.

Il y a eu une exception en ce qui concerne le lieu. Elle est suffisamment rare pour que j'aie envie et besoin de la raconter. À la fin de l'été 2015, j'ai rêvé régulièrement que la ville de Cannes était complètement inondée et que ma mère et ma sœur étaient prisonnières d'une voiture immergée dans l'eau. Elles étaient sauvées *in extremis*, treuillées par un hélicoptère. Les pompiers étaient sur place. Cette fois, après le Japon et l'Indonésie, j'avais l'impression d'être préparée, de maîtriser mon sixième sens. Je savais qu'une catastrophe était imminente. Je pensais qu'il s'agirait d'un tsunami. Ce ne fut pas le cas. Heureusement. Il y a eu une inondation à Cannes. En deux heures, l'eau est montée de cinquante centimètres. Ma mère et mon beau-père se sont retrouvés coincés dans leur voiture, bloquée par la montée des eaux. Ils ont eu une peur bleue. Ils ont attendu longtemps que l'eau baisse pour pouvoir repartir. Ils redoutaient un court-circuit dans la voiture s'ils démarraient trop tôt. Ils se sentaient impuissants. Comme dans mon rêve.

À la fin du mois de juin 2016, j'ai encore rêvé d'attentats, pour la première fois depuis la tuerie de

Bruxelles, en mars de cette même année. Voilà le contenu de mon rêve : une attaque terroriste a lieu dans un centre commercial, probablement en Belgique. Et une autre, de manière simultanée, est commise à Paris, dans une station de métro ou une gare. Dans ce rêve, je suis actrice : c'est souvent un signe prémonitoire. Il n'est pas impossible que j'aie réussi à capter la préparation d'un attentat. Dans mon rêve, des repérages avaient été faits et des engins explosifs dissimulés dans plusieurs endroits de la capitale. Je ne voyais pas d'explosions, mais j'observais les djihadistes en train de s'installer et de se préparer, j'assistais, impuissante, à la fuite éperdue des gens. Je voyais des quais de gare et des rames de métro. J'avais aussi la gare Saint-Lazare en ligne de mire. Mais je n'ai ni sens de l'orientation ni mémoire géographique, alors ça pourrait tout aussi bien être une autre gare. C'était le premier rêve. Il ne s'est finalement rien passé en juin à Paris, et heureusement. Mais je sais aussi que les services de renseignements français ont réussi à déjouer de nombreux attentats.

À chaque fois que j'ai rêvé d'attentats qui ont réellement eu lieu, il s'agissait de rêves en série, juste avant. C'est la répétition qui, chez moi, donne du sens et de l'importance à la prémonition. Après ce premier rêve fin juin, j'ai d'abord mis ça sur le compte de la pleine lune. Comme toutes les personnes extrêmement sensibles, je réagis assez fortement aux variations de la lune. Mais, les jours qui ont suivi, j'ai eu le sentiment que des djihadistes évoluaient autour de moi. Cette pensée m'a rendue nerveuse. Je sursautais au moindre bruit suspect, espérant que l'attentat de mes rêves serait déjoué. Bien sûr, je lis les journaux, je regarde et j'écoute les informations à la télévision et à la radio. Je ne suis ni stupide ni naïve et je sais bien que la France est, avec les États-Unis, la principale cible des djihadistes. Je sais aussi qu'il serait bien incroyable que la France soit subitement épargnée par les attaques terroristes. La fréquence, depuis quelque temps, c'est plutôt un attentat tous les six mois. Le ministre de l'Intérieur, le président de la République, les services de renseignements font régulièrement part de leur inquiétude. Pendant l'Euro de foot en juin 2016, la menace terroriste était à son niveau le plus haut. Je sais tout ça, et si c'est la question que vous vous posez, j'y réponds par l'affirmative : oui, mon inconscient intègre sans doute toutes ces données. Tous les Français savent que le pays sera, dans les mois et les années qui viennent, la cible de nouveaux attentats terroristes. Il n'est donc pas très original de l'annoncer. Quant aux cibles, finalement, ce sont toujours les mêmes : les rassemblements publics, les gares SNCF, les grandes stations de métro, les aéroports, les lieux de culte juifs ou chrétiens… Mais quand je rêve d'un attentat que tout le monde sait imminent et que tous redoutent, c'est différent. Je ressens les choses dans le détail, j'entends et je vois les djihadistes préparer l'attentat, je visualise parfaitement les lieux. Mes rêves, ou plutôt mes prémonitions, se multiplient les jours qui précèdent l'action. Parfois à un rythme infernal, un rythme qui m'épuise. C'est comme si j'avais croisé dans le métro les jours précédents, sans le savoir, un djihadiste qui préparait un attentat et que j'avais lu dans ses pensées, que j'avais capté et analysé à mon corps défendant les énergies et les pensées qui émanaient de lui. Quand on y pense, cela n'a rien d'extraordinaire. Qui ne s'est jamais retrouvé un jour en face d'un voyou fomentant un mauvais coup en ayant l'intuition justement, ou l'instinct, qu'il n'était pas clair ? Sans preuves, mais avec une conviction, une intuition telles qu'on peut se projeter nous-mêmes dans l'action. Voilà, c'est ça l'intuition quand elle est poussée à son niveau le plus haut. Que faire dans ces cas-là ? Appeler la police ? Les services de renseignements ? Pour leur dire quoi ? Leur apporter quelles preuves ? Le pire, c'est quand l'intuition se réalise. On regrette de n'avoir rien fait, de n'avoir prévenu personne. On culpabilise. On se dit qu'on aurait pu sauver des vies. Mais qui aurait écouté ? Surtout à cette époque-là…

Et puis il y a eu Nice, en juillet 2016. Nice, cette ville dans laquelle j'ai passé tant de temps et dans laquelle je continue à me rendre régulièrement en vacances. Cette ville qui m'est si proche, avec qui j'ai une relation si intime que j'ai l'impression qu'elle fait partie de moi-même… Juste après les attentats de Bruxelles, en mars 2016, j'ai eu une prémonition concernant le prochain attentat. Comme souvent me direz-vous, et c'est vrai… Au début, j'hésitais entre Nice et Marseille. Et puis au bout d'un moment mon sixième sens a fait le tri et j'ai été certaine que ce serait Nice. Il est rare que je puisse ainsi localiser si précisément une ville, mais dans ce cas-là je n'avais aucun doute. Je l'ai même écrit sur Facebook. J'avais prédit que l'attentat aurait lieu vers la fin du mois de juin. Comme rien ne s'était passé début juillet, j'ai cru qu'il avait été déjoué grâce au travail des services de renseignements. Et c'était tant mieux. Je me souviens avoir ressenti un vif soulagement au début du mois de juillet, un sentiment de légèreté s'était emparé de moi. Il a volé en éclats quelques jours après, le 14 juillet, sur la promenade des Anglais.

Depuis le drame de Nice, j'ai reçu de nombreux messages. Des clients, des amis, des inconnus m'ont rappelé que j'avais annoncé cet attentat, que je l'avais senti, que j'avais mis en garde les Niçois. Je sais que c'est difficile à croire pour des esprits rationnels, mais je me dois de revenir sur cet épisode. Ne serait-ce que pour inciter tout le monde à développer et à écouter son intuition. Cela pourrait, qui sait, nous protéger. Nous mettre à l'abri.

La veille de l'attentat, le 13 juillet, j'ai fait un malaise dans le magasin *Sephora* de Neuilly. Le contexte vous paraîtra peut-être léger et superficiel, mais c'est ainsi et dans ce lieu dédié à la beauté qu'est apparue cette certitude. Je me suis d'un seul coup sentie mal. Sans aucune raison particulière. Je me faisais juste épiler les sourcils. L'esthéticienne m'a demandé ce qu'il se passait, pourquoi j'avais l'air si perdue, pourquoi j'étais si pâle, pourquoi mon regard semblait parti si loin… Puis mon cœur s'est mis à battre à toute vitesse. C'est terrible cette sensation de ne plus pouvoir contrôler son cœur, cet organe vital. Je me concentrais pour essayer de me calmer. Pour redescendre d'un cran. Je me suis mise en sophronisation, c'est-à-dire en état d'hypovigilance, ente la veille et le sommeil. En sophrologie, c'est une méthode thérapeutique visant à soigner des maladies psychiques et des états de douleur. Elle est basée sur des changements d'état de conscience proches de l'hypnose. Puis je suis rentrée. Cela a duré une heure. Jusqu'à ce que je prenne de l'aubépine, une plante qui agit comme un bêtabloquant pour ralentir le cœur. Mon pouls battait à 150 pulsations par minute. J'ai songé à appeler les pompiers. Mais je me suis souvenue du cardiologue qui m'avait diagnostiqué une tachycardie jonctionnelle, c'est-à-dire émotionnelle, quelques années plus tôt. Il m'avait appris une technique dite vagale pour faire baisser le rythme cardiaque. C'est ce que j'ai fait en attendant que l'aubépine fasse effet. Je me souviens avoir téléphoné à ma mère et lui avoir dit que je pensais qu'un attentat, peut-être, se préparait. Rebelote le soir même, un autre malaise à 22 heures. J'étais chez moi, au calme, quand la crise est survenue, sans aucune raison particulière. J'ai réussi à la juguler en prenant tout de suite de l'aubépine. Mais le mystère qui l'avait déclenchée m'a mise mal à l'aise pendant un moment. Et puis il y a eu l'attentat de Nice…

Dans ces cas-là, je suis parfois tentée, quand l'intuition me dérange trop, de la rejeter. Ça ne marche pas toujours : lorsque l'intuition est forte, elle ressort automatiquement dans mes rêves. Et je ne peux rien y faire, je ne peux pas l'empêcher de revenir. Je réussis à faire abstraction d'une intuition, à la chasser de mon esprit… mais jamais très longtemps. Même quand j'espère le contraire, elle revient toujours au galop. Alors autant l'affronter et essayer de comprendre ce qu'elle signifie quand elle arrive. C'est ce que j'ai appris à faire. Par exemple, l'une de mes amies trompait son compagnon, et je le savais. Mais elle persistait à nier quand je lui en parlais. J'ai essayé de chasser cette intuition de mon esprit. Si on la compare à mes prémonitions d'attentats, elle n'est d'aucune importance. Pourtant, cette intuition est revenue hanter mes rêves, de façon plus forte encore et plus insistante que dans la journée. Comme si elle forçait le passage, comme si elle s'invitait de force dans mon cerveau. Je ne peux pas échapper à mes intuitions.

Aujourd'hui, j'aimerais bien que mes intuitions servent aussi à la société. Lorsque j'ai écrit ce texte récapitulant mes prémonitions pour l'année 2015, des policiers m'ont demandé de ne plus le faire, d'éviter de les rendre publiques. Ils m'ont dit que cela pourrait contrecarrer le travail de la DGSI, les services de renseignements intérieurs, et aussi alerter les terroristes. Mais j'aimerais bien pouvoir aider les services de renseignements de mon pays.

J'aimerais aussi beaucoup coacher des hommes politiques et des responsables français. Je me sens très affectée par les difficultés de la France, par la morosité du climat social et économique, par les violences qui se multiplient dans la société. L'État affronte de nombreux défis, des challenges qui parfois paraissent impossibles à relever. J'aimerais bien aider d'une manière ou d'une autre, à mon modeste niveau, au rétablissement et à la protection de mon pays.

– 20 –

COMMENT GÉRER SON SIXIÈME SENS

Être capable de prévoir des événements, y compris les plus sombres, et pouvoir entrer dans la tête de l'autre pour analyser ses émotions et son comportement afin d'en tirer des conclusions n'est pas toujours une chose facile à vivre. J'ai dû m'adapter à ma particularité. Au fil des ans, à partir du moment où j'ai assumé mon sixième sens, je suis devenue la conseillère de tout le monde. Mes amis, ma famille, mon entourage, tous se pressent constamment vers moi pour me demander avis et conseils. J'en suis fière et je suis toujours là pour répondre aux attentes des uns et des autres. De toute façon, difficile de faire autrement. Mais j'ai souvent l'impression qu'on ne me laisse jamais tranquille. Beaucoup de mes connaissances ne viennent me voir que pour me parler d'elles. Elles ne me voient plus que comme la fille qui a un sixième sens. Auprès de moi, elles ne pensent qu'à elles. Elles ne me demandent jamais comment je vais. Ce sont souvent des amitiés à sens unique. Et ça me pose un problème. Car moi aussi j'ai besoin d'amitié, d'attention. Je ne suis pas une super woman. Il m'arrive d'être triste, ou en colère, ou déçue. Moi aussi, j'ai parfois peur de l'avenir, il m'arrive d'avoir le trac. Comme tout le monde, j'ai des déceptions amoureuses et, comme tout le monde, j'ai envie et besoin qu'on s'intéresse à moi. Je refuse que l'on me considère uniquement comme une machine à intuitions. Alors j'ai dû apprendre à gérer cette situation. Avec la maturité, j'y suis arrivée. Aujourd'hui je ne me laisse plus envahir. J'ai fait le tri dans mes amis. J'ai imposé des limites à leurs demandes. C'est moi qui décide la place que j'ai envie de consacrer, dans mes relations, aux intuitions et au sixième sens. J'ai appris à ne plus me laisser déborder par mon aptitude. J'ai appris à être capable de mener une vie normale, une vie de fille lambda. Mais mon intuition me permet aussi, heureusement, de nouer des amitiés solides et durables. Pas seulement des amitiés professionnelles. J'ai rencontré Christelle, qui est devenue ma meilleure amie, au cours d'une séance de coaching à Juan-les-Pins. Je l'ai beaucoup guidée et elle m'a par la suite énormément rendu. Aujourd'hui je partage absolument tout avec elle. J'ai aussi rencontré Tania et Gianni dans un cadre professionnel. Je les ai longtemps conseillés, et aujourd'hui je considère qu'ils font partie de ma famille. Et Ghjuvan Carl, mon ami corse qui a toujours été là pour moi. Grâce à l'intuition, je rencontre des gens exceptionnels, des hommes et des femmes que je choie parce qu'ils ont de grandes valeurs et un grand cœur. Je ne laisse partir que ceux qui n'ont pas leur place dans mon cœur et dans ma vie.

Les séances avec les clients ne sont pas toujours un long fleuve tranquille. Il est parfois épuisant de travailler sur les émotions des autres. Je traverse aussi des moments de solitude. Les histoires et les expériences de vie qui se racontent dans mon cabinet sont souvent lourdes. Étant la plupart du temps liée par une clause de confidentialité, je ne peux pas en parler à mes amis et je dois gérer seule cette intense matière. Le plus courant, ce sont les cœurs brisés par la vie ou par l'amour. Les gens qui sont dans la peine arrivent chez moi avec des attentes immenses. En général, ils n'ont plus assez confiance en eux. Je leur apprends à trouver la force d'y croire à nouveau et de remonter la pente. Il y a tellement d'amour qui passe entre mes clients et moi que ça finit toujours par repartir. Mais cela me demande beaucoup d'énergie. J'ai aussi dû apprendre à me protéger. Ce n'est pas toujours facile d'être moi. Je ressens de manière si intense les émotions des autres, le bien comme le mal. Je suis littéralement perméable à ceux qui me font face et j'ai dû apprendre, avec les années, à me protéger. J'ai construit une carapace qui me permet de résister aux énergies venant de l'extérieur. C'était indispensable. Je ne suis pas d'un naturel particulièrement angoissé, en tout cas pas lorsque j'exerce dans mon cabinet, mais je suis très réceptive à l'anxiété de mes clients. Lorsqu'ils sont très déprimés, qu'ils arrivent chez moi avec des idées de suicide ou des fragilités immenses, je ressens leur peine comme si j'étais à fleur de peau. Elle entre littéralement en moi. L'énergie négative est décuplée. Parfois la charge émotionnelle est si forte qu'elle m'abat et me plonge dans un mal-être qui persiste au-delà de la séance. Dans ces cas-là, mon cœur bat plus vite, je deviens nerveuse et angoissée. Cela ne m'arrive pas seulement dans mon cabinet. Lorsque je suis invitée à un dîner, je capte toutes les énergies autour de la table. Je ressens la jalousie des gens, leur hostilité, leur gêne, leur malheur.

Ça aussi, j'ai dû apprendre à le gérer. J'ai trouvé un remède pour ne pas être affectée : la sophrologie et le sport. C'est ça qui me permet de m'en sortir et de continuer à aider les autres. Je fais du yoga, je cours beaucoup en écoutant de la musique. L'exercice physique me permet de prendre de la distance.

Mais le plus terrible, c'est lorsqu'il s'agit de mes amis. Je ressens toujours les infidélités dans mon entourage, et c'est difficile d'être confrontée aux mensonges et aux trahisons des gens que vous aimez. Je sais tout de suite quand une personne ment. Cela m'arrive plus souvent que je ne le voudrais. Par exemple, j'ai rêvé qu'une de mes très proches amies était infidèle. Elle mentait à son compagnon. Elle a vécu secrètement cette double relation pendant un an sans jamais m'en parler. Même lorsque je lui tendais la perche, que je lui faisais comprendre que je savais. Elle a toujours farouchement nié. Avec une énergie et un aplomb qui me sidéraient. Ce mensonge qu'elle revivait à travers moi a brisé notre amitié. Il m'est arrivé plusieurs fois de perdre une relation parce que je savais que l'autre me mentait. J'ai du mal à vivre en dehors de la vérité.

Parfois, les clients reviennent me voir furieux après que mes intuitions se sont réalisées. Quelque temps après l'attentat du Bataclan, une femme affolée et en colère est entrée comme une furie dans mon cabinet. Je lui avais annoncé qu'un de ses amis, Olivier, pourrait mourir dans une fusillade. Il a effectivement perdu la vie au Bataclan. Cette femme m'a reproché de ne pas lui avoir annoncé les choses plus clairement et plus précisément. « Vous auriez dû me dire », affirmait-elle. Mais lui dire quoi d'autre ? Je n'avais eu qu'un flash, accompagné d'une intuition très forte, j'avais dans la tête une image et une pensée qui l'accompagnait. Ne pouvant lier précisément l'intuition que j'avais eue au Bataclan, et au concert des Eagles of Death Metal, qu'aurait-elle pu faire ? Pouvait-elle empêcher son ami d'aller au Bataclan ? Non.

Aujourd'hui encore, il arrive parfois que mes intuitions me handicapent. J'ai par exemple développé une phobie de la conduite automobile lorsque je passais mon permis. J'ai eu un accident le jour de l'examen. J'avais eu une intuition, un flash qui m'annonçait cet accident. Alors j'ai laissé tomber les cours de conduite. Depuis j'ai réussi à me débarrasser de cette obsession… Ça n'a l'air de rien comme ça, mais le fait de m'imaginer au volant d'une voiture me mettait dans le même état que ceux qui ne supportent pas de prendre l'avion et sont persuadés à chaque décollage ou à la moindre turbulence que leur dernière heure est arrivée.

Même ma sensibilité est parfois difficile à gérer. Je me sens souvent incomprise. Moi, je pense qu'il faut accepter les autres comme ils sont. J'essaie toujours de repérer le meilleur de chacun et de ne pas tenir compte de ce qui ne me plaît pas ou ne me ressemble pas. Mais ce n'est pas le cas de tout le monde. On me trouve souvent trop sensible, trop gentille, trop positive. Et pourquoi ne le serais-je pas ? Pourquoi devrais-je me forcer à voir la vie en noir quand je la prends toujours du bon côté ? Mon entourage, mes relations professionnelles, amicales et sentimentales, m'ont beaucoup jugée sur ma sensibilité. Autant mes intuitions les passionnent et les impressionnent, autant mon hypersensibilité, celle qui justement me permet d'avoir ces intuitions, les agace ou les déçoit. Mon ultrasensibilité aux gens et aux choses, au bien, au juste, au vrai et au bon est souvent prise pour de la faiblesse. Quant à mon côté positif, on le voit comme de la naïveté. L'été dernier, sur la plage, une fille m'a balancé à la figure, très agressive, en me regardant comme si j'étais anormale : « Toi tu es à côté de la plaque, tu vis dans le monde des Bisounours ! » Parce que j'étais positive, zen et qu'en vacances surtout je vois le bien partout. Je lui ai répondu du tac au tac en lui disant qu'elle vivait dans la série télévisée *24 heures chrono*. Qu'à peine assise, elle se relevait, qu'à peine debout, il lui fallait déjà courir et qu'elle était incapable d'apprécier l'instant présent, d'aimer ce qui l'entourait.

Sa remarque m'a atteinte car je ne suis pas une imbécile heureuse. Je ne vois pas des cœurs roses voler partout dans les airs. Je n'aime pas qu'un mec me balance, je suis parfois morose quand il pleut, je râle quand l'ascenseur est en panne. Comme tout le monde, je m'énerve, je tape du poing sur la table. Mais quand le stress est parti, j'essaie d'apprécier les situations à leur juste valeur et je m'efforce, c'est vrai, à adopter une attitude positive dans la vie. Ce n'est pas être un Bisounours, c'est simplement être doté de bon sens. Je sais qu'être positif est toujours la meilleure option.

J'ai appris à gérer mes émotions pour éviter qu'elles ne me débordent comme lorsque j'étais plus jeune. Je n'ai pas pris de cours ni participé à des stages. J'ai juste suivi mon instinct. Un soir, en suivant justement une intuition, j'ai senti qu'il fallait que je médite. Cela m'a fait du bien. Alors j'ai continué. J'ai élaboré plusieurs techniques de méditation. Je m'assois en tailleur. J'éteins tout. Je visualise une lumière blanche qui descend du ciel. Ou parfois bleue. Une lumière ronde qui m'entoure, qui devient de plus en plus puissante et finit par balayer toute ma chambre et même parfois tout l'appartement. Je l'imagine purifiante. Ou protectrice. Et je remercie. Ou alors je parle à l'Univers par la pensée. Toujours en tailleur. Et je lui confie mes doutes. Mes états d'âme. Mes pensées. Mes souhaits. Je les range dans une bulle que j'imagine montant vers l'Univers. Et je remercie. Parfois je fais juste le vide en moi, afin de ne plus penser à rien. C'est la forme de méditation qui me fait le plus de bien.

Mon hypersensibilité n'est pas une faiblesse. C'est une force. Les épreuves de la vie m'ont formée et forgée. Elles m'ont contrainte à devenir forte et courageuse pour pouvoir survivre. J'ai refusé que les difficultés s'emparent de mon existence, qu'il me submerge, qu'il définisse la nature de mes relations avec les autres. Cette attitude est un choix. Alors que certains se laissent dépasser par les épreuves et ne peuvent plus voir la vie qu'en négatif, je me sers de ma sensibilité pour surmonter les coups durs et en faire émerger du positif. Cela s'appelle la résilience. Mon parcours est un long chemin de résilience. Depuis que j'ai accepté mon sixième sens et que j'ai appris à le dompter, à l'utiliser, je vis mieux. Je suis plus épanouie, légère. Libérée. Confiante dans l'avenir. Plus j'écoute cette voix intérieure, plus un sentiment de paix s'installe en moi. J'ose prendre les bonnes décisions, celles que je ressens vraiment au fond de moi, au fond de mon cœur. Et je les prends plus vite. Depuis que mon ressenti prime systématiquement sur mon rationnel, depuis que j'ai appris à dompter mon intuition, celle-ci se manifeste de plus en plus clairement. Ce chemin, vous pouvez l'emprunter comme je l'ai fait. Aujourd'hui je me sens plus heureuse. J'ai fait ma révolution positive. Mais ce chemin est à la portée de tous. Il suffit d'oser s'écouter. Vous arrive-t-il de vous demander, pendant des heures ou des jours, quel choix vous devriez faire pour être heureux ? Le bonheur est à notre portée mais c'est à nous de le créer. Et nous avons pour cela un outil précieux en nous. En vous fiant à votre intuition, vous pouvez gagner du temps et vivre plus sereinement. Une chose est sûre : la réponse est toujours en vous !

La psychologie positive :
cinq conseils pour être heureux

– Multipliez les bons moments. Le bonheur est souvent à portée de main. Collectionnez les moments agréables de chaque journée : un compliment d'un ami, le sourire d'un inconnu dans le métro, un café en terrasse au soleil….

– Apprenez à reconnaître ce qui vous fait du bien : le sport, la cuisine, le jardinage, les dîners entre amis, le cinéma ou le théâtre… Tout ce qui vous apporte du plaisir et du sens. Faites-en une liste que vous consulterez régulièrement.

– Ne soyez pas avare de votre gratitude : complimentez votre entourage lorsqu'il est bienveillant, remerciez ceux qui vous apportent des moments de bonheur dans la journée.

– Faites fuir les émotions et pensées négatives : détectez et identifiez l'émotion qui vous perturbe. Cernez-la. Comprenez les effets négatifs qu'elle a sur vous (pleurs, maux de ventre, colère, palpitations…). Remplacez-la par une émotion ou une pensée positive. Redémarrez en envisageant les choses du bon côté.

– Cultivez la bienveillance : c'est en compagnie des autres que nous sommes le plus heureux. Multipliez les gestes altruistes, souriez, faites don de votre générosité aux autres. Car il est prouvé que la bienveillance stimule les zones de plaisir du cerveau, quan en sommes le bénéficiaire mais aussi quand sommes l'auteur.

– 21 –

« Un jour, tu raconteras ton histoire. »

Ce livre est paru pour la première fois en 2017 et je suis très heureuse qu'il soit aujourd'hui entre vos mains. Depuis sa sortie et la médiatisation qui s'en est suivie, j'ai été très sollicitée (à ma plus grande surprise !). J'ai reçu des milliers de messages que je traite un à un dès que je le peux. C'est long car je ne souhaite pas déléguer la lecture de mes mails à une assistante. Je sais que chaque personne m'écrit personnellement et je refuse qu'une autre personne décide pour moi de ce qui sera prioritaire, supprimé ou mis de côté. C'est à moi de lire et c'est à moi de répondre.

Lorsque j'ai appris la sortie de mon livre en poche, j'ai eu envie de le compléter en racontant comment il est né et tout ce qu'il m'a apporté. Parce qu'aujourd'hui plus qu'hier, je suis reconnaissante de chaque rencontre, chaque opportunité, chaque épreuve aussi, qui me permettent d'être celle que je suis. Écrire ce livre a été un exercice difficile et enthousiasmant, un véritable défi qui m'a amenée à regarder ma vie en face, à me livrer, avec pudeur et sans retenue.

Tout a commencé par la rencontre avec mon éditrice, Margaux, rencontre qui ne pouvait pas être plus timide. À ce moment-là, étant donné mon caractère réservé, il me semblait impossible de me livrer à de parfaits inconnus. Et je ne comprenais pas que mon histoire puisse intéresser les lecteurs. On ne me connaît pas ! Je ne suis personne ! Pourquoi moi ? (Si vous saviez combien de fois je me suis posé ces questions !) Mais Margaux a su voir au-delà des apparences. Au-delà de ma pudeur. Au-delà de mes mots…

« Voir au-delà » : nous étions dans la définition parfaite de l'intuition. Ce sont des synchronicités qui avaient guidé Margaux vers moi. Elle ne savait encore rien de ma vie et pourtant son flair lui soufflait avec une force incroyable que j'avais une véritable histoire à partager. Elle savait déjà qu'une formidable aventure humaine m'attendait et que j'étais prête à la vivre. Dès la première seconde, elle a compris que « j'en avais sous le pied » – ce sont ses mots. C'est elle qui m'a donné le courage et l'envie d'écrire. Du temps s'est écoulé entre notre rencontre et la concrétisation du projet… le temps que je sois prête. Je sais que tout arrive toujours au moment le plus propice ; cette certitude me permet d'avancer sereinement vers la réalisation des projets qui me tiennent à cœur.

Deux mois avant notre rendez-vous, j'avais encore une fois rêvé que j'écrivais un livre. C'était la troisième fois. Et ce rêve me semblait si réel que j'en avais parlé à mes amis avec qui je partageais tout. Ensemble, nous parlions beaucoup et échangions des idées sur mon futur livre : je l'envisageais autour des autres, pas de moi. Puis j'avais fini par mettre cette idée de côté, après tout j'avais d'autres priorités.

Mais lorsqu'une chose est faite pour nous, c'est comme si tout l'univers conspirait pour qu'elle vienne à nous. Je suis persuadée que nous attirons les événements que nous devons vivre. C'est pour cette raison qu'il faut se faire confiance. Érik, l'un de mes amis proches, a rencontré Margaux lors du festival de Cannes : ils visaient le même taxi qu'ils ont finalement décidé de partager. Ils ne se connaissaient pas le moins du monde et ont discuté à peine une minute. Mais vous le savez, il est des minutes qui peuvent changer le cours d'une vie. Elle a parlé éditions. Il a parlé intuitions. Et c'est ainsi que tout a commencé. Margaux et moi partageons aujourd'hui une belle histoire d'amitié. Dans mon cahier de gratitude, elle a une place toute particulière. Quand j'avais accepté de la rencontrer avec Érik, c'était pour lui parler d'un projet que j'avais en tête. Mais Margaux ne venait pas pour cette idée-là. Elle m'avait entendue à la radio. Elle était fascinée par le paradoxe entre mon jeune âge, mon hypersensibilité et mes flashs qui montraient une grande maturité. Elle savait que je cachais forcément un parcours complexe pour en être arrivée là. Elle m'a donc proposé d'écrire mon histoire. Au départ, j'étais réticente ; je ne voyais pas pourquoi des lecteurs pourraient s'intéresser à moi. Mais, à la fin de notre rendez-vous, Margaux m'a laissée sur ces questions : ne penses-tu pas que tu as une expérience à partager ? Un parcours à transmettre ?

C'est alors que j'ai pensé à Alex qui m'avait dit, des années plus tôt : « Crois en toi, n'abandonne pas, un jour tu écriras ton histoire. » J'ai repensé à mon journal intime que j'avais conservé. J'ai regardé les épreuves que j'avais traversées pour parvenir à exploiter mon intuition. J'ai parcouru en pensée le chemin qui m'avait permis de faire de ce que je croyais être une vulnérabilité mon plus grand atout. J'ai ressenti ce qui m'animait chaque matin avant d'aller travailler, chaque soir avant de me coucher : l'envie de mettre mes intuitions au service du bien et de réveiller l'intuition en chacun. Écrire mon histoire serait l'occasion de parler au plus grand nombre, c'était une opportunité que je devais saisir !

J'étais seule au moment d'écrire ce livre et je l'ai été pendant et après. Aujourd'hui, c'est pour moi une source d'immense fierté. J'ai souvent été seule pour traverser les grandes étapes dans ma vie. C'est ce qui constitue ma plus grande richesse. (Grâce à ce livre, j'ai rencontré un homme avec qui je partage une belle histoire. Je n'en dirai pas plus car il souhaite préserver notre intimité et cela me convient parfaitement.)

La vie a toujours mis sur ma route de belles personnes pour m'accompagner. Pour me tenir la main quand j'en avais vraiment besoin. Et l'exposition médiatique qui a suivi la sortie de ce livre a été un moment à la fois exaltant et éprouvant. Ma famille et mes amis n'étaient pas rassurés. Ils connaissaient mon hypersensibilité et même s'ils ne doutaient pas de mes capacités, pour la première fois je les ai sentis inquiets pour moi. Ils avaient peur de me voir pénétrer cet univers impitoyable, rencontrer des requins qui risquaient de me dévorer toute crue. Ils craignaient aussi qu'on me prenne pour une bête de foire ou qu'on me manipule. Jusqu'alors je n'étais pas exposée. Je travaillais dans l'ombre. Bien entendu, je les avais préparés à la possibilité de commentaires négatifs ; ce ne serait pas grave, on ne peut pas plaire à tout le monde et il n'y a que ceux qui ne font rien qui peuvent espérer toujours échapper aux critiques. Je leur demandais même de ne pas les lire pour qu'ils ne se sentent pas blessés pour moi. Je ne voulais pas qu'ils soient affectés. Certaines personnes ne sont pas ouvertes d'esprit et je n'avais pas envie de leur demander de me croire ni de les convaincre, je préférais les ignorer. L'important était d'être bien entourée. Et mes proches s'en étaient rendu compte : quelque chose en moi avait changé. L'écriture m'avait apaisée. J'avais gagné en assurance. Ma raison me préparait au pire mais mon instinct me disait que tout se passerait bien. Alors ils m'ont soutenue et encouragée.

Il n'y avait pas que mon entourage qui appréhendait la médiatisation qui m'attendait. Je sentais bien que mon attachée de presse et mon éditrice, qui connaissaient bien ma personnalité, souhaitaient m'épargner. Protectrices, elles ne voulaient pas me mettre en difficulté. Je n'avais pas affaire à des gens sans scrupules, prêts à tout pour vendre leurs livres. J'écoutais donc leurs recommandations avec attention. Elles connaissent leur métier. Je suivais leur plan de presse en confiance. Mais il manquait un nom dans le programme prévu pour la promotion de mon livre, un nom que mon intuition me donnait avec insistance :

Thierry Ardisson, et son émission, *Salut les Terriens !*, qui était diffusée sur la chaîne C8 chaque samedi à 18 h 45. Je n'étais pas encore une fidèle de l'émission, mais j'ai toujours eu une profonde admiration pour l'homme en noir (l'animateur préféré d'Alex). De plus, je me souviens que quand j'étais enfant, mes parents et leurs amis se réunissaient pour regarder Thierry Ardisson et Laurent Baffie à la télé. Mais tout cela a fait écho bien après, je n'y pensais pas sur le coup.

Sylvie, mon attachée de presse, m'a expliqué qu'il n'était pas question que je fasse cette émission au début de la promotion, que je n'étais pas prête et qu'on en reparlerait dans plusieurs mois. Elle me conseillait aussi de ne pas me faire d'illusion. Il est vrai que j'étais une parfaite inconnue et qu'il était peu probable que je sois sollicitée pour une émission qui ne recevait que des personnalités. Mais les jours ont passé et mon intuition s'est amplifiée. Il n'y avait plus aucun doute à mes yeux. J'ai appelé Sylvie et je lui ai dit : « Je sais que ça va te paraître fou, mais je le sens, ma première émission, ce sera Thierry Ardisson. » Et je n'en voulais pas d'autre. Je ne me voyais sur aucun autre plateau télé. Sylvie me pensait réservée, elle me découvrait déterminée. Mon intuition m'ordonnait de participer à cette émission. Je n'exigeais rien d'autre mais je sentais dans ma chair que je passerais à côté de quelque chose si l'on n'essayait pas.

« C'est tout moi ça, Sylvie, tu sais. Je sais que c'est là que je dois aller mais je ne sais pas pourquoi. Ça paraît fou mais c'est comme ça. Et il ne faut pas chercher à comprendre. » Sylvie avait eu l'occasion de tester mes intuitions, à ses dépens. Et, comme d'autres, elle avait été stupéfaite de ce que je lui avais annoncé.

Sylvie est une attachée de presse et une femme exceptionnelle. J'ai le sentiment de l'avoir toujours connue. Nous avons tout de suite sympathisé et elle est devenue comme une grande sœur pour moi. C'était évident entre nous : nous abordons la vie avec le même regard d'enfant innocent. C'est peut-être pour cela qu'elle n'a pas cherché très longtemps à me dissuader. Au contraire, l'assurance qui me caractérise quand j'ai une intuition l'a convaincue. Elle a même décidé d'en faire une affaire personnelle : « Tu veux Ardisson, tu auras Ardisson. » Elle avait prévu un déjeuner avec le programmateur de l'émission, Alexandre (les Alex me portent bonheur), et son assistant, Thibaut. Elle s'y est rendue accompagnée d'un collègue, un vendredi. Et le lundi, elle m'a appelée pour m'annoncer : « Lilie, tu es invitée jeudi à enregistrer l'émission *Salut les Terriens !* qui sera diffusée samedi. Il faut que tu y sois à 17 heures, mais ne t'en fais pas, je t'accompagnerai ! » « Xxx ??? », c'est un peu l'effet que ça m'a fait. « Comment ça, Sylvie, ce JEUDI ? Mais on est lundi, ce JEUDI ?!!! » « Oui ma Cocotte allez, hauts les cœurs, c'est une bonne nouvelle. Tu l'as voulu, tu l'as eu. »

En effet mon intuition le voulait. Mais moi, je n'avais pas réalisé. Comme toujours je n'avais fait que transmettre un ressenti qui s'imposait à moi, sans calcul, parce que c'est comme ça qu'on finit par se perdre, quand on rationalise ce qui ne s'explique pas. Le mardi, j'ai reçu un message d'Alexandre qui semblait enchanté de me programmer. Ça me dépassait. Le surlendemain le journaliste qui avait lu mon bouquin m'a posé quelques questions pour préparer son sujet. Je lui ai demandé comment les choses allaient se passer et il m'a répondu : « On va parler de ton histoire, comme tu l'as fait dans ton livre. » « OK… (Xxxxxx !!!). » J'avais le trac. On était à la veille de l'émission. Je me souviens m'être assise dans le fauteuil de mon salon, avoir soufflé un bon coup et fermé les yeux. Et je me suis visualisée, sur le fauteuil de *Salut les Terriens !*, répondant aux questions de Thierry Ardisson, taquinant Laurent Baffie. J'ai rouvert les yeux et j'ai pensé que j'étais dingue d'aller dans une émission comme celle-ci pour une première, première télé, première interview. Et en plus, c'est moi qui l'avais demandé, c'était un peu osé.

Je n'irai pas. Laissons tomber. Comme à chaque fois que je doute de moi, j'ai appelé celui qui me connaît par cœur. Alex était fou de joie. Je crois qu'il attendait ce jour autant que celui de son mariage. Et voici ce qu'il m'a dit : « Lilie, c'est Thierry ! (Alex me parlait souvent de lui quand on habitait à Juan-les-Pins). Ils vont t'adorer. Tu vas les bluffer. Comme toujours. Fais-toi confiance ! Tu es très forte. Je suis ton premier fan. Tu seras une grande parmi les grands. Ils vont t'adorer, je le sais. Ce sont des vrais. Je ne me fais aucun souci pour toi. » Bon, Alex en rajoutait mais il a le don pour sentir quand je ne suis pas bien. J'ai aussi appelé ma maman. Elle est elle-même intuitive, comme vous le savez, même si elle n'a pas développé son intuition comme moi. Et lorsqu'il s'agit de ses enfants, une maman ne se trompe jamais : « Fonce ma Lilie, c'est ton heure, c'est ton tour. Tu l'as mérité. Tu as travaillé des années pour en arriver là. Tu t'es faite toute seule. Cette émission, c'est le début. » Et nous avons raccroché. Alex habite à l'étranger. Ma mère à Cannes. Donc je me suis préparée toute seule. À part eux, je voulais que personne ne sache. J'ai toujours fonctionné ainsi, je suis discrète. Mes amis me trouvent même secrète. Et lorsque je ressens un grand trac, une grande pression, je suis surtout pudique. Je ne les partage qu'avec mes proches.

Le lendemain était le jour J. En route vers les studios de la Plaine Saint-Denis, je ne disais pas un mot. Sylvie essayait de me détendre. J'avais opté pour un look chic et sexy. Je portais mon parfum préféré. J'étais un peu trop maquillée. J'avais soigné mon allure pour mieux masquer mon trac. Pour moi c'était le minimum pour me sentir en confiance. Je sentais Sylvie très stressée pour moi. C'était compréhensible : ma première interview filmée pour un blog avait été une catastrophe ! C'était pendant les fêtes de fin d'année. Je ne m'étais pas du tout préparée. J'étais très intimidée, pas à l'aise du tout et j'avais répondu n'importe quoi. Il faut dire que j'avais eu l'impression que celui qui avait eu la gentillesse de venir m'interviewer dans mon cabinet était sceptique et je ressentais des vibrations hostiles. Je ne prétends pas qu'il s'agissait d'une intuition ; je projetais sûrement mon manque de confiance, mes doutes et ma gêne, et tout cela troublait mon raisonnement… J'avais hésité à annuler. Mais je m'étais engagée auprès de cet homme qui avait fait de la route pour me rencontrer. Ce n'est pas mon genre de faire faux bond. Alors je l'ai pris comme un entraînement. Une fois son article publié, cela a été une véritable épreuve de me regarder mais aussi une très bonne école. Je me suis autoanalysée. Je m'excusais presque d'être intuitive et d'avoir une histoire à partager. J'ai compris qu'en interview, il fallait que je sois Lilie la consultante. Celle qui est sûre d'elle. Celle qui n'a pas peur de dire les choses. Celle qui éclaire. Celle qui a l'habitude qu'on lui dise qu'on ne croit pas à toutes ces prémonitions mais qui n'a pas de problème avec ça, parce qu'elle n'a rien à prouver. Celle qui sait ce qu'elle vaut et où elle va. Je n'avais pas à avoir honte de mon parcours. Je suis extralucide et alors ? Vous allez voir ce que vous allez voir….

C'est dans cet état d'esprit que je me rendais sur le plateau de Thierry Ardisson. La veille j'avais parcouru le livre *Yoga Time* de Clio Pajczer et j'avais fait quelques exercices de yoga qu'elle recommandait. Ce que j'aime dans le yoga, la sophrologie et la méditation, c'est la respiration. Pour moi, c'est la clef. On devrait apprendre à respirer dès le collège. Bien respirer change et améliore la vie. Pendant trente minutes, j'avais inspiré et expiré profondément par le ventre en prenant conscience de l'air qui circulait dans tout mon corps. J'étais « en mode sophro » comme j'aime le dire. Et cela m'avait bien détendue : mon trac était là, puissant, mais il ne prenait pas le dessus.

Quand est venu mon tour, j'ai fait mon entrée. J'ai serré la main des autres invités, Clara Morgane, Edwy Plenel qui m'impressionnait (c'est un journaliste brillant qui se fie à son instinct), Gilbert Montagné et Laurent Baffie. Et je me suis installée confortablement dans le fauteuil les pieds bien ancrés au sol, la tête droite, le regard timide. Thierry m'a tout de suite mise à l'aise. « Tu n'es pas là pour passer le bac ! Détends-toi, on est cool. S'il y a un souci, on arrête et on reprend. » Lorsque j'ai commencé à parler, j'avais la bouche très sèche. J'ai demandé un verre d'eau. Laurent Baffie a dit « et un Gin », alors j'ai dit « un double ». Il m'a fait un clin d'œil amical, profondément rassurant. Et l'interview a commencé. Thierry a retracé mon parcours. Je l'ai laissé me guider. Le plateau était silencieux. Je percevais les vibrations du public : de l'attention bien sûr, mais aussi de la bienveillance ainsi que de l'admiration et de la curiosité. Les questions s'enchaînaient sans aucun piège. Sans même une vanne du célèbre sniper. J'étais très émue d'être interviewée par Thierry Ardisson, quel honneur ! Et puis il s'est passé un moment à part. Thierry m'a posé une question : « Est-ce que vous ressentez quelque chose sur moi ? » J'ai alors pensé à ce que je ressentais depuis mon arrivée et qui ne me quittait pas. Comme vous le savez, je suis une éponge. Il aurait suffi qu'une personne soit dans une sombre colère ou souffre d'une douleur immense pour que je la détecte. J'étais connectée. J'avais ressenti quelque chose d'important concernant Laurent Baffie. Thierry me redemanda si je ressentais quelque chose sur lui. La première fois, je n'ai pas osé répondre. La seconde fois, j'ai été portée. Je me suis lancée avec audace et confiance. « Oui, je ressens quelque chose, mais pas sur vous, sur Laurent Baffie. » Laurent se tourna vers moi très surpris. Il ne s'y attendait pas. Il avait suivi mon interview avec beaucoup d'intérêt : que pouvais-je bien ressentir ? Thierry me confirma que je pouvais me lancer : « Sur Laurent, allez-y bien sûr », d'un air qui disait « t'as du culot, j'aime bien ». Je demande la permission à Laurent que je ne voulais pas embarrasser. Il acquiesce avec sympathie. Je lui précise alors : « C'est peut-être personnel. » Il m'autorise à nouveau. Et je lui dis alors mon intuition. Qui était là depuis mon arrivée. Qui me submergeait depuis le début de l'interview. Qui s'était incrustée dans ma tête dans le taxi. Ce moment a été coupé au montage à la demande de Laurent qui s'en est excusé auprès de moi, mais je comprends parfaitement. Lorsque j'ai révélé mon intuition, il a immédiatement regardé Thierry en hochant de la tête pour dire non. Puis il s'est retourné vers moi pour me demander si ce que je voyais était en cours ou terminé. « C'est terminé », lui ai-je alors rétorqué. Avec assurance. Dans ma tête une voix disait : tu es folle Lilie tu vois bien qu'il a dit non à Thierry. Il s'est alors levé de son fauteuil, est venu vers moi et s'est penché en me disant : « Bravo madame je vous embrasse parce que vous êtes exceptionnelle. » Toutes les personnes présentes sur le plateau ont assisté à ce moment avec moi ; j'entendais les applaudissements du public et éprouvais une vive émotion que j'essayais de retenir C'est un moment inoubliable. Je venais de bluffer Laurent Baffie et Thierry Ardisson en révélant quelque chose que personne ne savait.

Puis est venue la question sur les élections présidentielles : « Qui voyez-vous gagner l'élection ? » Cette question m'avait été posée pour le magazine *Ici Paris* quelques jours plus tôt. J'avais répondu que je ressentais un véritable choc pendant la campagne présidentielle à venir qui allait secouer le monde politico-médiatique (l'affaire Fillon viendrait confirmer mon intuition le mois suivant). Alors j'ai dit ce que je ressentais à ce moment-là : « Ce que je peux vous dire, c'est que ce sera un président nouveau qu'on n'a jamais vu et qui va tout changer et pour longtemps. » Thierry répondit : « C'est Macron alors. » À ce moment-là, François Fillon était en tête des sondages. Emmanuel Macron arrivait en 3e position. Les sceptiques, et je les comprends, me diront plus tard : « Tu as dit ce que les sondages prédisaient. » Mais ce n'était pas le cas. Et ce n'était pas non plus l'expression d'un souhait ou d'une opinion politique. J'étais là pour me présenter aux téléspectateurs, pour expliquer en quoi consiste l'intelligence intuitive. Ma crédibilité était en jeu et je le savais.

Pour être intuitif, il faut être neutre. Depuis l'émission, on me consulte parfois à propos de conflits géopolitiques. Je n'y connais rien, je dois l'avouer mais ça me rend meilleure. J'évite même de me renseigner pour ne pas être influencée par la logique. Pour bien ressentir, moins on en sait, mieux c'est. C'est la même chose pour les enquêtes judiciaires. Je ne suis pas flic, mon rôle à moi, c'est de ressentir ; celui de l'enquêteur, c'est d'inclure mes intuitions dans son raisonnement analytique.

Une fois l'émission terminée, j'ai continué d'être félicitée par l'équipe et le public à la sortie. « Vous nous avez scotchés ! » Je suis une personne très humble. L'intuition ne fait pas bon ménage avec l'ego. Pour laisser bien s'exprimer mon moi intuitif, j'ai donc appris à m'oublier. Sylvie, mon attachée de presse, a décidé qu'elle devait m'aider sur ce plan : il fallait que j'apprenne ce qu'on a appelé ensemble « le droit à soi ».

Et elle allait m'y aider. C'est grâce à elle, et à vous bien sûr, que j'ai appris à recevoir les compliments.

L'étape suivante fut la diffusion de l'émission. Je m'étais préparée à recevoir des commentaires dont certains moqueurs ou malveillants. Or je n'ai reçu que du positif. Des milliers de messages, de mails, de tweets, tous aussi bienveillants les uns que les autres. Tous profondément touchants.

J'avais été entendue et comprise. Les téléspectateurs m'avaient appréciée telle que j'étais. Avec ma sensibilité et mon histoire. J'ai passé le week-end à lire tous les messages. J'étais si émue et bouleversée.

Cette émission m'a permis de nouer un lien fort avec mes lecteurs. J'étais très honorée de constater que beaucoup s'étaient reconnus en moi. Ils m'ont raconté leurs expériences de prémonition, m'ont parlé de leur hypersensibilité. Une personne mettait enfin des mots sur ce qu'ils vivaient.

Cette interview a surtout changé ma vie. J'avais eu bien raison de me fier à ma petite voix intérieure. L'émission a été un tournant dans ma carrière professionnelle. J'avais déjà vécu l'effet d'une médiatisation avec la radio. Mais cette fois, cela dépassait tout ce que j'avais connu. C'était comme si tout Paris regardait *Salut les Terriens !*. C'est fou le nombre de gens qui me demandaient si c'était bien moi qui étais passée dans l'émission. Les commerçants de Neuilly me reconnaissaient. Même dans l'avion, j'ai été interpellée. Je n'étais plus tout à fait une inconnue, j'étais Lilie

Delahaie de chez Ardisson. Et je le reste, on m'associe toujours à l'émission.

J'ai d'ailleurs été réinvitée à plusieurs reprises. Après l'élection d'Emmanuel Macron, Tom Villa a pensé à moi pour une intervention en FaceTime. À cette occasion, j'ai fait part à Thierry de ce que je ressentais sur lui : j'avais vu par flashs qu'une polémique le concernant éclaterait en fin d'année 2017. Je sentais qu'il allait devoir se battre. Effectivement, trois mois plus tard, il a essuyé critiques et polémiques pour la première fois en vingt ans de carrière. Encore une fois stupéfait de la justesse de mes prémonitions, il m'a invitée sur le plateau pour la première émission de l'année, en janvier. J'étais plus à l'aise que la première fois. Thierry m'avait dit : « Tu es ici en amie. » De sa part, ces quelques mots m'avaient beaucoup touchée. J'ai été une nouvelle fois exceptionnellement bien reçue (je ne peux d'ailleurs que témoigner de l'élégance et du respect de cet animateur pour ses invités et son équipe ; il a du cœur et je le sens). Pendant l'émission, j'ai évoqué deux points sur Emmanuel Macron. « Ce n'est pas dans son programme mais il va devoir s'occuper de justice, de police et de sécurité. » En effet je ne savais pas comment l'expliquer mais je sentais une vague de violence et de difficultés liée à la police. Par la suite j'ai compris que cela correspondait au mouvement des Gilets jaunes. « Il y aura aussi quelque chose de très important en lien avec l'écologie. » Je sentais une urgence. Là encore mon intuition s'est confirmée au moment de la démission de Nicolas Hulot.

Désormais dès qu'il y a une actualité, on pense à moi. On m'écrit pour savoir ce que je ressens. On me demande mon avis. C'est un vrai challenge. Je veux prouver la véracité de mes intuitions et rappeler aux gens de s'écouter. L'intuition est un formidable outil pour mieux anticiper et ainsi mieux décider. Et si j'en suis capable, vous l'êtes aussi !

Parler de ses intuitions à la télé, ce n'est pas du tout la même chose qu'en cabinet ou seule à la maison. C'est un exercice redoutable : il faut gérer le public, la pression. Il faut maîtriser sa sensibilité, ne pas se laisser submerger par les émotions, ne pas se laisser déstabiliser par le plateau, être dans sa bulle le temps de se concentrer pour répondre clairement. On sait qu'on est filmé. Mais on doit l'oublier. J'ai eu de la chance que Thierry Ardisson me donne la possibilité de faire mes preuves. C'est une extraordinaire rencontre et j'en éprouve une infinie reconnaissance.

Malheureusement, tout ne se passe pas toujours aussi bien.

Grâce à l'émission avec Thierry, j'avais acquis une certaine notoriété et de la crédibilité. J'ai donc été invitée à participer à d'autres émissions. Parmi les belles expériences il y a eu l'émission de Cyril Hanouna, *Touche pas à mon poste !*. Je sais que tout le monde ne voit pas cette émission d'un bon œil. Cyril Hanouna ne fait pas l'unanimité et certains craignaient que je sois être traitée comme une bête de foire. Mais je n'étais pas d'accord avec les critiques. J'ai toujours senti que Cyril aime sincèrement les gens. Là encore l'équipe de H2O (la société de production de *Touche pas à mon poste !*) m'a traitée avec beaucoup d'égards. Ils ont tout mis en œuvre pour me rassurer et j'ai été accueillie par Cyril avec beaucoup d'élégance.

La première fois, j'ai été invitée tout juste deux heures avant l'antenne. Je n'ai donc pas eu le temps de me préparer. Tout s'est passé très vite. Le sujet était toujours les élections présidentielles. Ils ont rediffusé mon intervention sur CStar quelques jours après *Salut les Terriens !*, celle où j'avais « prédit » qui serait au second tour.

Il y a une énergie particulière, une pression. Il faut aller vite. Percuter tout de suite.

Lors de ma seconde participation, étant plus habituée à la télévision, j'ai été plus efficace. J'ai su prendre la parole, m'imposer, exprimer mes intuitions sur chacun des chroniqueurs présents, et sur Cyril. J'en ai bluffé certains, ai suscité la curiosité chez d'autres et évidemment laissé perplexes les sceptiques. Encore une fois, l'accueil a été exemplaire.

Malheureusement tout ne peut pas se passer parfaitement. Il fallait bien que je sois confrontée à une expérience médiatique négative.

Je venais de faire deux émissions dans le groupe Canal. C'est donc tout naturellement que l'équipe de ITélé m'a invitée. Encore une fois la veille pour le lendemain. Un dimanche à 21 heures. Mon attachée de presse ne pouvait pas venir, je m'y suis donc rendue seule.

Il était prévu que l'on m'annonce comme consultante en intuition et que je vienne parler de mon livre.

À aucun moment je n'ai été avertie qu'on allait me poser des questions sur une affaire de disparition.

Comme je l'ai bien expliqué dans mon livre, je suis très prudente avec l'utilisation du terme de profileur. En France, pour être profileur, il faut avoir suivi des études de criminologie (ce n'est pas le cas dans tous les pays). J'avais prévenu toute ma famille, je pensais venir parler de mon livre. Mais dès le moment où je me suis installée, j'ai senti qu'il y avait un piège. Dans sa présentation, la journaliste a parlé d'une famille disparue et m'a annoncée comme profileuse. J'ai esquivé toutes les questions sur l'affaire. Je ne me sentais pas du tout légitime sur le sujet. Je suis intuitive. Il m'arrive d'aider des enquêteurs à résoudre des affaires criminelles, mais ce n'est pas mon métier. Et en France, contrairement aux États-Unis où le recours à des consultants intuitifs est naturel, les enquêteurs sont encore très réticents à l'idée de faire appel à des personnes comme moi. J'avais réussi à ouvrir un peu les esprits grâce à l'interview chez Thierry Ardisson. Mais les enquêteurs qui venaient me consulter le faisaient encore en privé, pas du tout de manière officielle. Cette interview s'est tout de même bien terminée : la journaliste m'a posé des questions sur mon parcours et je me suis sentie rassurée.

Cependant, à la sortie du studio, une autre journaliste m'attendait, avec un cameraman. Ils m'avaient trouvé super et voulaient faire une autre séquence qui serait diffusée le lendemain dans la matinale.

Nous sommes à la veille de la transition de ITélé à CNews. La séquence serait donc diffusée en ouverture du lancement de la nouvelle chaîne. J'étais fatiguée :

lorsque je sors d'un plateau télé, je suis submergée par un mélange d'euphorie et de pression. De plus, cette journaliste avait déjà été en contact avec mon éditrice, qui avait refusé l'interview. En effet, bien qu'elle ne procède jamais ainsi, Margaux avait demandé les questions à l'avance et ne les avait pas trouvées pertinentes. Elle avait eu un flair incroyable encore une fois. Malheureusement je ne l'ai pas écoutée.

Ma gentillesse et mon envie de faire plaisir à tout prix ont pris le pas sur le raisonnement. La journaliste était sympathique et chaleureuse ; elle a beaucoup insisté. Elle m'a raconté qu'elle aussi avait écrit un livre et que ce ne sont pas aux attachées de presse de décider pour nous. Elle trouvait que j'avais encore des choses à dire. Alors j'ai pensé bien faire. J'ai dit à Margaux : « Ne t'en fais pas, je gère. » Elle m'a répondu : « OK comme tu veux, du moment qu'elle ne te pose pas les questions que j'ai refusées. »

L'interview commence et à chacune de mes réponses, elle m'arrête et me reprend. Elle me demande de dire les choses autrement. Je m'exécute en bonne élève. Je ne réfléchis pas. J'avais envie de rentrer me coucher. Mais le dernier regard qu'elle échange avec son cameraman m'alerte. Je décode instinctivement que je suis tombée dans un traquenard. Mais je me dis qu'il est tard et que je deviens paranoïaque.

Je suis rentrée me coucher directement ce soir-là. J'étais vidée. J'avais un rythme incroyable depuis l'émission de Thierry. En effet, suite à cette médiatisation et aux sollicitations qui en ont découlé, je me sentais tenue de répondre à toutes les personnes qui avaient besoin de moi.

J'étais alors célibataire. Personne ne m'attendait à la maison le soir. Je n'avais personne avec qui partager mes émotions après chaque émission.

Je me souviens par exemple avoir ressenti intensément ce vide lorsque j'ai reçu mon livre par coursier à la maison. J'étais heureuse de tenir enfin mon bébé dans mes mains, mais il n'y avait personne avec moi pour partager cette immense joie.

J'ai donc pris mon téléphone et j'ai sauté de joie avec mes proches en FaceTime.

Ce soir-là, comme je n'arrivais pas à dormir, j'ai eu l'instinct d'allumer ITélé à 2 heures. Je tombe alors pile sur la journaliste qui m'avait interviewée à 21 heures : « La profileuse Lilie Delahaie aurait rêvé de l'affaire de la famille disparue. » Là, j'apparais à l'image, disant « ce n'est pas forcément en lien avec l'affaire mais j'ai rêvé d'un fils qui avait tué sa famille… ». À ce moment-là, j'ai ressenti la plus grande honte de ma vie. Je ne m'étais jamais sentie aussi mal. C'était d'une violence inouïe. C'était si cruel que ma première pensée a été de vouloir mourir. Je venais d'être livrée aux loups. Je ne me sentais pas de taille à affronter ce que je savais devoir bientôt affronter.

Au montage, ma réponse avait été sortie de son contexte. On avait l'impression que je répondais à une question en tant qu'experte. Or ce n'était pas le cas, je parlais juste d'un rêve que j'avais fait.

J'ai envoyé un message à ma famille leur disant que « demain il va se passer quelque chose de très grave. Ça va aller très mal. Ça va être très dur ». Je n'ai pas dormi de la nuit. À partir de 6 heures du matin, la séquence était diffusée tous les quarts d'heure, pour le lancement de CNews. Une horreur !

Comme je m'y attendais, j'ai commencé à recevoir des tweets plus horribles, moqueurs et accusateurs les uns que les autres. C'est terrible mais malheureusement très courant aujourd'hui : une personne est au cœur d'une polémique et elle devient l'objet d'un *bad buzz*. Elle est accablée de toutes parts. L'information est relayée, reprise, partagée par tous, sans aucune vérification. Quelqu'un commence, les autres suivent et c'est le début d'un tourbillon infernal. Jamais je n'aurai pensé un jour me retrouver dans cette situation. Pourtant toute personne active sur les réseaux sociaux devrait s'y préparer. Aujourd'hui c'est le genre de situation de crise que toute entreprise ou toute célébrité devrait être prête à gérer.

D'un côté je détestais ces messages. De l'autre, je comprenais la réaction de tous ces gens. Je me serais giflée. J'ai su plus tard que l'équipe avait changé ce soir-là. Certains quittaient la chaîne. Peut-être ont-ils voulu faire un coup, en faisant croire que ce rêve était une prémonition en lien avec l'affaire. Pourtant si j'avais évité de répondre à la question en plateau, ce n'était pas pour y répondre juste après. Voilà qu'après avoir reçu des milliers de messages bienveillants suite à mon passage dans l'émission de Thierry Ardisson, j'étais victime d'un *bad buzz*. De nombreux médias ont parlé de mon intervention, en mal, en précisant que j'avais été découverte chez Thierry Ardisson et soulignant, d'un ton moqueur, que j'avais prédit l'élection d'Emmanuel Macron aux présidentielles.

J'espérais que l'équipe de *Salut les Terriens !* ne serait pas impactée. Mais surtout, je pensais à la famille des disparus. C'était terriblement difficile.

J'ai alors prévenu Margaux, mon éditrice, qui était dans tous ses états. Profondément meurtrie pour moi. Elle m'a déconseillé d'utiliser mon droit de réponse. Me justifier pouvait être pire. Mais quand une journaliste de *L'Express* m'a enfin demandé de m'expliquer, j'ai décidé de saisir cette opportunité. Tous les articles répétaient la même histoire. J'ai pris mon courage à deux mains et j'ai répondu. J'ai expliqué que j'avais peur qu'on déforme mes propos ; elle m'a vue très touchée et m'a promis de retranscrire mot pour mot notre conversation, ce qu'elle a fait. L'article a été mis en ligne rapidement. Mais cela n'a pas suffi à apaiser la situation. Une autre journaliste, des *Inrocks*, m'a alors de nouveau sollicitée. Elle voulait creuser et comprendre ce qu'il s'était passé.

Elle a eu de petits mots réconfortants – à ce moment-là, ils valaient de l'or – et a écrit son article. Celui-ci a été lu par les autres médias et par le public, et cela a permis de calmer la colère.

Je venais de vivre une nouvelle expérience : la polémique. Le calme est revenu petit à petit. Un expert en communication qui s'occupait d'un site consacré à la détection des *fake news* m'a écrit et conseillé de ne pas répondre au principal troll. Il le connaissait bien et m'a expliqué qu'il était très influent. Il m'a dit : « Aujourd'hui c'est toi, demain, ce sera quelqu'un d'autre, et on t'oubliera. Dans quarante-huit heures, on n'en parlera plus. » Il a été si bienveillant. Je l'en remercie encore. Il m'a redonné de la force.

Mes amis avaient été anéantis : certains n'ont pas vu la tempête, et je les en ai préservés jusqu'à ce qu'elle soit terminée. D'autres me prévenaient de chaque tweet ou article et je les empêchais de me défendre. Cette affaire m'a tellement secouée que j'ai refusé de poursuivre la promotion du livre pendant les deux mois suivants. Une semaine après la polémique, les enquêteurs ont arrêté l'homme qui avait tué cette famille. Ce n'était pas le fils. Cette annonce a relancé les critiques et les attaques. Je n'ai pas répondu publiquement, parfois seulement en privé. Pendant longtemps, j'ai prié pour m'excuser auprès du fils et de toute la famille. À chaque fois que j'y repense, je demande pardon, même si je ne suis pas responsable. J'ai seulement été naïve ce jour-là.

Les gens ont pensé que j'étais venue faire la promo de mon livre sur le dos de cette affaire. C'est faux. Ce qui est vrai, c'est que je n'ai pas été assez vigilante, j'assume ma part de responsabilité.

J'ai mis du temps à me pardonner. Et puis ma capacité de résilience a pris le dessus. Comme elle l'a fait par le passé. J'ai transformé cette épreuve en expérience. Par la suite, j'ai refusé catégoriquement les télés où l'on me demanderait de parler de mes activités de profileur ; et cela m'a coûté, moi qui avais à cœur de faire avancer le débat. J'ai beaucoup appris de ce qui aurait pu signer la fin de ma carrière.

Deux mois après, Emmanuel Macron a été élu Président de la république, comme je l'avais prédit. Les gens n'ont plus parlé de cette histoire. J'avais été l'une des seules, et la première, à annoncer Emmanuel Macron. Ma crédibilité n'était plus entachée. Et les autres émissions m'ont permis d'en refaire démonstration.

Si j'avais accepté de me prêter à l'exercice des médias, c'était parce que j'avais à cœur de parler de l'intuition, cette faculté possédée par tous et trop souvent méprisée. J'avais envie que les esprits s'ouvrent sur le sujet.

J'ai été invitée par Nagui un mois avant le lancement de la Coupe du monde pour donner mes intuitions sur la compétition. Ma mamie est une fan inconditionnelle de Nagui. Ma famille l'aime tellement que je ne pouvais pas refuser. J'ai donc accepté de me prêter au jeu. Je l'ai pris comme un défi. Après tout, lors de la dernière Coupe du monde, j'avais eu juste sur de nombreux matchs.

Je m'étais embarquée dans une véritable galère, d'autant que l'émission était en direct. Pourtant, je m'en suis très bien sortie, j'ai eu l'audace de me lancer. J'ai notamment ressenti que la France irait en finale, alors que rien ne le laissait présager et que la Belgique l'emporterait sur le Brésil.

Si j'avais accepté de me mettre à nouveau en danger et de parler de mes intuitions à la télévision, c'était toujours dans un seul but : faire avancer les mentalités. J'ai reçu énormément de témoignages de soutien. Bien sûr, tout n'a pas été parfait. Le fait d'être à l'opposé de l'image que l'on se fait d'une médium ne m'a pas aidé. Ce n'est pas parce que je suis jeune, sexy ou moderne, que je porte un décolleté ou une jupe et que je suis maquillée, que je ne suis pas compétente. Certains auraient été rassurés que je ressemble à Mme Irma. Mais je n'allais pas changer pour leur faire plaisir.

Comme j'ai été médiatisée, certains pensent, à tort, que ma clientèle est aujourd'hui constituée uniquement de célébrités. Ce n'est pas vrai et cela ne m'intéresserait pas.

Dans certains pays, comme les États-Unis, les personnes qui ont des capacités extrasensorielles sont couramment mises à contribution pour travailler avec des entreprises ou des particuliers, c'est très banal. En Chine et Russie, il existe des unités officielles en relation avec la police, l'armée et les services secrets. Utiliser l'intuition pour prédire, profiler et anticiper n'est pas un problème. À mon grand désarroi, nous en sommes loin en France. On y viendra, je l'espère de tout mon cœur et je tiens à faire avancer les choses.

Comme je l'ai dit, après l'émission de Thierry Ardisson, j'ai été très sollicitée. J'ai notamment, pour la première fois, été contactée par des politiques. J'en rêvais depuis toujours. Et brusquement, tous les partis souhaitaient me consulter. J'avais attisé leur curiosité en prédisant l'élection de Macron. Tous voulaient en savoir plus. Des conseillers politiques, des élus, des maires, des femmes de dirigeants de partis sont venus me consulter. Leur parti, leurs opinions, leurs choix m'importaient peu, ce qui comptait pour moi, c'était de les aider.

Je me souviens d'un élu très connu en particulier qui ne croyait pas mon intuition à propos de Macron. Il connaissait les sondages. Il avait l'expérience. Il ne pouvait pas croire que Macron allait gagner. Il appartenait à un parti opposé. Il aurait pu rejoindre Macron comme l'avait fait Bayrou, mais il s'y refusait. Par principe d'abord. Mais aussi parce qu'il refusait de me croire. Pourtant je lui avais prédit l'affaire Fillon. Quand elle a éclaté, il a été abasourdi par la justesse de mes intuitions. Il m'a donné rendez-vous pour les municipales. Je conseille maintenant de nombreux maires et élus. Et ils peuvent compter sur ma discrétion et sur ma neutralité.

Suite à l'émission, j'ai également multiplié mes participations à des enquêtes. J'ai été beaucoup contactée et je me sentais tenue de répondre à toutes ces sollicitations. Ces gens m'avaient découverte à la télévision, ils avaient besoin de moi, je ne me voyais pas refuser.

Mais j ai trop accepté et j'ai fini par tomber malade, à l'été 2017. Mon corps a lâché. Pendant un mois et demi, j'ai été souffrante, j'avais notamment une très mauvaise respiration. J'étouffais simplement.

En effet, c'est très éprouvant de rechercher des

personnes disparues, de collaborer à des affaires terribles. Pendant trois mois, je me suis endormie avec la télé ou la lumière allumée. J'avais besoin d'être rassurée, comme les enfants.

Les enquêteurs (ou les enquêtrices) viennent toujours me voir officieusement. J'ai travaillé par exemple sur une enquête en Angleterre, sur une autre avec Interpol, et d'autres encore à Lyon où je suis désormais régulièrement appelée.

Ces affaires peuvent être horribles et l'une en particulier m'a marquée. J'ai réalisé que même en France, nous n'étions pas épargnés par le trafic d'êtres humains et par le trafic d'organes. J'en suis encore traumatisée.

Après cet été 2017, j'ai décidé de prendre soin de moi. Aujourd'hui j'apprends enfin à laisser une place à ce que l'on m'a aidé à nommer : « Le droit à soi. » C'est une question de santé… physique et mentale, une question de vie, tout simplement.

Grâce aux différentes émissions auxquelles j'ai participé, j'ai aussi été sollicitée pour travailler sur une note concernant les personnes intuitives destinée aux services de renseignements. Depuis la crise des Gilets jaunes, cette mission a été mise en stand-by pour quelques mois. Mais elle reprendra. En effet, ma vocation à travers ce livre, mes interventions dans les médias, mon travail, chaque rencontre, est de faire reconnaître l'intuition, cette formidable logique prédictive, et les intuitifs.

Souvent on mésestime cette force parce qu'on a peur de sa puissance. Cette citation de Mandela est pleine de sens pour moi et j'ai envie de la partager avec vous, chers lecteurs :

« Notre peur la plus profonde est d'être puissant au-delà de toute mesure.

C'est notre lumière, pas notre ombre, qui nous effraie le plus.

Nous nous demandons :

Qui suis-je, pour être brillant, magnifique, talentueux et fabuleux ?

En fait, qui êtes-vous pour ne pas l'être ?

Il n'y a rien de sage à vous rétrécir de telle sorte que les autres ne se sentent pas en danger à cause de vous.

En laissant notre lumière briller, nous donnons incidemment aux autres la permission d'en faire autant.

Lorsque nous sommes libérés de notre propre peur, notre présence libère automatiquement les autres. »

Votre capacité intuitive est à portée de main.

N'en ayez pas peur, n'en doutez pas.

Écoutez-la !

Et soyez reconnaissants de tout ce qui vous arrive.

Car croyez-moi, avec votre intuition, tout a un sens.

Remerciements

Je remercie particulièrement Erick Viollet mon partenaire dans cette aventure. Ma fantastique Margaux Mersié pour m'avoir inspiré l'envie d'écrire et partager mon histoire. Sylvie Arhab, pour m'avoir décroché la lune. Maïté, Laurent, Aurore pour m'avoir si bien écoutée et entourée. Michel Lafon et son équipe formidable sans qui rien n'aurait pu être possible.

Je remercie tout spécialement Isabelle Lasserre, quelle rencontre magique : merci de m'avoir accompagnée vers mon destin.

Thierry Ardisson, pour son regard bienveillant et élégant sur mon histoire, son émission qui a mis mes intuitions en lumière pour la première fois auprès du grand public… Vous m'avez honorée et rendue fière. J'ai une pensée spéciale pour votre équipe porte-bonheur.

Je remercie aussi mon amie Christelle qui a toujours été mon âme sœur à chaque instant.

Toutes ces rencontres qui ont marqué mon histoire : j'ai une pensée spéciale pour Pascal.

Ma clientèle pour sa confiance : c'est avec elle que

j'ai acquis cette expérience. Chaque séance, c'est de l'amour.

Mes piliers : ma maman, ma sœur… Ce n'est pas le nombre qui compte dans une famille, c'est la qualité.

Mes petits anges, mes petites fées, vous vous reconnaissez. Dans mon cœur et mon âme, je n'oublierai jamais.

Mes amis de Cannes, Paris, Biarritz… Merci de m'aider à me ressourcer à vos côtés.

Ma famille de sang et de cœur. Merci pour votre soutien si important.

Et merci Alex, toi qui m'avais dit : « N'abandonne pas, écoute-toi, un jour tu raconteras ton histoire… »

Lilie

(@ Lilie Delahaie)

Table des Matières

Composition et mise en pages
Nord Compo à Villeneuve-d'Ascq

Imprimé en Espagne
Dépôt légal : janvier 2020
ISBN : 979-10-22403-53-5
POC 0239

Retrouvez-moi sur mon site
liliecoach.com